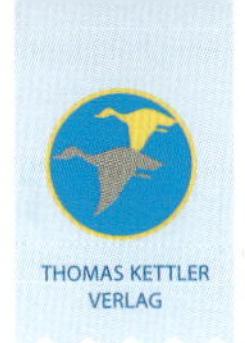

SABINE KOHL

ZWISCHEN HEIDE & HARZ

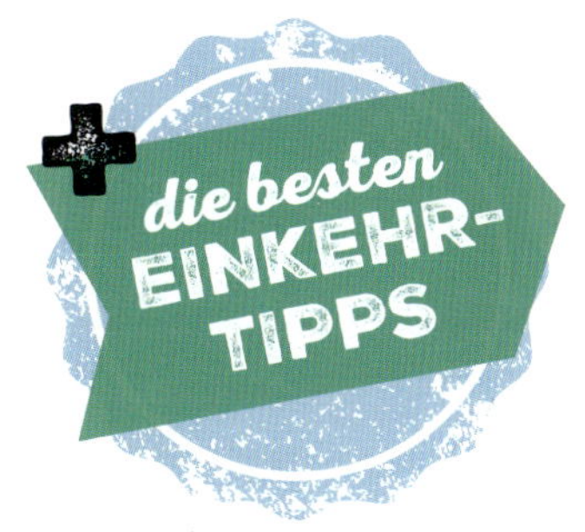

IMPRESSUM

1. Auflage 2023

Von-Hutten-Str. 15
D-22761 Hamburg
Tel. +49 (0)40 39 10 99 10
www.thomas-kettler-verlag.de
www.sup-buch.de

Text & Fotos: Sabine Kohl

Lektorat: Thomas Kettler
Layout Design: Nicole Laka
Idee & Konzept: Carola Hillmann
Satz: Ivonne Leuchs (haptografie.de), Carola Hillmann
Illustrationen Paddeltechnik: Klaus Mumm
Karten: StepMap, Heide Schwinn, Carola Hillmann
Druck & Gesamtherstellung: LEGRA Sp. z o.o., Krakau

Weitere Bildnachweise (o. = oben, m. = mitte, u.= unten, li. = links, re. = rechts):
Seite 4, 114-115, 126-127, 130 u.: **Anette Burgdorf / SUP-Goslar;**
Seite 20, 130 o.: **Thomas Kettler;**
Seite 41, 42: **Mühlengrund Wienhausen;**
Seite 116 o., 120, 123: **Okerpirat / www.okerpirat.de;**
Seite 145 o., 145 u.: **Lennard Gerner / www.harz-urlaubs-alm.de**

Bildnachweise Wikimedia Commons (o. = oben, m. = mitte, u.= unten):
Seite 49 o., 49 u., 54, 87 o., 151, 158: **Axel Hindemith;** Seite 28: **NobbiP;** Seite 37, 40, 116 u.: **Losch;** Seite 39: **Calips;** Seite 52-53: **Kora27;** Seite 55 o.: **Radler59;** Seite 56 u.: **Paul Joseph;** Seite 60-61: **Wurthmann;** Seite 64-65, 68: **©J. L. Heinrich / Wolfsburg AG;** Seite 67: **Kintaiyo;** Seite 69 o. li.: **Suhaknoke;** Seite 69 o. re.: **Ralf Roletschek;** Seite 69 u.: **Charles01;** Seite 72: **Spacekid;** Seite 73 o.: **Vera Kratochvil;** Seite 73 u.: **Puusterke;** Seite 74: **Hydro;** Seite 75 u.: **Bernd Schwabe;** Seite 83 o.: **JuergenG;** Seite 83 u.: **Thomas Wolf (www.foto-tw.de);** Seite 84: **ChristianSchd;** Seite 91: **Ragnar1904;** Seite 93: **Thomas Schweighofer (thomasschweighofer.net);** Seite 117: **Holbein66;** Seite 128 u.: **TerraX_Bln;** Seite 129: **kassandro;** Seite 137 o.: **Наталия19;** Seite 137 u.: **Michael Mueller;** Seite 140-141: **JuTe CLZ;** Seite 142 u.: **User:Kryp;** Seite 143: **Matthias Süßen;** Seite 144 u.: **Aagnverglaser;** Seite 147 o.: **Migebert;** Seite 147 u.: **Sunnysina;** Seite 152 u.: **Clemensfranz.**

Bibliografische Information der Deutschen Nationalbibliothek
Die Deutsche Nationalbibliothek verzeichnet diese Publikation in der Deutschen Nationalbibliografie; detaillierte bibliografische Daten sind im Internet über *http://dnb.d-nb.de* abrufbar.

ISBN 978-3-98513-112-9

INHALTSVERZEICHNIS

P = ANSPRUCH DER TOUREN 🍺 = EINKEHRMÖGLICHKEITEN
⟳ = RUNDTOUR ➔ = ONE-WAY-TOUR ⇄ = HIN & ZURÜCK-TOUR

VORWORT

Die einzigartige **Natur** der **Heide** und des **Harzes** lassen nicht nur die Herzen der Wanderer und Mountainbiker höher schlagen. Seit einiger Zeit ist auch der Trendsport SUP in diesen beiden **beliebten Urlaubsregionen** angekommen. Nicht nur die günstige Lage und schnelle Erreichbarkeit machen sie zu attraktiven SUP-Revieren. Gerade das Zusammenspiel aus **blühenden Heidelandschaften** und den zahlreichen **hohen und niedrigen Harz-Gipfeln,** deren glasklaren Gewässer häufig auch als Trinkwasserquelle dienen, machen den Reiz dieser Spots aus.

Durch die unterschiedlichen Anforderungen der jeweiligen Routen ist für jeden SUPer etwas dabei. Ob eine ausgedehnte Tour auf Flüssen, eine Umrundung der Seen und Talsperren, ob chillig, abenteuerlich oder eher sportlich – hier gibt es alles, was das Herz begehrt.

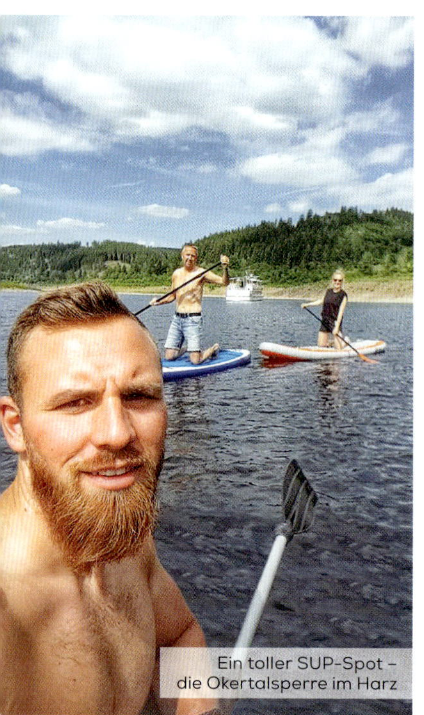
Ein toller SUP-Spot – die Okertalsperre im Harz

Und nach der sportlichen Aktivität dürfen Leib und Seele natürlich nicht zu kurz kommen. Neben den zahllosen Möglichkeiten die **kulturellen Seiten der Region** kennenzulernen – **Extra-Tipps zu Ausflügen und Besichtigungen** gibt es in diesem Tourenführer zuhauf – haben es uns die **traditionellen niedersächsischen Spezialitäten** in urigen Waldgaststätten oder hippen Locations im Umfeld der Städte angetan.

Um Euch möglichst viele der tollen SUP-Spots zwischen Harz und Heide vorstellen zu können, habe ich aus Platzgründen einige Touren in Form einer **Kurzbeschreibung** verfasst und sie **„Kompakt-Tour"** genannt.

Also: Stand up . . .
und schau Dir die wunderschönen Touren zwischen Harz und Heide live an.
Sabine Kohl

TOURENPLANUNG

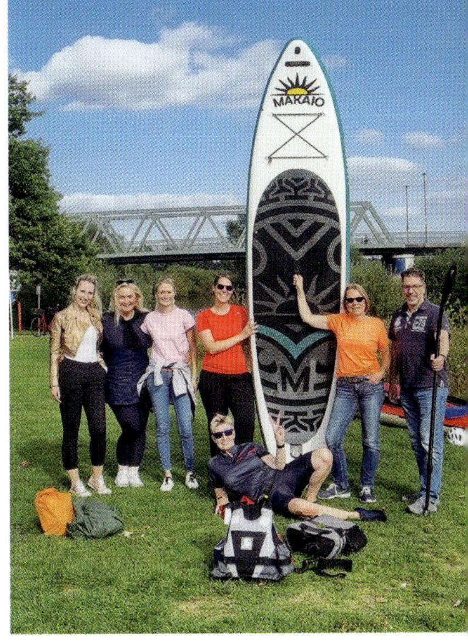

Da ich in beiden Regionen meine Heimat habe, versteht es sich von selbst, dass ich alle im Buch beschriebenen Touren mehrfach selbst abgepaddelt bin. Fast alle SUP-Spots sind mit **öffentlichen Verkehrsmitteln** erreichbar. Hier sind die Besitzer eines iSUPs gegenüber den Feststoff-SUPs deutlich im Vorteil, da die Boards bequem in einem Rucksack verstaut werden können, in dem neben der Pumpe auch noch ein dreiteiliges Paddel Platz findet.

Bei wenigen Touren „auf dem Lande" ist das **Auto** jedoch die **einzige Möglichkeit,** die Spots zu erreichen.

Wer kein eigenes Board hat, kann sich bei einem der angegebenen **SUP-Vermieter** eines mieten. Häufig bieten diese auch **geführte Touren** bzw. **Einsteiger- und Fortgeschrittenenkurse** an.

Die jeweilig angegebene **Tourendauer** bezieht sich auf Freizeitpaddler und Genusspaddler, die auch an der ein oder anderen Stelle eine kleine Pause einlegen bzw. sich gemütlich paddelnd an der Natur erfreuen.

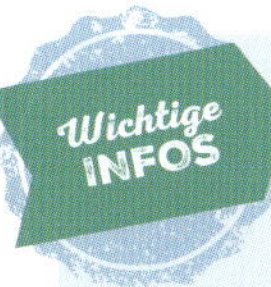

AKTUELLE BEFAHRUNGSREGELUNGEN, PEGEL- UND WASSERSTÄNDE FINDEN SIE

a) auf der Webseite des **DKV (Deutscher Kanu Verband)**
www.kanu.de *>Service >Downloads >Freizeitsport >Suchfeld: Befahrungsregelungen >Deutschland gesamt, Suchfeld Gewässer: Fluss eingeben = aktuellste Gewässer-Infos*

b) auf der Webseite des **Naturparks Südheide**
www.naturpark-suedheide.de *>Aktiv im Naturpark >FlussErlebnis (Pegelstände werden erst im Sommer auf der Seite angezeigt).*

c) für **Oker, Aller, Rhume, Ilmenau und Leine** auf der Webseite des **Niedersächsischen Landesbetriebs für Wasserwirtschaft, Küsten- und Naturschutz:** www.pegelonline.nlwkn.niedersachsen.de >Messwerte

WICHTIGES FÜR DEN STAND UP PADDLER – ANDERE WASSERSPORTLER, SCHIFFSVERKEHR & HILFREICHE REGELN:

» Generell gilt: Mache Dich mit den **Regeln und Vorschriften** vertraut und beachte die Vorfahrtsregeln.

» Die **Berufsschifffahrt** (z. B. auf der Okertalsperre) hat immer Vorfahrt.

» Kreuzen wir die Route von **Seglern**, müssen wir ausweichen. Dies gilt ebenso für **Ruderer**, die meistens mit dem Rücken zu uns rudern.

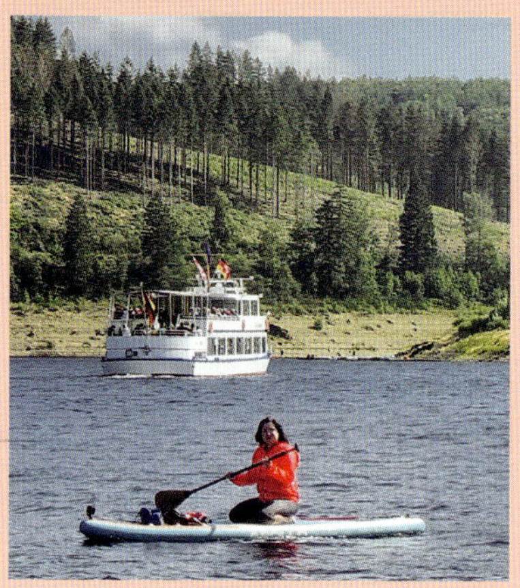

» Achte auch auf **Badende** und weiche ihnen aus, denn auch sie haben Vorrang.

» Auf der Umschlagklappe vorne findet Ihr die **wichtigsten Binnenschifffahrtszeichen und Schallsignale.**

» Nimm **Rücksicht auf Angler** und mache einen großen Bogen um ihre Angelruten.

» Die beschriebenen Flüsse sind wichtige **Lebensräume** für teils bedrohte **Pflanzen und Tiere.** Das Paddeln und Anlanden in Seerosenfeldern, Schilfgürteln, Uferabbrüchen ist für uns tabu.

» Ebenso gibt es an manchen Stellen ein **Uferbetretungsverbot**, welches dann direkt bei der Tour vermerkt ist.

» Checke vor jeder Tour die **Wetter- und Windbedingungen.**

» Wähle die Strecke je nach **Deinen Fähigkeiten und Deinem Können**.

» Passe Deine **SUP-Kleidung** immer der Wassertemperatur und nicht der Lufttemperatur an. Insbesondere wenn Du das ganze Jahr über paddeln möchtest, ist es im Frühjahr besonders wichtig, auf die richtige Aurüstung zu achten, da die Lufttemperatur schon sehr hoch, die Wassertemperatur allerdings meist noch im einstelligen Bereich liegt. Hier schützt die richtige Kleidung vor Kälteschock bzw. Unterkühlung.

» Bitte nehmt jeglichen **Müll** wieder mit und entsorgt ihn umweltgerecht.

» Die **Promillegrenze** liegt auf dem Wasser aktuell bei 0,5 Promille.

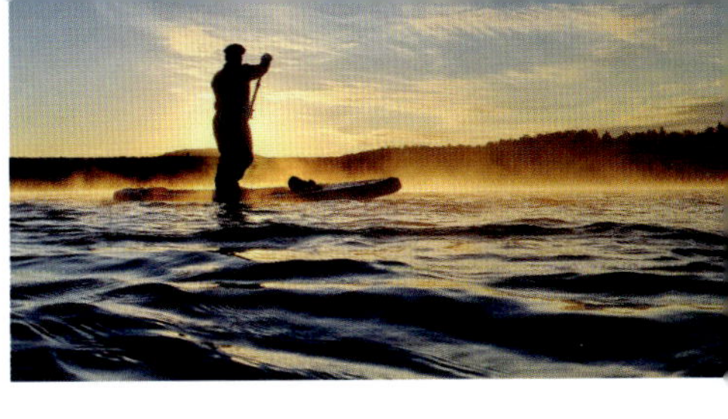

WIND UND WETTER

Den **Wind** sollte man beim Stand Up Paddling **nicht unterschätzen.** Besonders wenn das Gleichgewichtsgefühl auf dem Board noch nicht vorhanden ist, kann der Wind für Anfänger eine unberechenbare Komponente sein.

Windstärke wird in Beaufort angegeben.Der Beaufortgrad reicht von 1 = leichter Windzug bis 12 = Orkan. Als Faustformel kann man sich merken: Bei Beaufort 1-2 lässt es sich auch für Anfänger und Gelegenheitspaddler noch ganz gut gegen den Wind paddeln. Bei stärkerem Wind, ab 3 Beaufort, kann es für diese Gruppe von SUPern schon zu einer Herausforderung werden. Empfehlenswert ist es, bei Unsicherheit auf den Knien zu paddeln, da hier die Windangriffsfläche nicht so groß ist. Darüber hinaus kann die Leash ein wichtiges Hilfsmittel sein, um die Sicherheit zu erhöhen. Ab Windstärke 5 sollten auf offenen Gewässern nur noch absolute Cracks auf dem Board sein.

Windstärke wird in Beaufort (bft) angegeben. Der Beaufortgrad reicht von **1 = leichter Windzug** bis **12 = Orkan.**

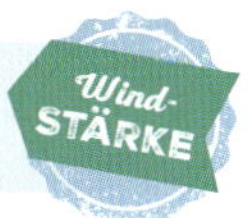

Insbesondere auf den **Talsperren** sollte man den **Wind** im Blick haben und, da es hier häufig zu **Fallwinden** kommen kann, ihn keinesfalls unterschätzen. Als **Fallwind** wird eine auf der Leeseite von Gebirgen auftretende, abwärts gerichtete, starke (teilweise stark böige) Luftströmung bezeichnet. Unter Umständen kann es dann schwierig werden, wieder an Land zu kommen, bzw. besteht die Gefahr, an die Staumauer „gedrückt" zu werden.

Weiterhin zu beachten sind **plötzliche Wetterveränderungen,** wie aufziehende Gewitter, denen wir nicht auf dem Wasser begegnen wollen. Vor der Tour ist es daher immer sinnvoll, sich den **aktuellen Wetterbericht** anzusehen. Zum Beispiel auf WetterOnline mit Regenradar: www.wetteronline.de

Grundsätzlich gilt: Sich auf dem Board niemals selbst überschätzen. Die **Sicherheit** hat immer Vorrang. Deshalb im Zweifel lieber auf eine SUP-Tour verzichten, bzw. sie zu einem späteren Zeitpunkt durchführen.

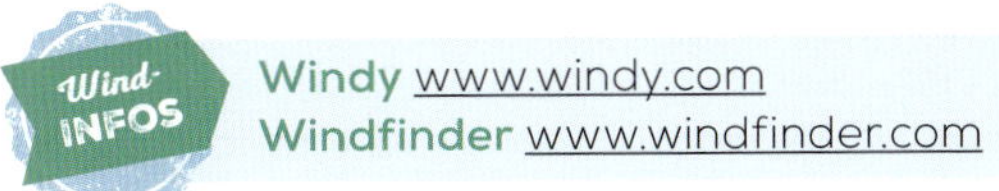

Windy www.windy.com
Windfinder www.windfinder.com

DIE SUP-AUSRÜSTUNG

Um sicher auf dem Wasser unterwegs zu sein, liefert nicht zuletzt die richtige **Kleidung** ihren Beitrag. Denn nur wer sich der Jahreszeit entsprechend anzieht, ist somit vor einigen Gefahren geschützt.

Grundsätzlich gilt, dass man sich auf dem SUP-Board der Wassertemperatur und nicht der Lufttemperatur entsprechend kleidet. Am unkompliziertesten ist die Auswahl der Kleidung im **Sommer,** wenn Luft- und Wassertemperatur im angenehmen Bereich liegen. Einfache Badekleidung, Bikini oder Boardshorts sind für kurze Touren sicher ausreichend. Allerdings ist man der Sonneneinstrahlung auf dem Wasser stark ausgesetzt und sollte dies nicht unterschätzen. Ideal sind deshalb T-Shirts mit UV-Schutz. Darüber hinaus gehören zur Grundausstattung Badeschuhe, Kopfbedeckung, Sonnencreme, Mückenschutz, Wechselkleidung und Sonnenbrille. Hier empfiehlt sich ein schwimmfähiges Brillenband, damit die Sonnenbrille bei einem Sturz nicht direkt untergeht.

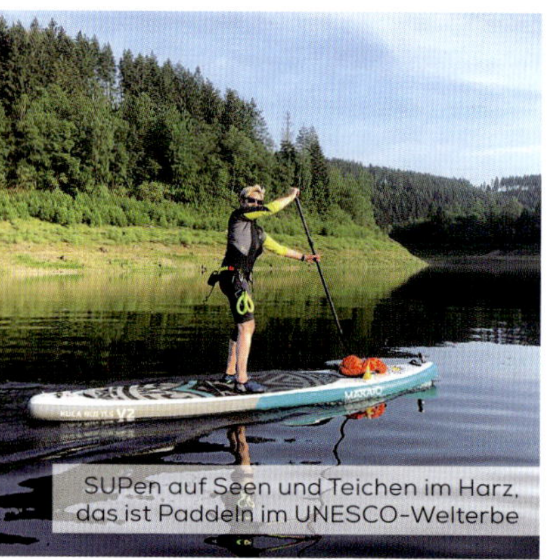
SUPen auf Seen und Teichen im Harz, das ist Paddeln im UNESCO-Welterbe

Im **Herbst** (Mitte September bis Ende Oktober) ist die Lufttemperatur schon deutlich kühler und der Wind gehört zum Herbst wie die sich färbenden Blätter. Im Gegensatz zur Lufttemperatur sind die Wassertemperaturen meist noch angenehm warm, da das Wasser die Wärme des Sommers speichert. Allerdings geht es mit diesen von nun an auch rapide bergab. Kleidungsmäßig heißt das, entweder den Trockenanzug (und die Kleidung darunter an die Lufttemperatur anpassen) schon aus dem Schrank zu holen, bzw. spezielle, atmungsaktive SUP-Kleidung. Auch kann es dann angenehm sein, die Füße mit Neoprenschuhen bzw. wasserdichten Socken zu schützen.

Der **Winter** (Ende Oktober-Mitte März) hat beim SUPen auf alle Fälle auch seinen Reiz und die beste Wahl für uns SUPer ist im Winter der Trockenanzug. Speziell fürs Stand Up Paddling entwickelte Anzüge sind die sicherste Option für die kalte Jahreszeit, da sie den perfekten Windschutz und Wärmeschutz bieten. Darüber hinaus sind die SUP-Anzüge aus Funktionsmaterial hergestellt und somit atmungsaktiv. Unter dem Trockenanzug trägt man der Temperatur angepasste Kleidung. Die Füße im Winter warm zu halten ist eine kleine Herausforderung. Bewährt haben sich dicke Neoprenschuhe bzw. wenn es sehr kalt ist Neoprenschuhe mit wasserdichten Socken. Bei kalten Temperaturen sollte auch an die Hände und den Kopf gedacht werden. Eine Mütze, idealerweise wind- und wasserdicht, ist ein guter Begleiter bei kalten Temperaturen.

Spezielle SUP-Handschuhe sind sehr empfehlenswert, sogenannte Open Palm. Sie zeichnen sich durch eine offene Innenfläche aus, durch die man das Paddel gut und sicher fassen kann.

Wenn es **Frühling** (Mitte März bis Ende Mai) wird und die Außentemperaturen schon angenehm warm, möchte man natürlich so schnell wie möglich aufs Wasser. Auch wenn die Sonne schon kräftig wärmt, muss man sich der Wassertemperatur entsprechend kleiden. Da diese meist noch unter 15 Grad liegt, sollte der Trockenanzug, mindestens aber ein Neoprenanzug, getragen werden. Wer bei diesen Bedingungen mit Sommerbekleidung aufs Wasser geht, läuft bei einem Sturz Gefahr einen Kälteschock zu bekommen. An leichte Sommerbekleidung kann man denken, wenn das Wasser eine Temperatur von mindestens 15 Grad erreicht hat. Grundsätzlich gilt jedoch: Wenn man allein unterwegs ist, sollte eine Rettungsweste oder ein Personal Flotation Device (PFD) zur Sicherheit eine Selbstverständlichkeit sein. **Für alle Jahreszeiten gilt:** Immer ausreichend zu trinken und ggf. einen Snack dabeizuhaben.

SUP-BOARDS

Stand Up Paddling ist bei uns ein relativ junger Sport. Die ersten SUP-Boards auf dem Markt waren die Hardboards. Erst als die ersten aufblasbaren inflatable SUP-Boards (iSUP) auf den Markt kamen, haben sich immer mehr Wassersportler dafür interessiert.

Die Vorteile der **iSUP's** liegen im Transport bzw. der Lagerung. Sie können einfach zusammengelegt und in Rucksäcken transportiert werden. In der Regel ist bei jedem Boardkauf eine Pumpe dabei, die man zum Aufblasen benötigt. Je nach Hersteller sorgen 15-18 psi Druck für eine gute Steifigkeit. Um diesen Druck zu erreichen, nutzen einige SUPer mittlerweile elektrische Pumpen, die man über den Zigarettenanzünder am PKW oder einen AKKU

Stehpaddel-Ausrüstung besteht neben entsprechender Kleidung aus **SUP-Board, Paddel** und **Leash**. Die Wahl des SUP-Boards hängt vom Einsatzbereich ab.

die AUSRÜSTUNG

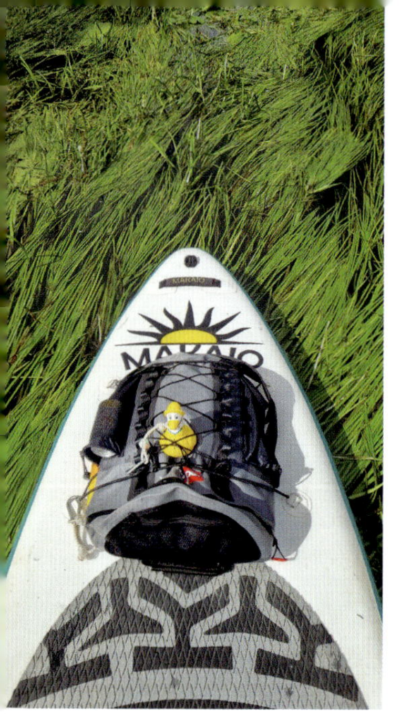

betreiben kann. Die Steifigkeit ist entscheidend beim Paddeln. Mit zu wenig Luft hängt das Board in der Mitte durch und kann nicht präzise auf die Paddelschläge reagieren. Verlockend günstige Angebote lassen eine wenig stabile Bauweise der iSUP's vermuten.

Während sich die Aufblasbaren durch den einfachen Transport und die platzsparende Lagerung auszeichnen, liegen die Vorteile der **Hardboards** eindeutig in den besseren Fahreigenschaften. Allerdings sind die Hardboards auch etwas anfälliger gegen Beschädigungen. Ein kurzer Kontakt z. B. mit einem Stein kann schon unschöne Kratzer hinterlassen, während ein iSUP dies locker wegsteckt.

Für die **Größe der Boards** sind Maßangaben in Fuß und Zoll üblich: Die Länge wird in Fuß angegeben (1 Fuß entspricht 30,48 cm), die Breite und Dicke wird in Zoll berechnet (1 Zoll entspricht 2,54 cm).

ALLROUND-BOARDS

Je mehr Auflagefläche das Board auf dem Wasser hat, desto kippstabiler ist es. Bei diesen etwas breiteren Boards wird von **Allround-Boards** gesprochen, die den Einstieg in den SUP-Sport erleichtern, aber keinesfalls erste Wahl sind, wenn man später mehr als nur ein wenig auf dem Wasser „plantschen" möchte. Hat man einmal den „Dreh raus", was in der Regel schnell geht, kann einem das Allround-Board schnell zu langweilig werden.

TOURING-BOARD

Es bietet bessere Gleiteigenschaften und unterscheidet sich in der Form vom Allround-Board dadurch, dass es in der Regel etwas länger ist und die Board-Spitze nach vorne spitzer zuläuft. Die Standfläche des **Touring-Boards** ist etwas schmaler, hat aber trotzdem noch eine hervorragende Kippstabilität. Meist haben die Touring-Boards vorn und hinten ein Gepäckgummi, unter welchem das Gepäck für die Tour verstaut werden kann. Empfehlenswert bei der Anschaffung eines Boards ist es, viele unterschiedliche Boards zu testen und auch die zukünftige Nutzungsweise des Boards mit einzubeziehen.

FINNE

Die Finne sorgt neben der Stabilität dafür, dass das SUP-Board die Spur halten kann. Ohne Finne würde man sonst bei jedem Paddelschlag die Richtung wechseln. Grundsätzlich ist es so, dass je länger die Finne ist, desto mehr Reibungswiderstand erzeugt sie im Wasser. Das heißt, dass mehr Kraft benötigt wird. Allerdings zeichnet sich die längere Finne auch durch einen besseren Geradeauslauf und bessere Kippstabilität aus. Je größer die Finne, desto mehr Stabilität bietet sie, desto schlechter wird allerdings auch die Wendigkeit.

Auf dem SUP-Markt gibt es für jedes Gewässer die richtige Finne. Für die meisten Touren hier in diesem Buch empfehle ich eine kurze Finne, da der Wasserstand an einigen Stellen niedrig ist. Noch besser ist jedoch eine Klapp-Finne, da sie bei jeder Berührung von Hindernissen nach hinten wegklappt und sanft darüber hinweggleitet.

LEASH

Die Leash ist eine **Halteleine**, die den Paddler mit dem Brett verbindet, und je nach Ausführung am Fußgelenk, unter dem Knie oder am Hüftgurt befestigt wird. Sie soll verhindern, dass das Board wegtreibt, wenn man ins Wasser fällt und ist damit ein wichtiges Sicherheitstool beim SUP.

Je nachdem, auf welchem Gewässer man unterwegs ist, ändert sich auch die Anforderung an die Leash und deren Befestigung am Körper. Zum Beispiel sollte beim Tragen auf einem **Strömungsgewässer** die Leash mit einer Sicherheitsauslösung um die Hüfte getragen werden. Diese kann mit einer Hand die Leash vom Körper lösen und somit lebensbedrohliche Situationen vermeiden. Bleibt das Board oder die Leash z.B. an einem Hindernis hängen und der SUPer wird unter Wasser gezogen, könnte er in diesem Fall den Klettverschluss am Fußgelenk nur schwer bzw. gar nicht öffnen. Auch hier ist ein Kurs hilfreich, der auf das relevante Wissen und den Einsatz in der Praxis eingeht.

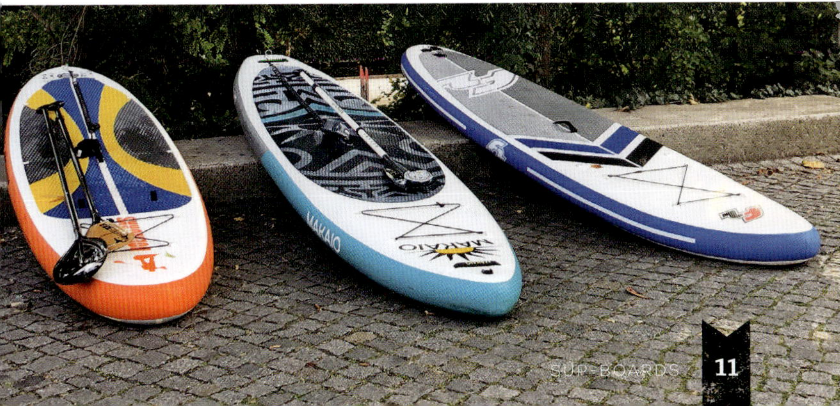

SUP-PADDEL

Neben dem SUP-Board ist das Paddel das wichtigste Equipment und wird am Anfang häufig unterschätzt. Das fängt bei der Wahl des Materials an. Bei den günstigen Komplett-Sets liegen zumeist **schwere Alupaddel** bei, die um die 400 Gramm mehr als Carbon-Paddel wiegen. Je leichter ein Paddel, desto entspannter und schonender für die Schultergelenke.

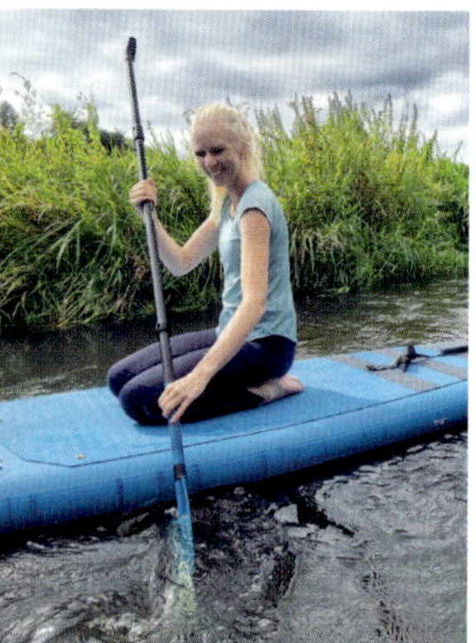

Die Hersteller bieten feste oder in der Länge verstellbare bzw. mehrteilige Paddel an. Bei der Auswahl der **mehrteiligen Paddel** kommt es auf die Verbindung der einzelnen Teile an. Haben diese zu viel Spiel, wirkt sich das negativ auf die Steifigkeit und damit auf die Fahreigenschaft aus.

Auch bei den **Paddelblättern** gibt es sowohl von der Größe als auch vom Material her große Unterschiede. Diese sind jedoch für den Einsteiger kaum spürbar.

Ein Paddel mit verstellbarem Schaft aus Glasfasermaterial und einem Blatt aus Kunststoff ist als **Einsteigermodell** preislich und qualitativ gut geeignet.

TRANSPORT & LAGERUNG

SUP-Boards haben in der Regel in der Mitte eine **Griffmulde (Hardboards)** oder eine **Griffschlaufe (iSUPs)** mit denen man das Board seitlich am Körper tragen kann. Für längere Strecken empfiehlt es sich allerdings einen Tragegurt bzw. einen Transportwagen zu nutzen, da das Gewicht von 7-12 kg auf die Dauer lahme Arme verursachen kann.

Die iSUPs können auch in den dazu vorgesehenen **Rucksäcken** gut transportiert werden. Dies muss nicht nur auf dem Rücken geschehen, da die meisten Modelle mittlerweile über gut funktionierende Rollen zum Hinterherziehen verfügen.

Der **Transport auf dem Autodach** empfiehlt sich nur für kurze Strecken. Für die **Lagerung im Winter** sollte das Board komplett trocken sein. Dann kann es problemlos wieder in den Rucksack und dort auf den nächsten Einsatz warten. Wer sein iSUP im aufgepumpten Zustand lagern möchte, sollte dieses nur leicht aufpumpen. **Auf keinen Fall** sollte man die iSUPs in **der prallen Sonne liegen** lassen. Da sich die Luft durch die Sonne ausdehnt, kann es zum Platzen des Boards kommen.

SUP-PADDELTECHNIK

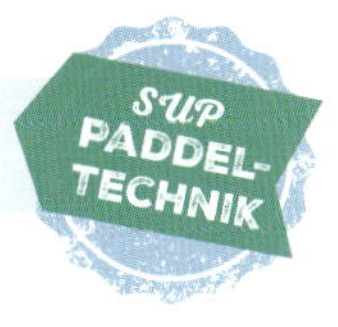

ERMITTLUNG DER RICHTIGEN PADDELLÄNGE

Stell das Paddel neben Dich, strecke Arm und Hand (der Arm ist dabei fast durchgestreckt) entlang des Paddelschaftes nach oben und lege jetzt die Hand um den Griff. Je länger das Paddel, umso aufrechter die Standposition auf dem Board. Wenn ich sportlicher fahren möchte, wähle ich einen kürzeren Schaft.

PADDELHALTUNG

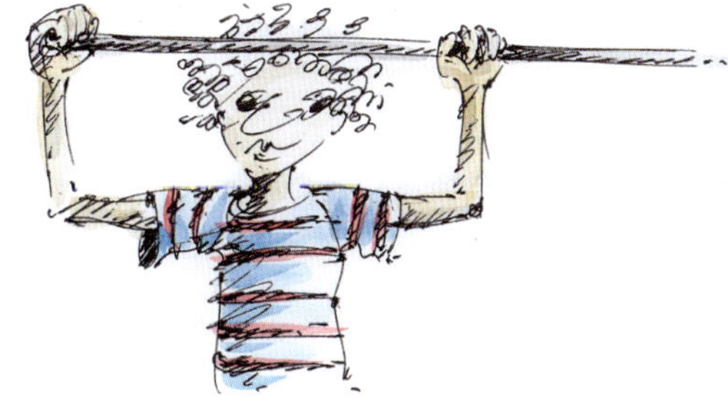

Die richtige Griffbreite ermitteln – Mit der einen Hand den Knauf umfassen, mit der anderen den Schaft. Paddel so auf den Kopf legen, dass die Unterarme im rechten Winkel nach oben zeigen.

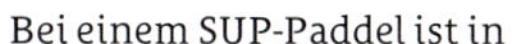
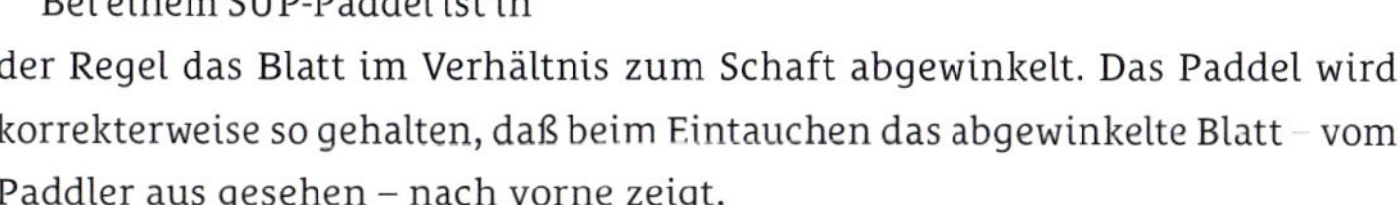

Bei einem SUP-Paddel ist in der Regel das Blatt im Verhältnis zum Schaft abgewinkelt. Das Paddel wird korrekterweise so gehalten, daß beim Eintauchen das abgewinkelte Blatt – vom Paddler aus gesehen – nach vorne zeigt.

ERSTE VERSUCHE

Wer seine ersten Versuche auf einem SUP-Board bestreitet, kann erstmal kniend starten, um ein Gefühl für sich und das Board zu bekommen. Hierzu etwa in die Mitte des Boards mit Blick nach vorne hinknien. In aufrechter Haltung mit beiden Händen am Paddelschaft vorwärts paddeln. Nach der Eingewöhnung aufstehen und mit der oberen Hand den Knauf greifen.

VORWÄRTSSCHLAG

Mit Blick nach vorne (Richtung Bug) stehen wir mit paralleler Beinstellung etwa in der Mitte des Boards. Die Trageschlaufe dient hier als Anhaltspunkt. Das Paddel wird weit vorne und nahe neben dem Board eingetaucht. Dabei ist der untere Arm (Hand am Schaft) nahezu gestreckt und der obere Arm (Hand auf dem Griff) leicht angewinkelt. Erst wenn das Paddel komplett im Wasser ist, wird der eigentliche Paddelzug eingeleitet.

Jetzt wird das Paddel in gerader Linie neben dem Board bis zum Körper (Füße) durchgezogen, wobei der Paddelschaft immer in einem sehr steilen Winkel (von vorne oder hinten gesehen) zum Wasser bleiben sollte. Dabei wird der obere Arm gestreckt und der untere Arm leicht angewinkelt.

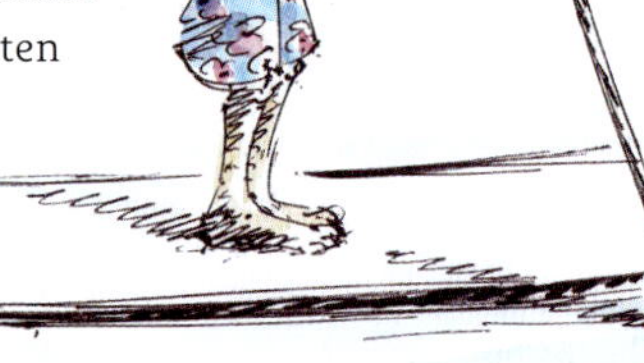

Vorwärtsschlag von der Seite gesehen

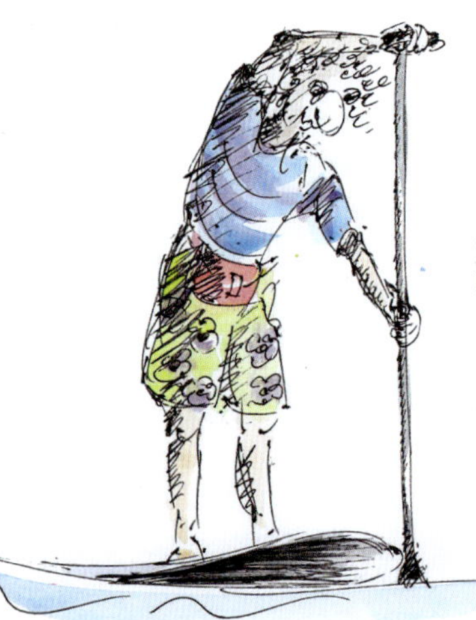

Knapp hinter dem Körper wird das Paddel aus dem Wasser genommen und mit horizontal gedrehter Blattfläche wieder nach vorne in die Eintauchposition geführt. Durch Rotation des Oberkörpers während des Durchziehens des Paddels wird die Wirkung (Kraft nach vorne) gesteigert (Schulter auf der Paddelseite ist beim Eintauchen leicht nach vorne und beim Ausheben des Paddels leicht nach hinten gedreht).

Je besser ich mein Paddel im Wasser „verankere“ (Widerstand des Wassers nutzen), desto effizienter ist die Bewegung des Boards nach vorne.

Vorwärtsschlag von vorne gesehen

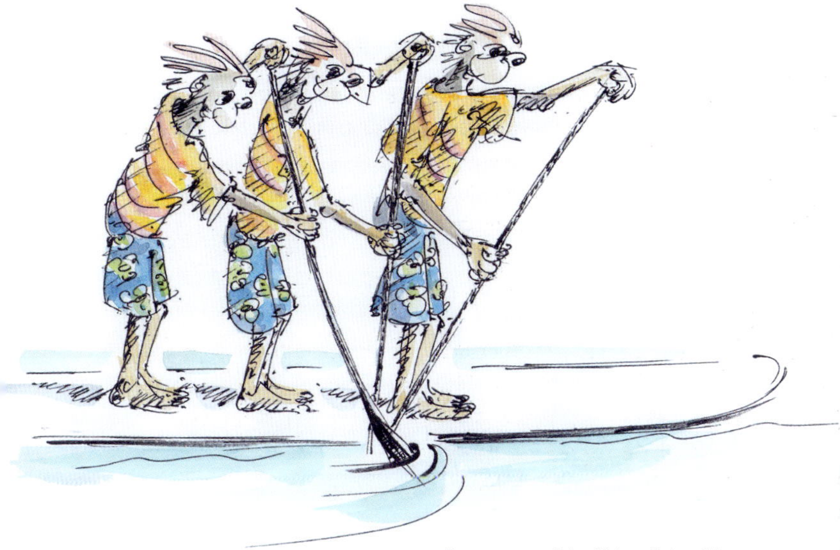

Bewegungsablauf Vorwärtsschlag

VORWÄRTS FAHREN

Um „Kurs zu halten“ und ungewollte Kurvenfahrt zu vermeiden ist es hilfreich, auf ein anvisiertes Ziel in der Ferne zuzuhalten und nach mehreren Schlägen immer mal wieder die Seite zu wechseln.

KURVEN FAHREN

Hier kann als leicht zu lernende Technik der Bogenschlag angewendet werden. Das Paddelblatt wird möglichst weit vorne direkt am Board eingesetzt und dann in einem weiten Bogen am Körper vorbei bis nach hinten ans Heck durchgezogen. Je weiter ich bei diesem Manöver hinten auf dem Board stehe, umso effizienter wird der Bogenschlag.

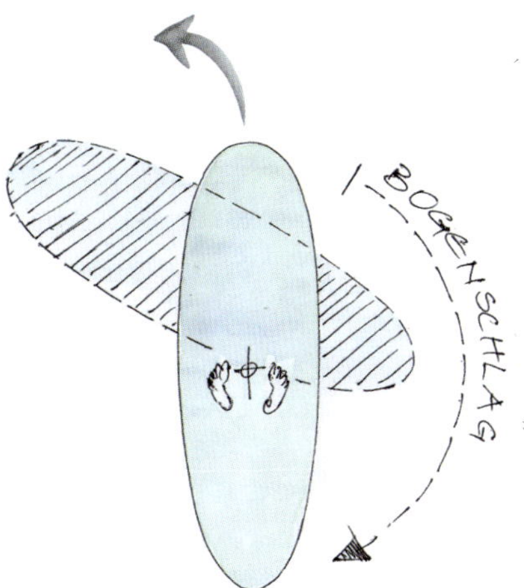

Als fortgeschrittene Technik kann auch der sogenannte Crossbow-Turn eingesetzt werden. Hier wird das Paddel aus der Fahrt heraus auf der Gegenseite des

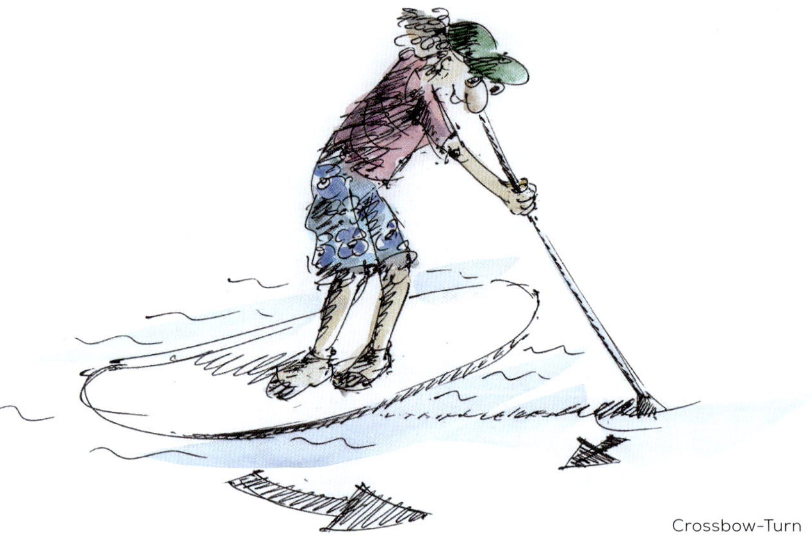

Crossbow-Turn

Boards – unter Beibehaltung der ursprünglichen Paddelhaltung – möglichst weit außen in einem Winkel von rund 45 Grad zum Board eingesetzt und dann in einem Bogen vorne über den Bug wieder auf die ursprüngliche Paddelseite geführt. Mit dieser Übergriff-Technik kann das Board mit einem Schlag um 180° gedreht werden.

PADDELN BEI GEGENWIND

Wer gegen den Wind ankommen möchte, macht sich klein – bis hin zum Paddeln im Knien. Auf diese Weise reduziere ich den Luftwiderstand. Die Griffhand greift dabei weiter unten am Schaft.

DOWNWIND-PADDELN

Das SUP-Paddeln mit ordentlich Wind im Rücken gilt als die Königsdisziplin auf dem See und bleibt erstmal dem wirklich Erfahrenen vorbehalten. Es erfordert eine an Wind und Wellen angepasste Fußstellung. Um ein Bohren des Bugs zu verhindern, versetzt man einen Fuß nach weiter hinten. Je mehr Wind, desto weiter hinten steht man. Mit dem Paddel im Wasser kann das Board in den Wellen stabilisiert werden.

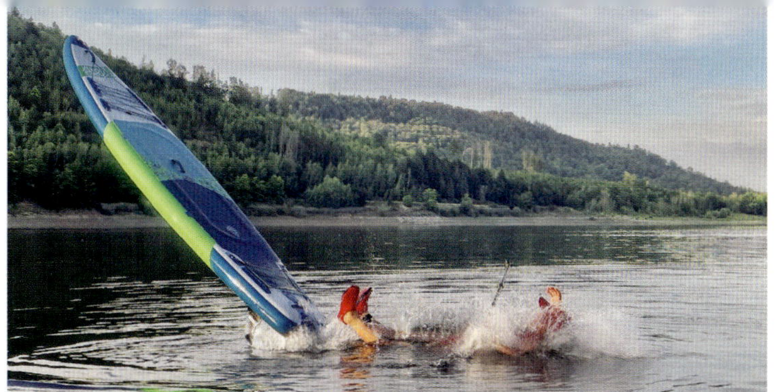

ZU GUTER LETZT

- » Schwach motorisierte Wasserfahrzeuge „schleichen“ sich gern unbemerkt von hinten an, so dass es sinnvoll ist, sich immer mal umzuschauen.
- » Im Falle eines Sturzes ins Wasser zuerst zum Board schwimmen, bevor der Wind dieses abtreibt (eine Leash verhindert das!) – und erst dann das Paddel bergen.
- » Nie das Board verlassen um zum Ufer zu schwimmen, denn es ist auch deine „Rettungsinsel“!
- » Führe ein wasserdicht verpacktes Handy mit, um im Notfall Hilfe rufen zu können.

Literatur-TIPPS

BUCH-EMPFEHLUNGEN

101 DINGE, DIE EIN STAND-UP-PADDLER WISSEN MUSS, Bruckmann Verlag

SUP – STAND UP PADDLING: MATERIAL – TECHNIK – SPOTS | **SUP – RAUF AUFS BRETT** | und weitere SUP-Titel, Delius Klasing Verlag

SUP-GUIDE **„HAMBURG & UMLAND“** | **„OSTSEEKÜSTE & HOLSTEIN“** | **„BERLIN & UMLAND“** | viele weitere Titel, Thomas Kettler Verlag

REISEFÜHRER **„HARZ“** UND **„LÜNEBURG & LÜNEBURGER HEIDE“**, beide Michael Müller Verlag

ZEITSCHRIFTEN

SUP BOARD MAGAZIN, MSV Medien, www.supboard-magazin.de

SUP, Delius Klasing Verlag, www.sup-mag.de

STAND UP MAGAZIN, Mike Jucker, www.standupmagazin.com

LINK- UND APP-TIPPS

SUPSCOUT.DE – Plattform für SUP-SPOTS UND -TOUREN

PAGAJA.DE Buchungsportal rund ums Paddeln

CLEANRIVERPROJECT.DE – Paddeln & Fotokunst für saubere Flüsse

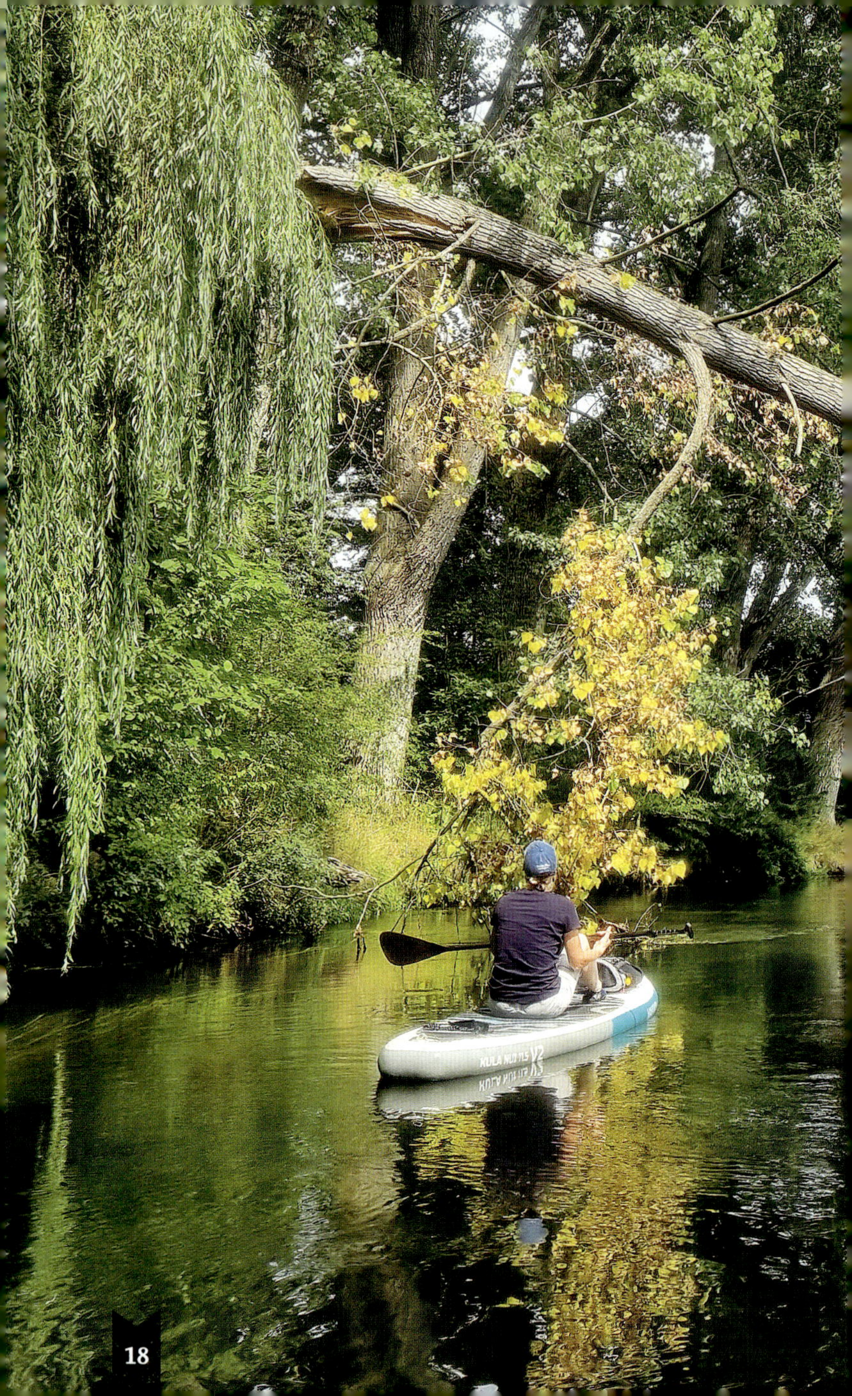
KULA NUI 11'5 V2

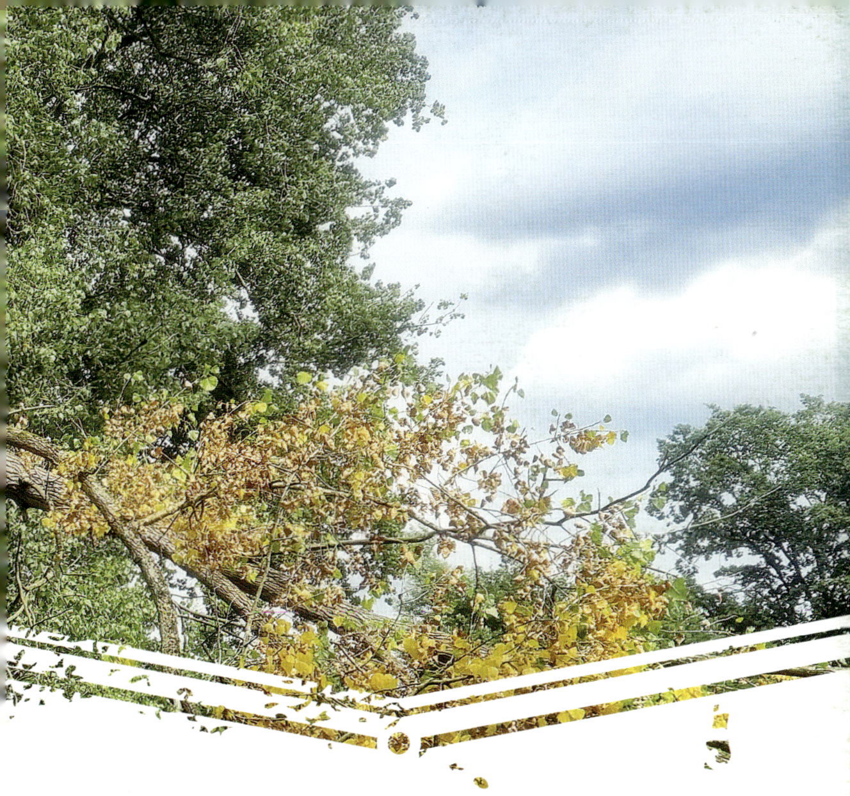

DIE ILMENAU

ANSPRUCH

EINKEHR

Der größte Fluss der Lüneburger Heide ist ein wahrer Naturtraum. Auf unserem Streckenabschnitt ist er ein naturnahes Fließgewässer, welches durch die Landschaft mäandert. Gekennzeichnet ist die Ilmenau durch langgezogene Flussbögen, die ihr einen ganz besonderen Charme verleihen.

WIND & WETTER

Auf einigen Streckenabschnitten in der offenen Wiesenlandschaft ist man dem Wind ausgesetzt.

BEFAHRUNGSREGELN

Das Ein- und Aussetzen ist nur an den vorhandenen Einstiegen erlaubt.

ANFAHRT PKW & PARKEN

Auf der B 4 von Norden kommend ca. 250 m hinter dem Ortsschild von Grünhagen links, von Süden kommend 250 m vor dem Ortsschild rechts, auf den kleinen Parkplatz.

PARKEN EINSTIEG einige Parkplätze am Rastplatz (Holzbrücke).

PARKEN AUSSTIEG in Lüneburg ausreichend Parkplätze vorhanden.

ZURÜCK ZUM PKW Von Haltestelle *Goethestraße* Bus 5012 zum Bf *Lüneburg*, weiter siehe Einstieg ÖPNV. bahn.de oder regiobus-nord.de

AN- & ABREISE ÖPNV

EINSTIEG Am Wochenende nur 2x pro Tag: Bf *Lüneburg* ME RE 3 nach Bienenbüttel, dort Bus 7061 nach *Varendorf, Bienenbüttel,* Umstieg in Bus 7062 und bis Haltestelle *Grünhagen Ort, Bienenbüttel* (alternativ 2 km Fußweg vom Bf *Bienenbüttel).* Wochentags ME RE 3 bis Bf *Bienenbüttel* und Bus 7062 bis Haltestelle *Grünhagen Ort, Bienenbüttel.* 600 m zum Einstieg.

AUSSTIEG 1,8 km zu Fuß zum Bf *Lüneburg* oder von Haltestelle *Goethestraße* Bus 5012 zum Bahnhof (0:11 h). siehe bahn.de hvv.de od. kvg-bus.de

BADEN

- Die idyllische **Ilmenau** bietet zahlreiche Möglichkeiten zum Baden.
- **SaLü: Salztherme & Erlebnisbad** im Wasserviertel **Lüneburgs**. Wasserrutschen, Salzwelle, Soletherme, Sauna uvm. www.salue.info
- Freibad **Waldbad Bienenbüttel.**

SEHENSWERTES

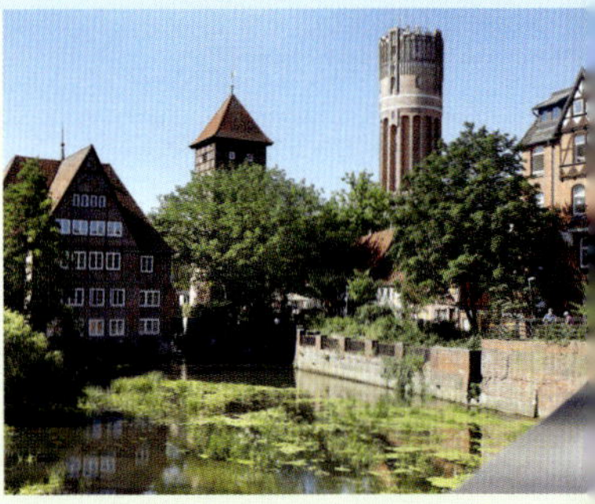

- Als eines der ältesten Kulturgüter hat Salz die Geschichte der Menschheit entscheidend geprägt und trägt den Beinamen „weißes Gold". **Lüneburg** ist die Salzstadt im Norden und im **Deutschen Salzmuseum** erfährt man Wissenswertes und auch Kurioses zum Thema „Salz". www.salzmuseum.de
- Das im Laufe mehrerer Jahrhunderte entstandene prunkvolle **Historische Rathaus** am Marktplatz von **Lüneburg** ist eine absolute Besonderheit, da es mehrere Gebäude aus unterschiedlichen Stilepochen beherbergt. Als das größte mittelalterliche Rathaus Norddeutschlands ist es bis heute Sitz der Lüneburger Verwaltung. Im Rathausturm hängt ein Glockenspiel mit 41 Glocken aus Meissener Porzellan. www.lueneburg.info/rathaus

» Der **Wasserturm** prägt neben den Türmen der drei mächtigen gotischen Kirchen die Silhouette der Stadt **Lüneburg**. Auf seiner Aussichtsplattform in 56 Metern Höhe erlebt der Besucher einen fantastischen Panoramablick über die ganze Stadt und die Umgebung. www.wasserturm.net/turm

» Der **Alte Kran** im **Wasserviertel** gilt neben dem Rathaus zu den heimlichen Wahrzeichen der Salz- und Hansestadt **Lüneburg**. Er diente einst zum Heben des wertvollen Salzes der Lüneburger Saline. Heute unvorstellbar, aber dennoch wahr: Angetrieben wurde der Kran von zwei erwachsenen Männern, die je nach Beladung kräftig in die Treträder treten mussten. www.lueneburg.info/alter-kran

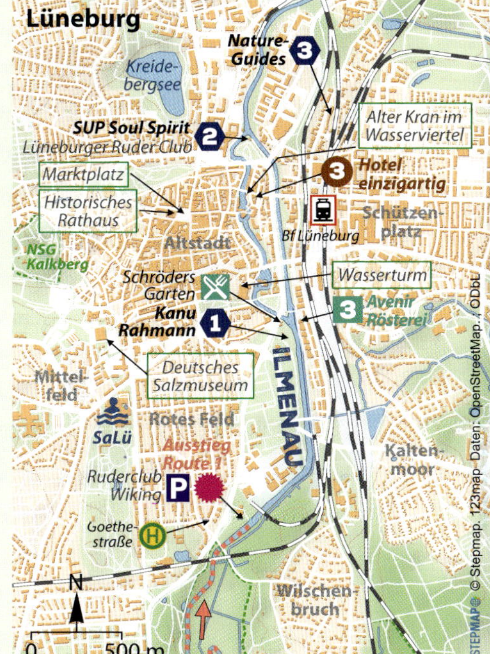

EXTRA-TIPPS

» **Klein Bünstorfer Heide:** Eine der schönsten Heideflächen der Region am Stadtrand vom **Bad Bevensen.** Neben der Heideblüte, die „fünfte Jahreszeit" in der Lüneburger Heide, ist sie auch Zeugnis für eine lange Besiedlungsgeschichte. So kann man hier heute noch 59 Hügelgräber erkennen.

» Das bedeutendste **Thermalbad** der Lüneburger Heide, die **Jod-Sole Therme,** findet man in **Bad Bevensen,** www.jod-sole-therme.eu

» Der **Skulpturenpfad Bienenbüttel** (8,5 km) führt durch den landschaftlich schönen Naturraum des Heideflusses Ilmenau. Realisiert wurde er von 11 Künstlern, von denen jeder ein Kunstobjekt unterschiedlichster Materialien – Holz, Stein, Kunststoff – entlang des Weges schuf. Drei zentrale Säulen beziehen sich auf die Kunstwerke: die Kunst, den Fluss und den Menschen. Im Prinzip geht es darum, die Kunst und den Naturraum in Einklang zu bringen.

» In **Pücherts Forellenhof,** am nördlichen Ortseingang von **Grünhagen**, bekommt man leckerem Fisch aus naturgerechter Fischzucht. Frisch, als Räucherfisch oder im Brötchen auf die Hand. www.forellenhof-puechert.de

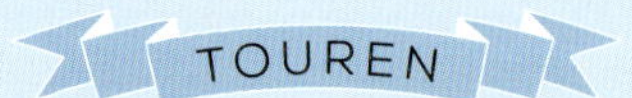

1 AUF DER ILMENAU VON GRÜNHAGEN BIS NACH LÜNEBURG

(mit Tourbeschreibung Seite 23)

Auf dem idyllischen Heidefluss – Lebensraum vieler Pflanzen- und Tierarten – paddeln wir durch langgezogene Flussbögen bis Lüneburg.

| **LÄNGE** 16,5 km | **DAUER** 4 h

EIN- & AUSSTIEG

EINSTIEG GRÜNHAGEN Links vor der Holzbrücke an einem kleinen Holzsteg.

AUSSTIEG LÜNEBURG Bequemer Holzsteg direkt am Bootshaus des RC Wiking Lüneburg *(Willy-Brandt-Straße 15, 21335 Lüneburg)* oder 50 m vorher an der linken Seite über den Rasen.

SUP-VERMIETUNG

1 KANU RAHMANN
STATION MELBECK + LÜNEBURG
Uelzener Str. 77, 21406 Melbeck
Tel. 0171-526 87 77
www.kanustation-melbeck.de

2 SUP SPIRIT SOUL
STATION LÜNEBURG
c/o Lüneburger Ruder Club Wiking
Am Schifferwall 6, 21335 Lüneburg
Tel. 0171-830 60 60
oder (04321) 602 69 66
www.supspiritsoul.com

3 NATURE-GUIDES
Lüner Weg 41, 21337 Lüneburg
Tel. 01590-100 77 57
www.nature-guides.com/sup-verleih

SUP-KURSE & TOUREN

4 TOURIST-INFO BAD BEVENSEN
keine SUP-Board Vermietung, SUP-Kurse und geführte Touren, ***Extra-TIPP:*** *SUP-Light Tour bei Nacht*
Dahlenburger Str. 1, 29549 Bad Bevensen, Tel. (05821) 97 68 30
www.bad-bevensen.de

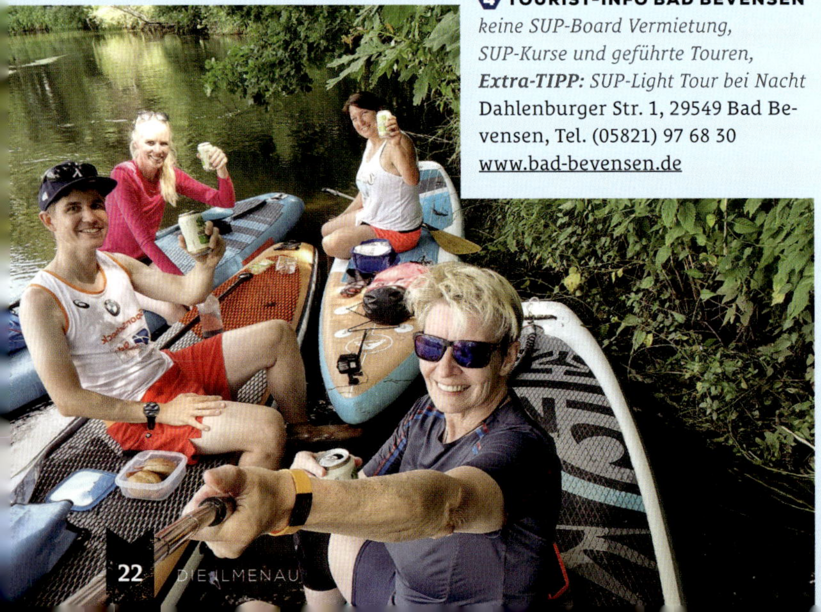

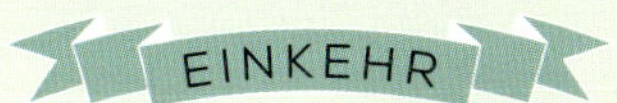

1 BOOTSHAUS-ILMENAU

Uelzener Str. 77, 21406 Melbeck
Tel. (04134) 90 01 43
www.bootshaus-ilmenau.de
Mi-Sa 17-22, So 12-20 Uhr

KLASSIKER Apfel-Majoran Bratwurst mit Heidelbeer-Senf, Plücksalat und Heidekartoffel

2 PLATZHIRSCH RESTAURANT

Rote Schleuse 4, 21335 Lüneburg
Tel. (04131) 79 15 00
www.camproteschleuse.de/unser-restaurant

KLASSIKER Hausgemachte Steinofenpizza und badische Gerichte

3 AVENIR RÖSTEREI

Ilmenaugarten 137c, 21337 Lüneburg
Tel. 01515-422 04 86
www.insavenir.de
Mo-Fr ab 9, Sa+So ab 10 Uhr

KLASSIKER Leckerer Kuchen und Kaffeeröstungen in super Qualität

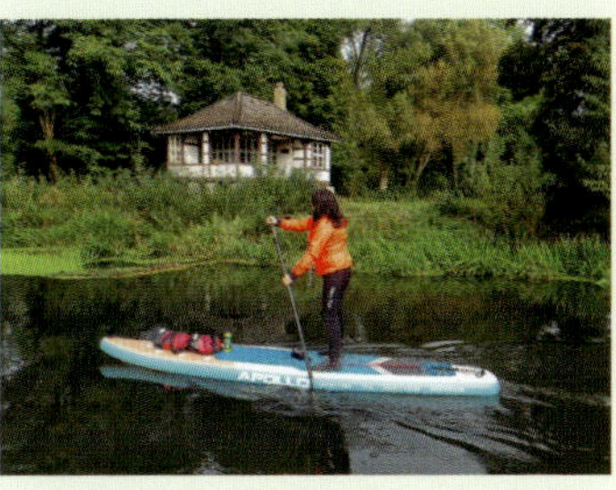

ÜBERNACHTUNG

1 DIE OUTDOORSCHMIEDE

(Zelt, Lodges, Schlaffässer)
Uelzener Str. 77 B, 21406 Melbeck
Tel. (04131) 608 91 16
www.dieoutdoorschmiede.de

2 CAMPINGPLATZ ROTE SCHLEUSE

Rote Schleuse 4, 21335 Lüneburg
Tel. (04131) 79 15 00
www.camproteschleuse.de

3 HOTEL EINZIGARTIG

Lünetorstr. 3, 21335 Lüneburg
Tel. (04131) 400 60 00
www.hoteleinzigartig.de

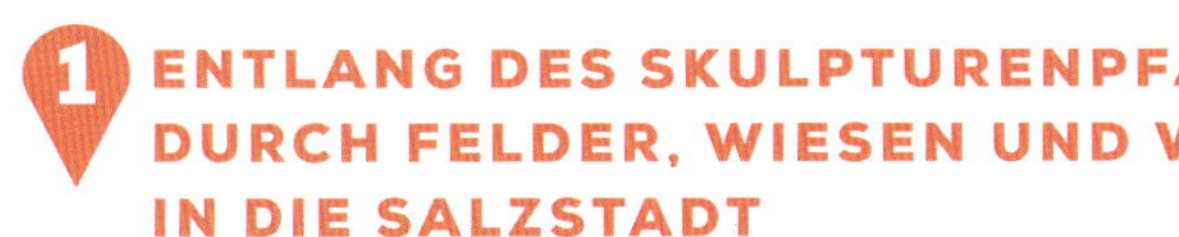

1 ENTLANG DES SKULPTURENPFADS DURCH FELDER, WIESEN UND WÄLDER IN DIE SALZSTADT

Direkt nach dem **EINSETZEN AM HOLZSTEG** in **GRÜNHAGEN** werden wir auf den ersten Paddelschlägen noch vom Straßenlärm der B4 begleitet, zu der wir immer wieder mal parallel paddeln. Die Geräusche sind allerdings schnell vergessen, da wir unsere volle Aufmerksamkeit dem Entdecken der Skulpturen

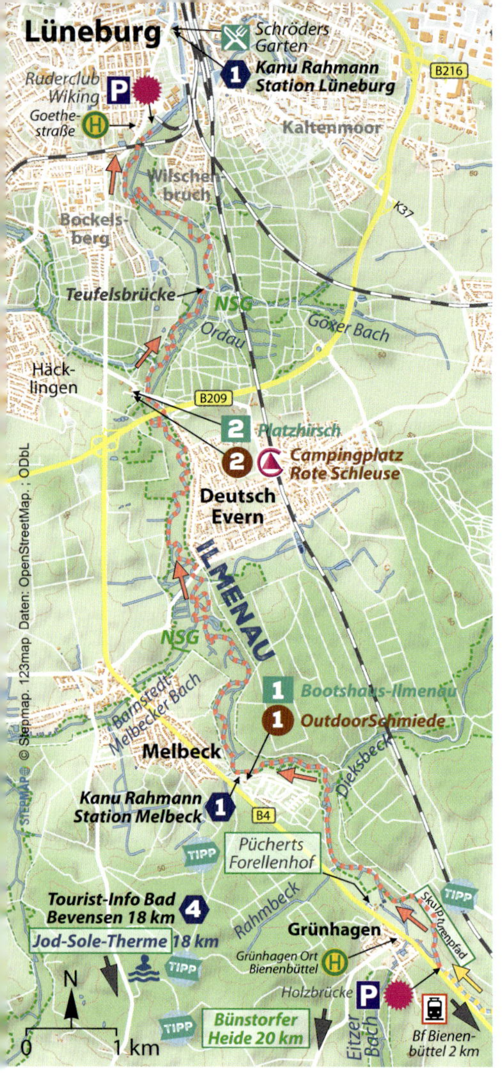

auf dem entlang des Ufers verlaufenden **SKULPTURENPFADES** TIPP und der Natur widmen, denn sowohl einige herunterhängende Büsche als auch ein paar Kanuten wollen nicht touchiert werden. Bereits hier fällt auf, dass die **LÜNEBURGER HEIDE** nicht ganz so „platt" ist wie gedacht.

Wir paddeln an kleinen Hügeln vorbei, der höchste misst 78 Meter und bietet auch guten Schutz vor dem Wind. Auwälder entlang der Flussniederungen, die schon immer wechselnden Wasserständen ausgesetzt waren, zählen zu den artenreichsten Lebensräumen Europas. Besonders schön anzusehen sind die Grüne Keiljungfer, eine Libellenart, die man leicht an leuchtend grünem Kopf und Brust erkennen kann.

Kurze Zeit später kommen wir zum Anleger von **KANU RAHMANN** 1 in **MELBECK**. Individual-Paddler dürfen, wenn sie nicht eh ein SUP-Board hier gemietet haben, anlegen, um im **BOOTSHAUS-ILMENAU** 1 einzukehren oder bei der **OUTDOORSCHMIEDE** 1 *(vorab reservieren)* das Zelt aufzustellen oder eines der Schlaffässer, bzw. eine rustikale Lodge zu mieten.

Weiter geht's auf der dahinmäandernden **ILMENAU**. Direkt hinter der Straßenbrücke am Ortseingang von **DEUTSCH EVERN** befindet sich ein schöner Holzsteg, der uns zum Pausieren einlädt. Nach einer kurzen Stärkung geht's wieder auf die Boards und sofort fallen uns die exklusiven Villen in Hanglage auf. Hier gibt es keine weiteren Möglichkeiten zum Anlanden, da alle Stege in Privateigentum sind. Der weitere Verlauf führt uns wieder durch weite Wiesenflächen, bevor wir uns Lüneburg nähern. Wir passieren einige Brücken, von der schönen **HOLZBRÜCKE** bis hin zur alten **EISENBAHNBRÜCKE**, die den Charme der 1950er Jahre versprüht, ist alles dabei. Besonders schön ist Lüneburgs älteste Brücke, die 130 Jahre alte grün-stählerne **TEUFELSBRÜCKE**. Die Brücken zeigen leider auch das nahende Ende der Tour an, am **STEG** vom **RC WIKING** auf der linken Uferseite.

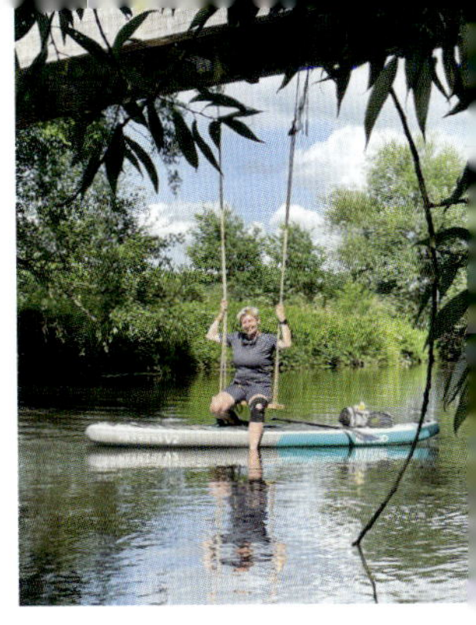

Wer sein Board bei **KANU RAHMANN** 1 gemietet hat, paddelt noch gut 1 km weiter und gibt es an der Station in **LÜNEBURG** ab. Direkt nebenan kann man in **SCHRÖDERS GARTEN** einkehren, einem hübsch angelegten und gemütlichen Biergarten mit Blick auf die Ilmenau.

REIZVOLLE VARIANTEN (OHNE KARTE)

2 VOM BESCHAULICHEN EMMENDORF NACH KLEIN BÜNSTORF

| **LÄNGE** 9 km | **STRECKE** Emmendorf – Klein Bünstorf | Eine besonders schöne, aber strömungs- und hindernisreiche Tour durch Wälder, Wiesen, Weideflächen und kleine Sümpfe. Die fast ausschließlich natürlichen Ufer mit den vielen Weiden und Erlen faszinieren, allerdings benötigt man paddlerisches Geschick, um sich um die Äste herum oder untendurch zu schlängeln. Wir unterfahren sogar den **ELBE-SEITENKANAL** und bekommen einen Eindruck, wie es ist, wenn ein riesiger Güterfrachter über uns hinwegfährt.

3 VOM GESCHICHTSTRÄCHTIGEN HEIDEKLOSTER MEDINGEN NACH GRÜNHAGEN

| **LÄNGE** 15 km | **STRECKE** Medingen – Grünhagen | Wir sind auf der strömenden **ILMENAU** unterwegs. Das Landschaftsbild der **ILMENAUNIEDERUNG** ist traumhaft und so zeigt sich hinter jeder Kurve ein neuer Anblick, den wir genießen. Besonders eindrucksvoll sind die steilen und bewaldeten Ufer, die manchem Eisvogel den optimalen Standort für eine Niströhre bieten.

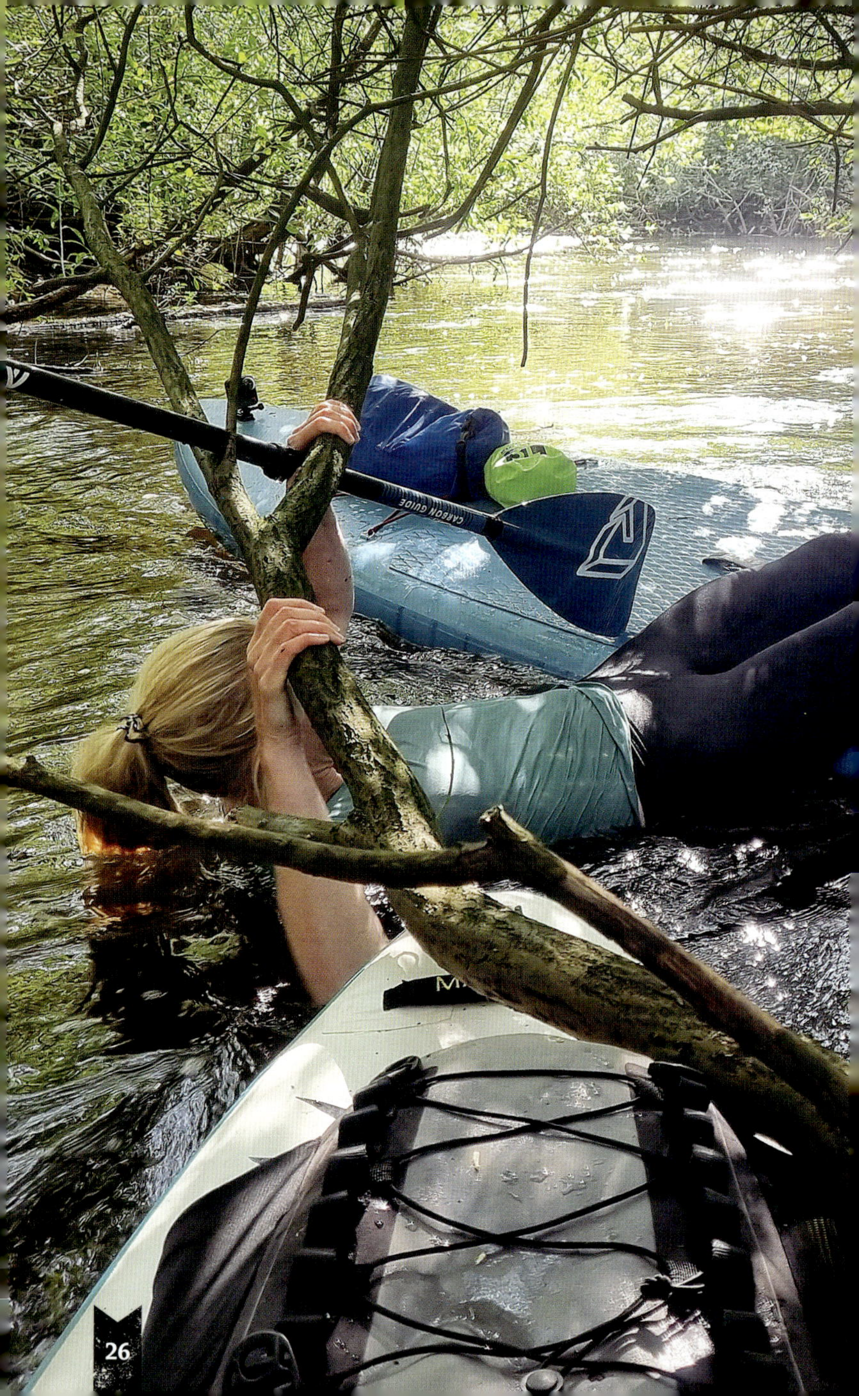
CARBON GUIDE

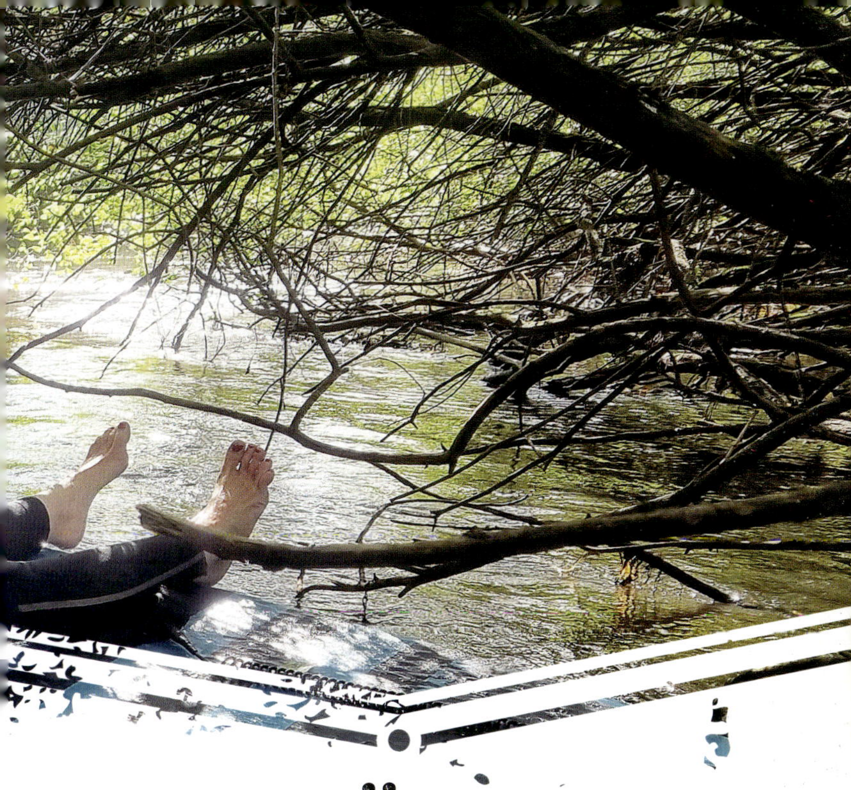

DIE ÖRTZE

ANSPRUCH

EINKEHR

Die Örtze bietet ein abenteuerliches SUP-Erlebnis und ist nicht unbedingt der Fluss für eine entspannte Tour. Wer hier paddelt, sollte schon etwas Adrenalin vertragen können, dafür wartet ein unvergessliches Erlebnis, denn nicht nur die Natur, sondern auch die Heidedörfer verleihen dem Fluss seinen ganz besonderen Charme.

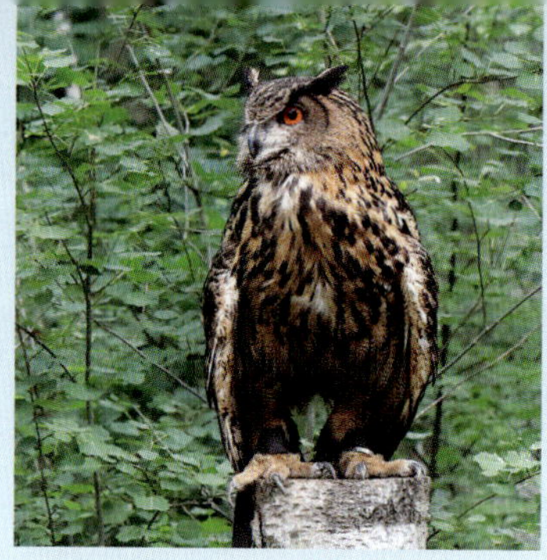

WIND & WETTER

Der Wind kann an Stellen, an denen Bäume keinen Schutz bieten, schon mal zu schaffen machen.

BEFAHRUNGSREGELN

Vom **16.5. - 14.10. (9-18 Uhr)** bei ausreichendem Wasserstand **befahrbar**. Die Pegelstände erhalten Sie über die www.naturpark-suedheide.de – hier wird auch der Status angezeigt, ob die Tour starten kann oder nicht.

Picknick bitte nur an öffentlich **ausgewiesenen Rast- bzw. Ein- und Ausstiegsplätzen.**

ANFAHRT PKW & PARKEN

Über die A7 bis zur Ausfahrt 45 Soltau-Süd. Dann auf B3 bis Abzweig nach links auf die K41 bis Reddingen fahren links bis Poitzen, rechts nach Müden auf der Sandstraße bis zur Hauptstraße. Auf dieser nach links bis zur Wassermühle/Parkplatz.

PARKEN EINSTIEG kostenloser Parkplatz am Wehr der Mühle Müden.

AUSSTIEG 12,5 KM-TOUR Parken an der Straßenbrücke Oldendorf.

AUSSTIEG 19 KM-TOUR Parken am Bootsanleger Eversen, kurz hinter der Brücke auf der linken Seite.

ZURÜCK ZUM PKW Von *Hermannsburg-Oldendorf* bzw. *Eversen (Kr. Celle) Sandberg* mit Bus 200 nach *Müden Bahnhof, Faßberg* (nur 2-4x pro Tag, teilweise mit Umstieg, siehe bahn.de oder www.cebus-celle.de).

ANFAHRT MIT ÖPNV

EINSTIEG MÜDEN (mühsam, mit Umsteigen, besonders am Wochenende teils mit RufBus). Von Hbf *Celle* Bus 13 bis *Celle Schlossplatz,* Umstieg in Bus 200 bis *Hermannsburg-Ortsmitte,* umsteigen in 220 bis Haltestelle *Faßberg-Müden Bahnhof.* 100 m Fußweg zum Einstieg.

AUSSTIEG EVERSEN 200 m vom Einstieg Haltestelle *Eversen (Kr. Celle) Sandberg* mit Bus 200 bis *Celle Schlossplatz.* Umstieg in Bus 13 zum Hbf *Celle.*

BADEN

- Schöner **Sandstrand** an der **Örtze** nahe der Jugendherberge **Müden**.
- **Waldbad Hermannsburg,** normales Hallenbad. www.waldbad-hermannsburg.jimdofree.com/
- **Celler Badeland:** Hallenbad, Spaßbecken, Tunnelrutsche, Freibad mit 86-Meter-Riesenrutsche, Sauna uvm. www.celler-badeland.de
- **Freibad Westercelle:** Sonnenterrasse mit Strandkörben, Kinderbecken, Wasserrutschen, Sprungturm, viele Spiel- und Sportgeräte www.freibad-westercelle.de
- **Oldendorfer Kiesteiche:** Idyllisches Gewässer mit kristallklarem Wasser in malerischer Natur, das zum Schwimmen, Angeln und erholsamen Verweilen einlädt.

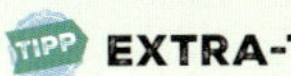

EXTRA-TIPPS

- Der **Wildpark Müden/Örtze** *(Foto links)* zeichnet sich durch naturbelassene und mit Bächen und Teichen durchzogene Gehege aus. Hier präsentieren sich die einheimischen Tiere und man kann bei Flugschauen und Fütterungen zusehen. www.wildparkmueden.de
- Eineinhalb Kilometer östlich von **Hermannsburg** kann man auf gut ausgeschilderten **Wander- und Radwegen** unterschiedlicher Länge die sanften Hügel der weitläufigen, von knorrigen Wacholdern durchsetzen Heideflächen der **Misselhorner Heide** und das **Tiefental** erkunden. *Sie ist eine alte Kulturlandschaft, entstanden durch die Landwirtschaft früherer Jahrhunderte und steht, dank ihrer ganz eigenen Flora und Fauna, unter Naturschutz.*
- Mitten in der Lüneburger Heide wurde während der NS-Zeit ein erschreckendes Kapitel deutscher Geschichte geschrieben – im Konzentrationslager Bergen-Belsen. Die **Gedenkstätte Bergen-Belsen** erinnert an diese dunkle Zeit, in der Zehntausende Menschen starben, darunter Anne Frank. www.bergen-belsen.stiftung-ng.de
- Auf Reise durch Militärgeschichte geht man im **Deutsches Panzermuseum Munster.** Hier kann man die Entwicklung der deutschen gepanzerten Truppen im 20. Jahrhundert sehen und in fünf Hallen werden ca. 6.000 Exponate gezeigt. Auch gibt es genügend Raum für die sozial- und kulturhistorische Einordnung und kritische Interpretation. www.daspanzermuseum.de

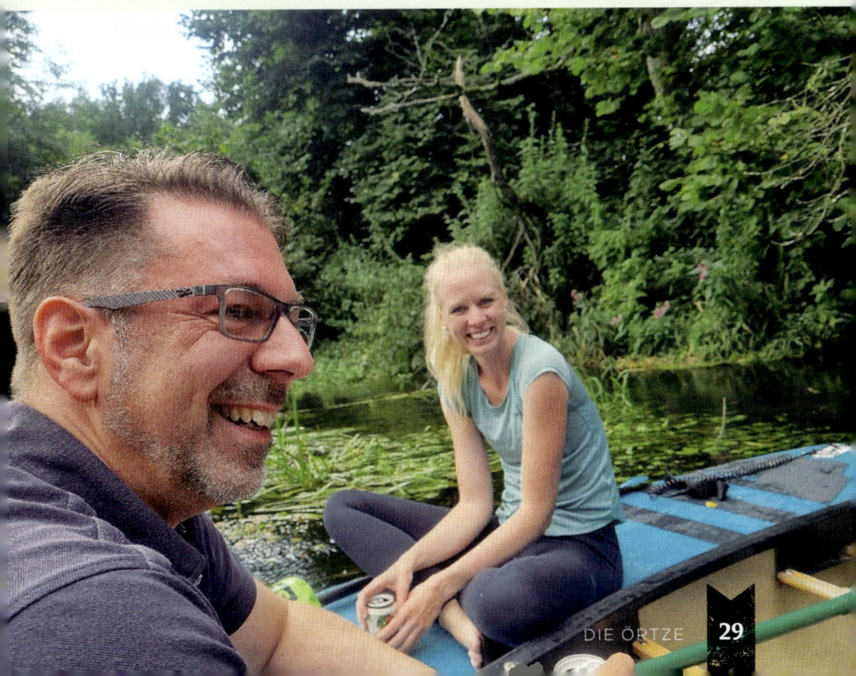

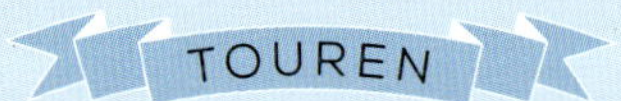

VON MÜDEN NACH OLDENDORF ODER WEITER BIS EVERSEN

(mit Tourbeschreibung Seite 30)

Anspruchsvolle Tour, die mit hübschen Heidedörfern, tief hängenden Gebüschen und quer liegenden Bäumen überrascht. Entdecken Sie die Schönheit und Vielfalt der Landschaft. Die unberührte Wildnis bietet ein unvergessliches Abenteuer.

Abschnitt 1 bis Oldendorf:

| **LÄNGE** 12,5 km | **DAUER** 3 h

Abschnitt 1 + 2 bis Eversen:

| **LÄNGE** 19 km | **DAUER** 4:30 h

EIN- & AUSSTIEG

EINSTIEG MÜDEN Wehr in Müden.

AUSSTIEG 12,5 KM-TOUR, OLDENDORF Links unter der Straßenbrücke L 281 an einem Holzsteg.

AUSSTIEG 19 KM-TOUR, EVERSEN Links hinter der Straßenbrücke am Bootsanleger.

2 VON WOLTHAUSEN NACH WINSEN

(Kurzbeschreibung Seite 33)

Eine spritzige Abenteuertour, die sich durch Kurvenreichtum und viele Baumhindernissen auszeichnet.

| **LÄNGE** 11,5 km | **DAUER** 3-4 h

EIN- & AUSSTIEG

EINSTIEG WOLTHAUSEN ca. 50 m vom Parkplatz entfernt an einem schönen Holzsteg.

AUSSTIEG WINSEN Bequemer Holzsteg direkt am Parkplatz.

SUP-VERMIETUNG

1 SUP SPOT CELLE
Waldweg 2, 29342 Wienhausen
Tel. 0173-301 84 33, www.supspot.de

2 EKÜ-SPORT
Josef-Ressel Str. 1
29358 Eicklingen
Tel. (05144) 698 89 00
www.ekue-sport.de

1 ABENTEUERLICHES SUP-ERLEBNIS AUF EINEM ECHTEN HEIDEFLUSS

„Viele Flüsse und Flüsschen hat die Lüneburger Heide; ihr echtester Heidefluß aber ist die Örtze.“ Das schrieb der oft zitierte Heideromantiker Hermann Löns und bis heute hat sich daran nichts geändert.

Flussregulierungen gab es bei der **Örtze** größtenteils nicht. Diesem Umstand ist es zu verdanken, dass es am Ufer eine artenreiche Tier- und Pflanzenwelt

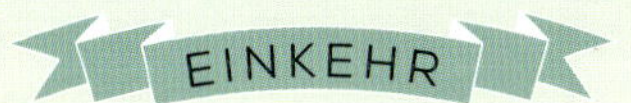

1 OLE MÜLLERN SCHÜN BAUERNCAFÉ

Alte Dorfstr. 6, 29328 Faßberg
Tel. (05053) 941 22
www.ole-muellern-schuen.de
Mi-So 14-18, Fr-So zusätzl. 9-12 Uhr

KLASSIKER Die prämierte Champagner-Sanddorn Torte

2 OHLENDORFS GASTHAUS

Welfenstr. 2, 20320 Südheide
Tel. (05052) 912 45 67
www.ohlendorfs-gasthaus.de
ab 16.30, So ab 11 Uhr, Mo+Mi Ruhet.

KLASSIKER Neuland-Currywurst von der Schlachterei Hiestermann

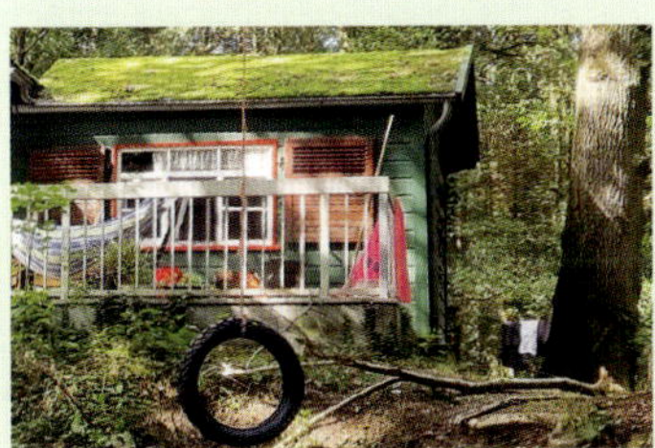

ÜBERNACHTUNG

1 JUGENDHERBERGE MÜDEN/ÖRTZE
(mit hauseigenem Sandstrand)
Wiesenweg 32, 29328 Faßberg
Tel. (05053) 225
www.jugendherberge.de/jugendherbergen/muedenoertze

2 LANDHAUS MÜDEN
Hermannsburgerstr. 2
29328 Faßberg
Tel. 0157-80 69 01 17
www.landhaus-mueden.de

3 SCHARNEBECKS MÜHLE
(Zimmer, WOMO-Stellplatz)
Scharnebeck 1
29320 Südheide
Tel. (05052) 33 78
www.scharnebecks-muehle.de

4 GUTSHOF IM OERTZETAL
Eschedeer Str. 2
29320 Südheide/
Hermannsburg-Oldendorf
Tel. (05052) 542 97 10
www.gutshof-im-oetzetal.de

zu entdecken gibt. Unter den seltenen Tieren befindet sich der Fischotter, Weißstorch oder auch der Eisvogel. Allerdings ist es diesem Umstand der Ursprünglichkeit geschuldet, dass die Örtze sich zu einem wilden Heidebach ausleben kann. Und das heißt für uns Paddler: Die Örtze ist **kein Fluss für eine entspannte Familientour,** sondern sie erfordert unsere volle Aufmerksamkeit und Geschicklichkeit. Wir müssen uns immer wieder eine Vielzahl von Hindernissen „erarbeiten“.

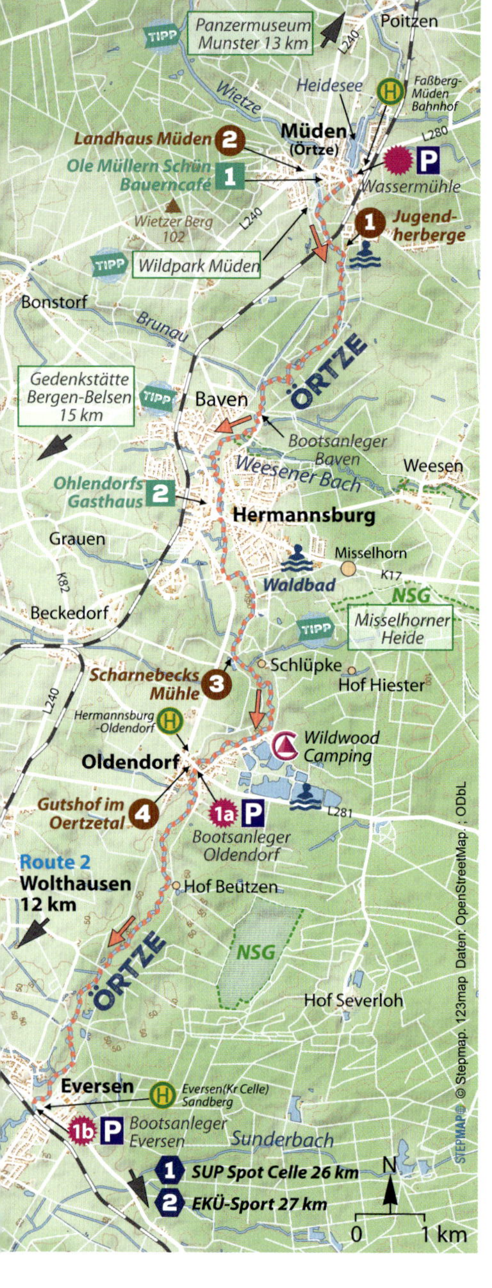

Aber von vorn: Wir starten an der **HISTORISCHEN WASSERMÜHLE** in dem kleinen romantischen Heidedörfchen **MÜDEN/ÖRTZE.** *Das gut erhaltene Fachwerkdorf beeindruckt uns mit seinem Charme und den malerischen Winkeln und wird nicht umsonst die „Perle der Südheide" genannt.* Auf dem Wasser befinden wir uns schon nach kurzer Zeit mitten in einem schönen Wald. Die Strömung ist auch schon deutlich spürbar, umgestürzte Bäume und Büsche versperren den Weg und bereiten uns auf das vor, was wir auf der gesamten Strecke werden meistern müssen: Hindernisse bewältigen.

In Limbo-Manier geht es unter den Bäumen hindurch, im Slalom an ihnen vorbei oder absteigen und das Board über die Bäume hieven. Holzbrücken, Äcker, Wiesen und Baumbestand wechseln sich auf diesem schönen Abschnitt ab. Links am Bootsanleger in **BAVEN** vorbei, erreichen wir nach ein paar Paddelschlägen **HERMANNSBURG**, unseren ersten Stopp. An diesem heidschnuckeligen Ort legen wir eine kurze Pause ein, denn in kurzer Entfernung zum Steg befindet sich eine **EISDIELE**, der wir nicht widerstehen können.

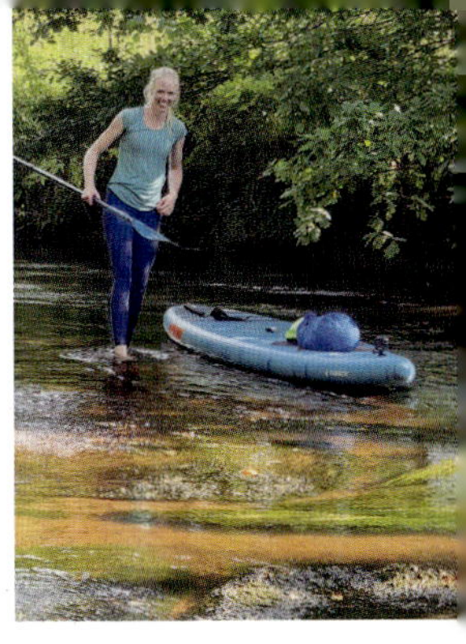

Gemütlich schlängelt sich die Örtze nun durch die Heidelandschaft und schon nach kurzer Zeit erreichen wir die auf der rechten Uferseite liegende **SCHARNEBECKS MÜHLE** 3, *eine ehemalige Öl- und Kornmühle. Der Mühlenbetrieb wurde schon lange eingestellt, die technische Einrichtung der Mühle ist aber noch erhalten.* Heute befindet sich hier eine sympathische Übernachtungslocation mit freundlichen Doppel- und Einzelzimmern in ruhiger Lage.

Weiter geht's durch die sattgrünen Wiesen, vorbei am **NATURCAMPING WILDWOOD**, der sich am linken Ufer zeigt. Langsam nähern wir uns dem 1. Ausstieg des Abschnitts. Aber Achtung: der Anleger befindet sich nicht an der Holzbrücke, sondern einige Paddelschläge (700 m) weiter direkt links hinter der **STRASSENBRÜCKE** 1a in **OLDENDORF**. Auch hier lohnt eine Einkehr – im **GUTSHOF IM OERTZETAL** 4 mit **BIERGARTEN**.

Der weitere Verlauf der Örtze ist nicht so stark frequentiert und so finden wir uns hier in einer Idylle wieder, wie sie für die Heidelandschaft einmalig ist: Große Heideflächen und ausgedehnte Wacholderwäldchen begleiten unsere Paddelstrecke. Wo man hinschaut begeistern die vielen Stauden mit ihren bunten Blüten die einen wunderbaren Duft verströmen. Der deutlich enger werdende Streckenverlauf erfordert wieder einige Geschicklichkeit, bis unsere Tour in **EVERSEN** am **ANLEGER** 1b direkt hinter der Straßenbrücke endet.

REIZVOLLE VARIANTE (OHNE KARTE)

2 WOLTHAUSEN – WINSEN/ALLER

Auch auf dieser Tour bemerken wir sofort die flotte Strömung der **ÖRTZE**, die uns von Anfang an durch die ursprüngliche Landschaft mitnimmt. Schon gleich sind wir mitten im „Dschungel" und der erste querliegende Baum vor uns. Für uns kein großes Hindernis, da wir es mit einer Limbo-ähnlichen Vorführung meistern, bevor der Wald sich wieder lichtet und satten Wiesen Platz macht. Sie wechseln sich nun mit bewaldeten Abschnitten, Sandbuchten zahlreichen Hindernissen und stark zugewachsenen Ufern ab, bevor sich beim **CAMPINGPARK SÜDHEIDE** in **WINSEN/ALLER** die Landschaft weit öffnet mit Blick auf weite Wiesen und die Örtze in die Aller mündet.

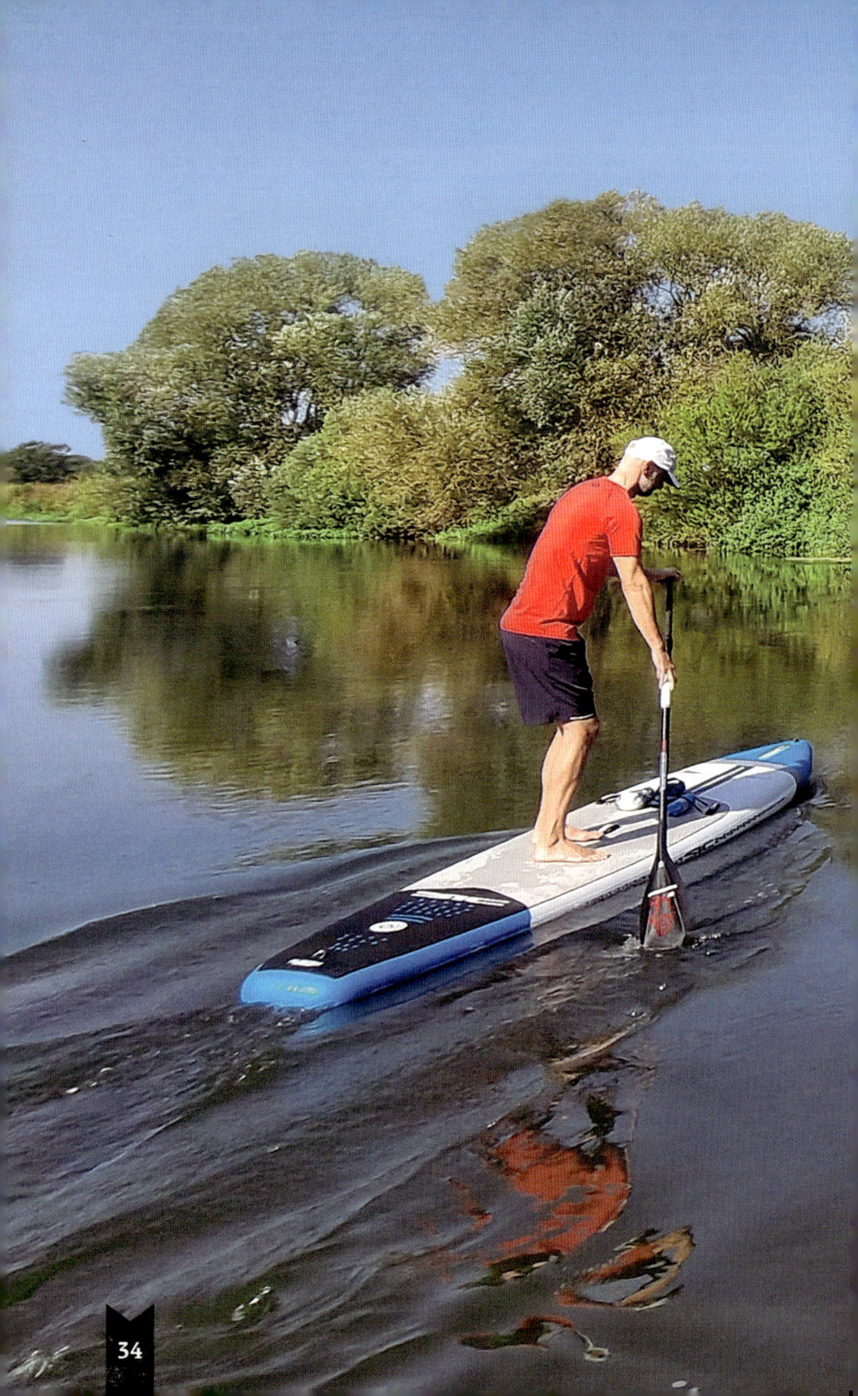

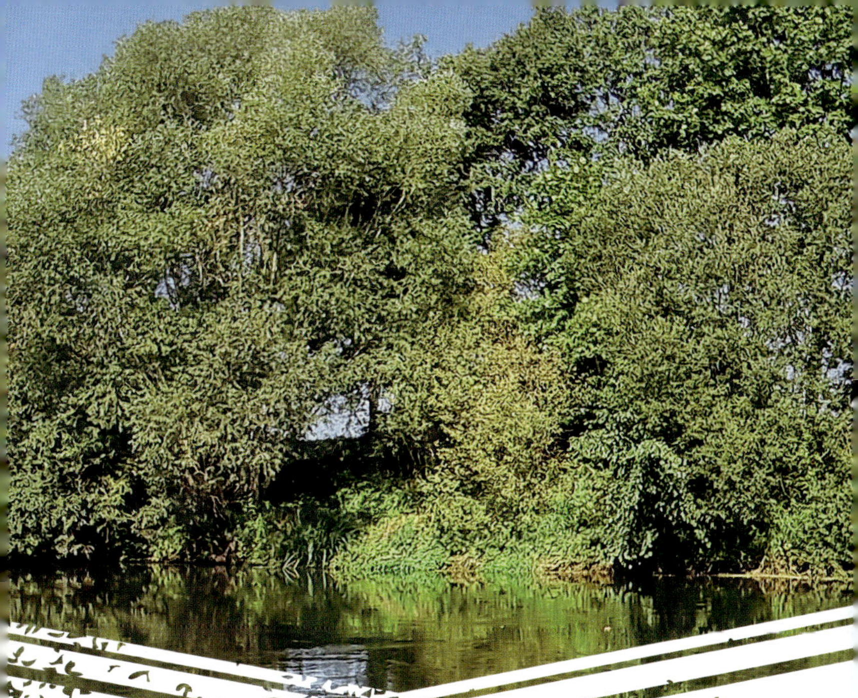

DIE ALLER

ANSPRUCH

EINKEHR

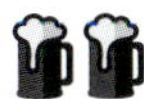

Gemächlich schlängelt sich die Aller durch die Allerwiesen und ist somit der perfekte Fluss für Naturliebhaber.
Die Koppeln entlang der Ufer teilen sich Kraniche und Reiher mit grasenden Pferden und weidenden Kühen.

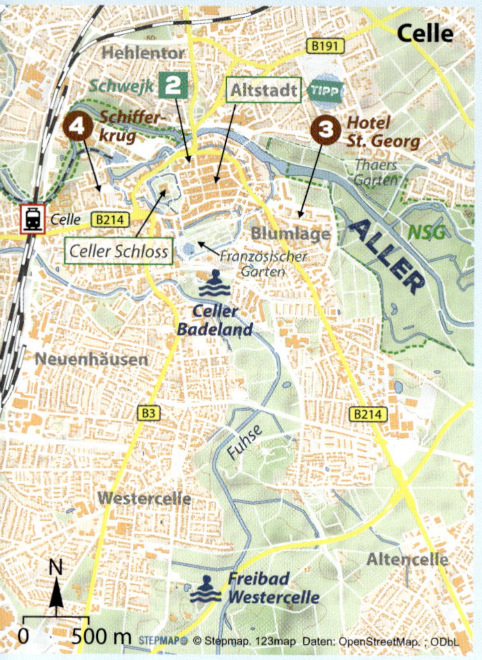

WIND & WETTER

Der Wind kann an den Stellen, wo Bäume keinen Schutz bieten, das Paddeln erschweren.

BEFAHRUNGSREGELN & SCHWIERIGKEITEN

Auf der Aller darf **ganzjährig** gepaddelt werden.

Der Flussverlauf liegt im **Naturschutzgebiet**. Daher besteht grundsätzlich **Uferbetretungsverbot** und es darf **nur an vorhandenen Stegen und Anlegern angelandet** werden.

Es gibt **einige Wehre und Schleusen,** die aber alle problemlos umtragen werden können.

BADEN

Grundsätzlich kann man in der Aller baden, jedoch sollte man die **Strömungsgeschwindigkeit beachten**. Je mehr Wasser der Fluss führt, desto schneller seine Fließgeschwindigkeit. Insbesondere im Bereich des Langlinger und des Osterloher Wehrs hat die Aller hohe Geschwindigkeit.

Es gibt in der Region auch reizvolle Schwimmbäder und Seen:

» **Waldbad Meinersen:** Freibad mit großer Liegewiese.

» **Strandbad Flotwedel –** naturbelassener Badesee an der **Langlinger Schleuse**.

» **Celler Badeland:** Hallenbad, Spaßbecken mit Tunelrutsche, Freibad mit 86-Meter Riesenrutsche, Sauna uvm. www.celler-badeland.de

» **Freibad Westercelle:** Sonnenterrasse mit Strandkörben, Kinderbecken, Wasserrutschen, 3 m-Sprungturm, viele Spiel- & Sportgeräte. www.freibad-westercelle.de

» **Schwimmbad Winsen/Aller** Im Sommer Freibad, in den Wintermonaten Hallenbad. www.schwimmbad-winsen.de

» **Badesee** am **Campingpark Hüttensee** mit großem Sandstrand in **Meißendorf,** 9 km nordwestlich von Winsen/Aller.

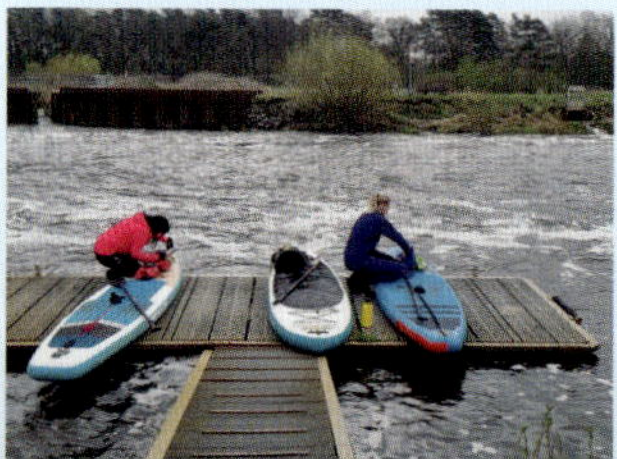

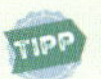

EXTRA-TIPPS

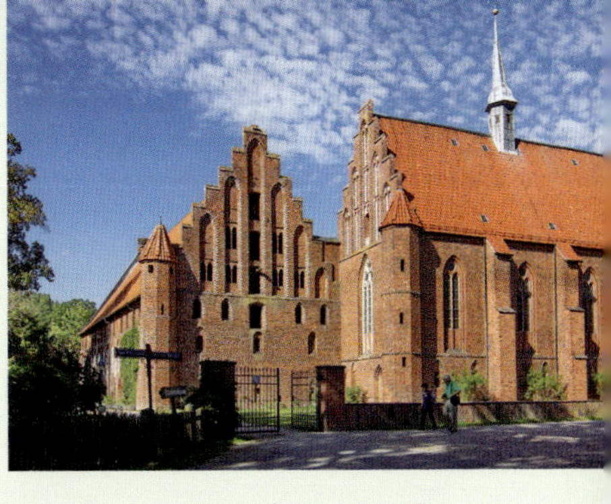

» Mitten im historischen Dorfkern von **Müden/Aller,** unweit des Zusammenflusses von Aller und Oker, gibt es eine **„Kulturinsel“** mit **Backhaus** und **Heimatmuseum** rund um die alte **Wehrkirche St. Petri** aus dem 11. Jahrhundert. *Sehenswert in der hübschen Kirche sind die Wandmalereien, der gotische Chor sowie die Bildtafeln und Grabsteine aus dem 16./17. Jahrhundert.*

» Es gibt Leute, die fahren extra von Hannover nach **Langlingen,** um in der **Landschlachterei Bock & Schultze** die hochgelobten Fleisch- und Wurstwaren einzukaufen. Die Bratwurst ist eine Wucht!

» Das ehemalige **Zisterzienserinnenkloster Wienhausen** ist ein herausragendes Beispiel norddeutscher Backsteingotik und Fachwerkbaukunst. Die wertvollen gotischen Bildteppiche aus dem 14. und 15. Jh. sind nur im Rahmen von Führungen zu besichtigen. www.kloster-wienhausen.de

» Ein Rundgang durch die **Celler Altstadt** mit seinen 500 restaurierten Häusern – das größte Fachwerkensemble Europas – darf natürlich nicht fehlen! Bedeutendstes Bauwerk ist das **Celler Schloss,** es gilt als eines der schönsten Welfenschlösser Norddeutschlands.

» Im **NSG Meißendorfer Teiche,** einem der wertvollsten Feuchtgebiete Niedersachsens, haben Kranich, Rohrdommel, Fischotter, See- und Fischadler ihren Lebensraum. Vom 4-5 km langen **Rundwanderweg** um den **Hüttensee** und seinem **Aussichtsturm** am Südufer bieten sich weite Einblicke ins Naturschutzgebiet, in dem 130 Brutvogelarten und über 60 Rastvogelarten nachgewiesen werden konnten. Der **Campingpark Hüttensee** oder das **Herrenhaus Gut Sunder** – dort auch **NABU-Naturschutzzentrum** – eignen sich hervorragend zur Erkundung des riesigen Teichgebietes.

» Wer weiß schon, dass in **Wietze,** am Südrand der **Lüneburger Heide,** sich eines der ältesten Erdölfelder in Deutschland und Mitteleuropa befindet? Im **Deutschen Erdölmuseum** kann man sich auf eine spannende Reise in die Welt des **„Schwarzen Goldes“** begeben. www.erdoelmuseum.de

» Der größte Safaripark Europas ist ein Muss! Im **Serengeti-Park** in **Hodenhagen** fährt man mit dem eigenen Auto durch den Park oder man bucht ganz bequem eine Bustour. Es ist auf alle Fälle ein Erlebnis die 1.500 freilaufenden Tiere in „freier Natur“ zu sehen. www.serengeti-park.de

» Neben Europas spektakulärster **Greifvögel-Flugshow** können Besucher im 24 ha großen **Vogelpark Walsrode** eine der schönsten und größten Parklandschaften Norddeutschlands erleben. www.vogelpark.de

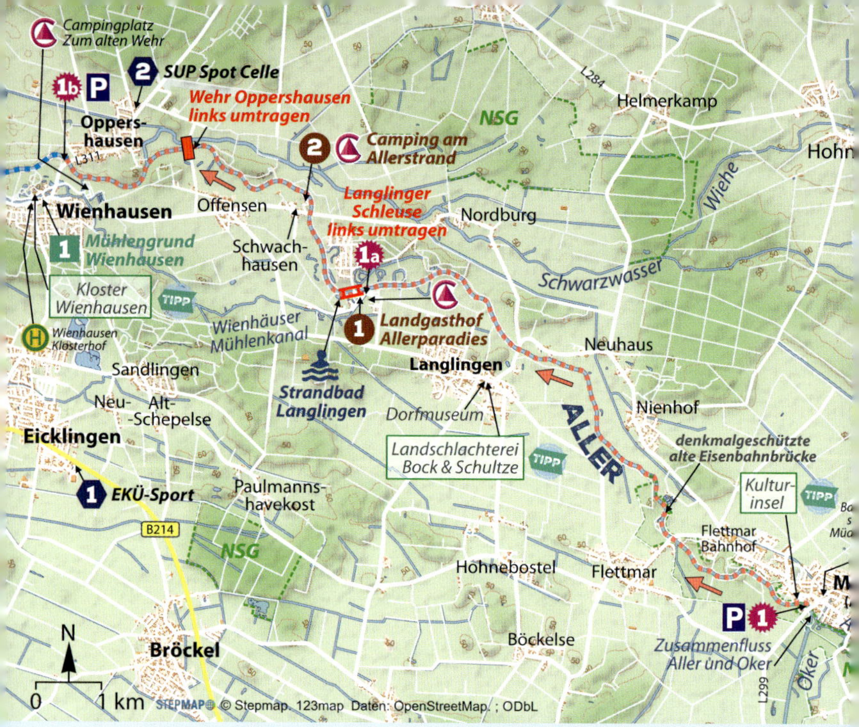

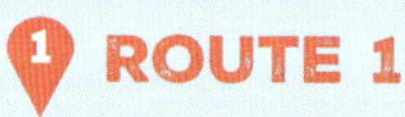

ROUTE 1

UMTRAGESTELLEN

Abschnitt 1: Keine.

Abschnitt 2: Die **Langlinger Schleuse** und die **Oppershäuser Schleuse** müssen umtragen werden.

ANFAHRT PKW & PARKEN

Anfahrt über die B 188, Abfahrt Ahnsen und Richtung Müden auf die L 299. Direkt vor Müden links vor der Brücke Parkmöglichkeit mit Anleger.

PARKEN EINSTIEG stehen Parkplätze am Rastplatz zur Verfügung. Wichtig ist allerdings, darauf zu achten, dass die Einfahrt des Landwirtes nicht zugeparkt wird!

PARKEN AUSSTIEG
Abschnitt 1: links direkt an der Langlinger Schleuse. *Abschnitt 2:* links hinter der Straßenbrücke der L 311.

ZURÜCK ZUM PKW Am besten mit 2. Auto. Mit ÖPNV 4-5x umsteigen.

AN- & ABREISE ÖPNV

EINSTIEG Bf *Gifhorn Stadt* am Wochenende Bus 141 Richtung Flettmar Bruns, Müden (Aller) bis Haltestelle *Bahnhofstraße, Müden (Aller)*. Wochentags Bus 140, Umstieg in *Uhlenkamp, Meinersen* in Bus 144. 300 m zu Fuß.

AUSSTIEG ABSCHNITT 1 Kein ÖPNV.

AUSSTIEG WIENHAUSEN 750 m zur Haltestelle *Wienhausen Klosterhof,* dort Bus 500 zum *Schlossplatz/Museum, Celle.* Umstieg in Bus 9 zum Bf *Celle.*

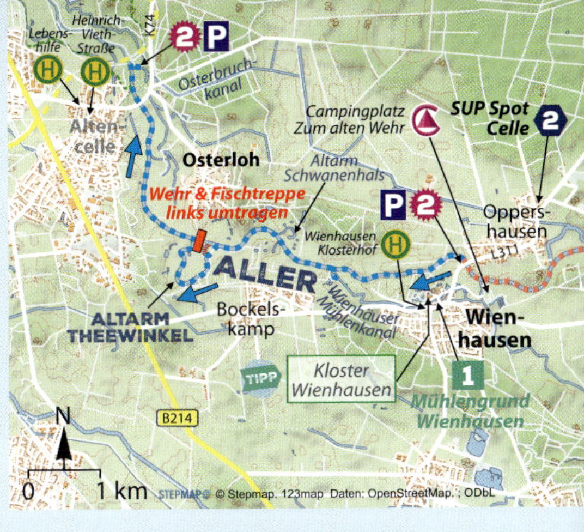

ROUTE 2

WEHRE

Umtragestelle am **Allerwehr** bei **Osterloh** auf der linken Seite.

ANFAHRT PKW & PARKEN

Von der B 214 den Abzweig Wienhausen nehmen und dem Straßenverlauf 4 km folgen. Dann in Dorfmitte Wienhausen links auf Straße *Schlossgarten* und nach 450 m links in den Feldweg einbiegen.

Sowohl beim Einstieg als auch beim Ausstieg gibt es nur eine begrenzte Anzahl von Parkplätzen.

ZURÜCK ZUM PKW 1,6 km nach Altencelle, Haltestelle *Lebenshilfe*. Werktags Bus 500 direkt bis *Klosterhof, Wienhausen* (0:18 h). Am Wochenende Bus 5 bis *Altencelle Kantor-Meyer-Straße*, dort RUF 500 (RufBus: verkehrt nur bei vorheiger Anmeldung, Tel. (05141) 278 82 00) bis *Wienhausen*.

AN- & ABREISE ÖPNV

EINSTIEG Von Celle *Schlossplatz* Bus 500 bis Haltestelle *Wienhausen Klosterhof*. Zu Fuß 750 m über *Hauptstraße*/ Straße *Schlossgarten* bis zum Einstieg.

AUSSTIEG Vom Ausstieg rechts auf der Hauptstraße 1,5 km nach Altencelle zur Haltestelle *Heinrich-Vieth-Straße*. Mit Bus 5 zum *Schlossplatz/ Museum*, dort umsteigen in Bus 9 und bis zum Bahnhof *Celle* fahren. (www.cebus-celle.de oder www.bahn.de).

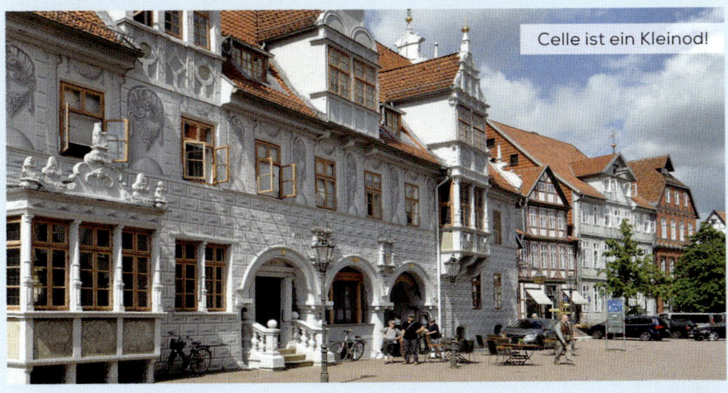

Celle ist ein Kleinod!

3 ROUTE 3

UMTRAGESTELLE

Die **Schleuse Bannetze** muss umgetragen werden.

ANFAHRT PKW & PARKEN

A7 bis Ausfahrt 50 Schwarmstedt. Auf der B214 Richtung Celle fahren. In Jeversen links über die Aller und nach 750 m rechts ab auf die L180 nach Winsen. Dort rechts Richtung Südwinsen auf die *Von-Reden-Straße* abbiegen, nach 250 m rechts in die Straße *Am Wördel* und nach ca. 50 m links zum Parkplatz.

PARKEN Sowohl beim Einstieg als auch beim Ausstieg gibt es nur eine begrenzte Anzahl von Parkplätzen.

ZURÜCK ZUM PKW Bus oder RufBus ab Thören oder Jeversen mit Umsteigen, siehe bahn.de od. cebus-celle.de

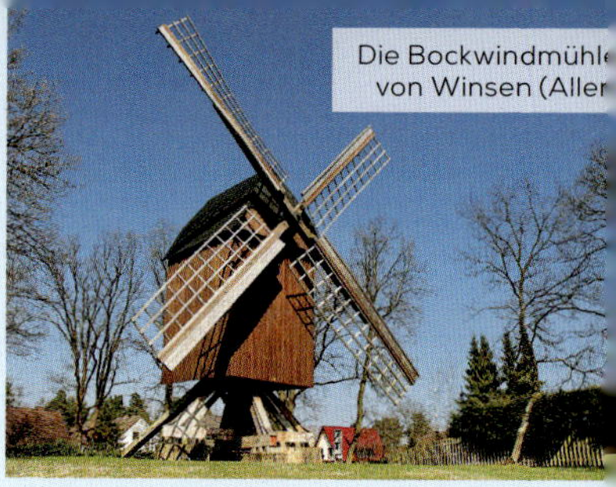

Die Bockwindmühl
von Winsen (Aller

AN- & ABREISE ÖPNV

EINSTIEG Von *Bahnhofsvorplatz Celle* Bus 900 bis *Küsterdamm, Winsen (Aller)*, Umstieg in Bus 910 / am Wochenende in RUF 820 (RufBus verkehrt nur bei vorheriger Anmeldung, Tel. (05141) 278 82 00) und *bis Bahnhofstraße, Winsen (Aller)* fahren. 300 m zum Einstieg. Varianten möglich: siehe bahn.de oder cebus-celle.de

AUSSTIEG Fußweg mind 1,3 km. Sowohl in Jeversen als auch in Thören fährt ein Bus, am Wochenede RufBus, siehe bahn.de oder cebus-celle.de

Hüttensee
NSG Meißendorfer Teiche
TIPP
Vogelpark Walsrode 36 km
TIPP
Serengeti-Park Hodenhagen 20 km
TIPP
Vogelpark Walsrode 32 km
TIPP
Wasserski-strecke
Camping Allerblick
Winser Museum
Bockwindm
ALLER
Schleuse Bannetze
NSG
Schwimmbad Winsen
Winsen (Aller)
L180
Thören
3 P
Bannetze
Wehr rechts umtragen
Südohe
Hornbostel
Wietze-Aller Mündung
Hornbosteler Straße
Süd-winsen
3 P
Örtze
K65
Deutsches Erdölmuseum
TIPP
Winsen(Aller) Bahnhofstraße
WIETZE
Jeversen
B214
Oldau
Alle
N
Wietze
Fuhrengraben
0 1 km
STEPMAP © Stepmap. 123map Daten: OpenStreetMap ; ODbL

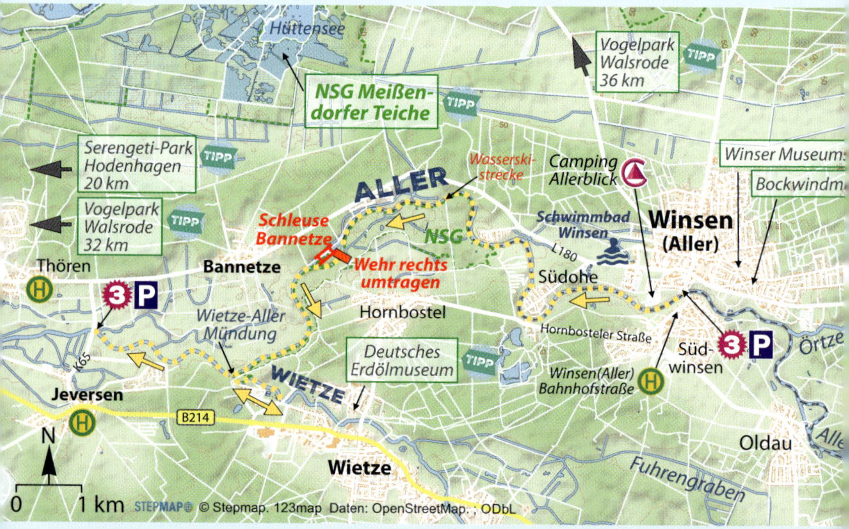

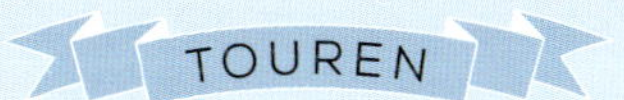

1 MÜDEN/ALLER BIS LANGLINGER SCHLEUSE ODER NACH WIENHAUSEN

(mit Tourbeschreibung Seite 42)

Gemütliches SUPen durch die idyllische Flusslandschaft im Süden der Lüneburger Heide.

Abschnitt 1 bis Langlinger Schleuse:

| **LÄNGE** 10 km | **DAUER** 2:30 h

Abschnitt 1 + 2 bis Wienhausen:

| **LÄNGE** 16,5 km | **DAUER** 4 h

EIN- & AUSSTIEG

EINSTIEG MÜDEN
Direkt am Steg an der Picknickstelle.

AUSSTIEG SCHLEUSE LANGLINGEN
Links vor der Schleuse an einem komfortablen Steinsteg.

AUSSTIEG WIENHAUSEN
Links an einem schönen Holzsteg, 100 m vom Parkplatz entfernt.

VON WIENHAUSEN NACH ALTENCELLE

(mit Tourbeschreibung Seite 44)

Die ruhige Fließgeschwindigkeit macht den Abschnitt besonders für Anfänger interessant.

| **LÄNGE** 10 km | **DAUER** 2:30 h

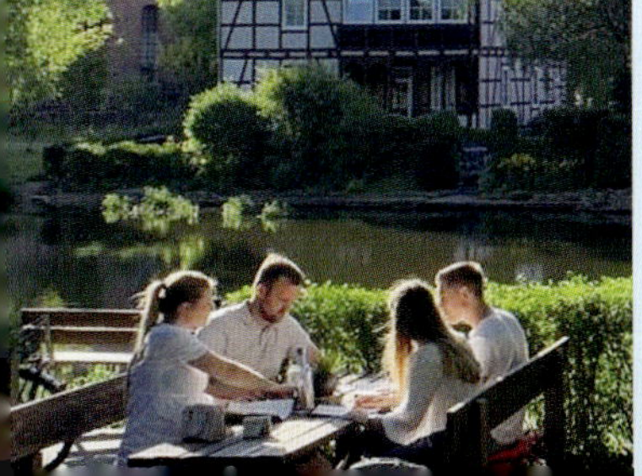

EIN- & AUSSTIEG

EINSTIEG WIENHAUSEN
Schöner Holzsteg 100 m vom Parkplatz entfernt.

AUSSTIEG ALTENCELLE
Ca. 500 m hinter der Brücke (K74) rechts in den Seitenarm abbiegen und nach wenigen Metern naturnaher Ausstieg auf der linken Seite.

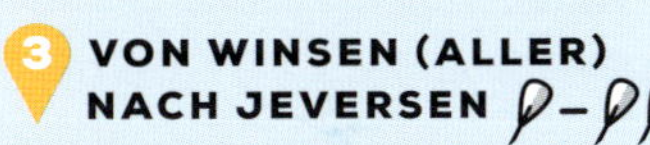

(mit Tourbeschreibung Seite 45)

Auf der Tour freuen wir uns über die artenreiche Flora und Fauna.

| **LÄNGE** 14 km | **DAUER** 3-4 h

EIN- & AUSSTIEG

EINSTIEG WINSEN/ALLER
An einem schönen Holzsteg 50 m vom Parkplatz entfernt.

AUSSTIEG JEVERSEN
Rechts vor der Allerbrücke an einem kleinen Sandplatz.

SUP-VERMIETUNG

1 EKÜ-SPORT
Josef-Ressel Str. 1
29358 Eicklingen
Tel. (05144) 698 89 00
www.ekue-sport.de

2 SUP SPOT CELLE
Waldweg 2
29342 Wienhausen
Tel. 0173-301 84 33
www.supspot.de

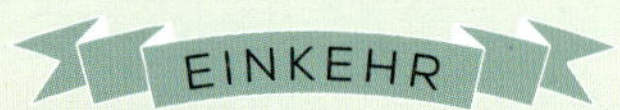

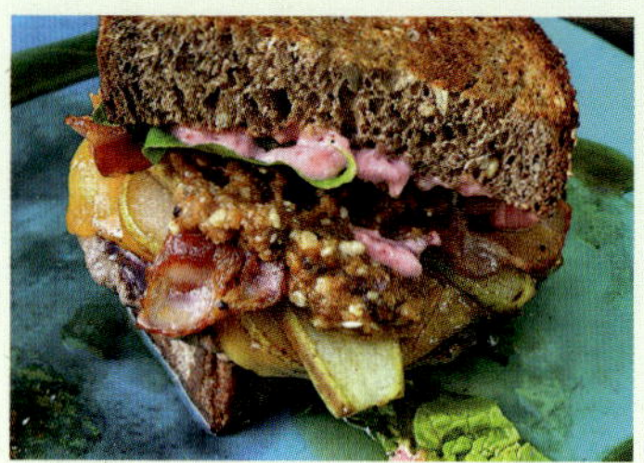

1 MÜHLENGRUND WIENHAUSEN
Mühlenstr. 1, 29342 Wienhausen
Tel. (05149) 331
www.braugasthausmuehlengrund.de
Mi-Sa ab 17, So ab 12 Uhr

KLASSIKER Landhausschnitzel mit Braumalzkruste

2 SCHWEJK
Kanzleistr. 7, 29221 Celle
Tel. (05141) 233 53
www.schwejk-celle.de
Do-So 17-23 Uhr

KLASSIKER Frische Deutsch-Böhmische Küche in urigem Ambiente

ÜBERNACHTUNG

1 LANDGASTHOF ALLERPARADIES
Gästezimmer, Camping, Schlaffass im nahen Strandfreibad Flotwedel
Schleusenweg 1, 29364 Langlingen
Tel. (05082) 218
www.allerparadies.de

2 CAMPING AM ALLERSTRAND
Zelten, Kiefernhäuschen und Bauern-Speicher (nur wochenweise)
Offensener Str. 2A
29342 Wienhausen/Schwachhausen
Tel. (05082) 91 20 04 & 0171-170 75 06
www.camping-landurlaub.de

3 HOTEL ST. GEORG
Sankt-Georg-Str. 25-27
29221 Celle
Tel. (05141) 21 05 10
www.hotel-st-georg.de

4 SCHIFFERKRUG HOTEL & WEINSTUBE
Speicherstr. 9
29221 Celle
Tel. (05141) 37 47 76
www.schifferkrug-celle.com

1 DURCH DAS PARADIES DER WEISSSTÖRCHE UND SCHWÄNE

Die **ALLER** ist zwar ein kleiner Fluss, dafür aber sehr beeindruckend, wirklich romantisch und perfekt für alle Naturliebhaber. Bereits am lauschigen **EINSTIEG** in **MÜDEN/ALLER** direkt hinter dem **ZUSAMMENFLUSS VON OKER UND ALLER** werden wir von einigen Pferden bestaunt. Wiesen und Felder säumen unseren Wasserweg, ruhig zieht sich das von sattgrünem Gras

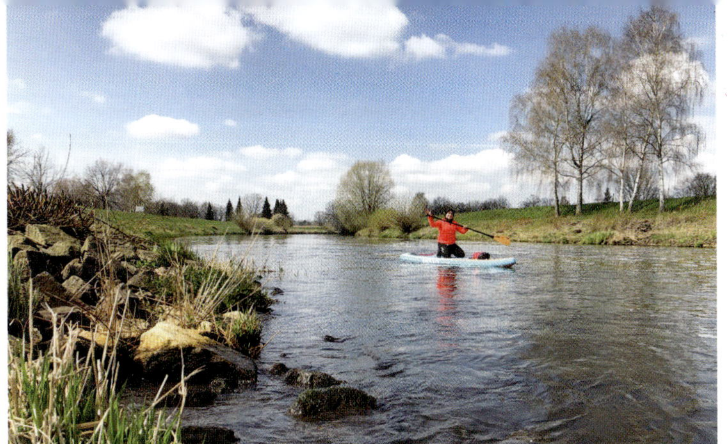

eingefasste Flüsschen schlängelnd dahin. Genau diese weiten Wiesenflächen sind es, die den Weißstörchen genügend Nahrung bieten, um ihre Jungen aufzuziehen. Jedes Jahr ab April kommen sie aus ihren Winterquartieren zurück und beginnen sich zu paaren. Ab Mitte Juli dann, wenn die Jungstörche flügge werden und die umliegenden Felder erkunden, ist es keine Seltenheit, auf diesem Abschnitt herumstolzierende Störche zu sehen. Neben einer Vielzahl von Kranichen und Reihern entlang der Ufer beschäftigen uns die umherschwimmenden Schwäne. Hier heißt es aufmerksam zu sein und genügend Abstand zu halten, nicht nur, wenn sie in Begleitung ihrer Jungen sind.

Die Natur nimmt uns so sehr gefangen, dass wir die denkmalgeschützte **ALTE EISENBAHNBRÜCKE**, unter der wir nun durchpaddeln, fast gar nicht wahrnehmen. *Sie war bis 1981 Teil der Verbindung von Gifhorn nach Celle* und ist ein wunderbares Fotomotiv.

Wir lassen erst **NIENHOF** an der rechten und dann **LANGLINGEN** (Landschlachterei TIPP) an der linken Seite liegen und paddeln, vorbei am beliebten **CAMPING RESORT LANGLINGEN** und dem **LANDGASTHOF ALLERPARADIES** 1, zur **LANGLINGER SCHLEUSE**. Wem die 10-Kilometer-Tour reicht, steigt kurz vor der Schleuse auf der linken Seite aus 1a. Für alle anderen heißt es jedoch: Das **BORD UMTRAGEN** und hinter der Schleuse wieder einsetzen. Die Bootsrutsche ist nicht zu empfehlen, da es hier häufig starke Verwirbelungen gibt, die nicht zu paddeln sind.

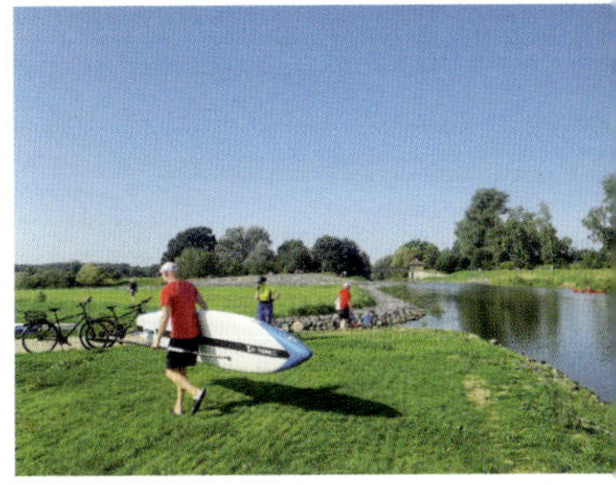

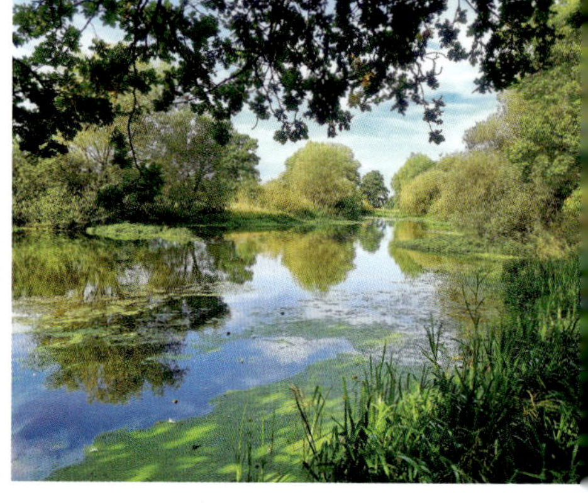

Bald erregen die bunten Fahnen und kleinen Parzellen des idyllischen **CAMPINGPLATZ AM ALLERSTRAND** 2 unsere Aufmerksamkeit. Auch im weiteren Verlauf bleibt die Aller reizvoll und schon bald kommen wir zur nächsten Wehranlage, dem **WEHR OPPERSHAUSEN**. Auch hier müssen wir unsere Boards in die Hand nehmen und hinter dem Wehr an dem kleinen Natursteg wieder einsetzen.

Auf dem letzten Kilometer überrascht uns auf der rechten Seite ein kleines Highlight: Ein kurzer, verwunschener **NEBENARM** mit kleinem **WASSERFALL** lädt zum Verweilen ein, bevor wir zum Endspurt ansetzen und, vorbei am viel gelobten **WIENHAUSEN**er **CAMPINGPLATZ „ZUM ALTEN WEHR"**, hinter der Brücke der L311 in **OPPERSHAUSEN** 1b aussteigen.

2 GEMÄCHLICH DURCH EINE OFFENE FELD- UND WIESENLANDSCHAFT

Die SUP-Tour **STARTET** nahe dem schönen **KLOSTER WIENHAUSEN** TIPP und führt uns schon nach kurzer Zeit nach links zu einem kleinen Abstecher in den **WIENHÄUSER MÜHLENKANAL**. Pure Idylle – außer dem wundervollen Gesang der Vögel herrscht hier absolute Ruhe.

Zurück auf der **ALLER** geht es, ehe wir uns versehen, rechts in einen idyllischen **ALTARM** ab, unter Einheimischen wegen seiner Form **„SCHWANENHALS"** genannt. Am nächsten romantischen Altarm, wenige Hundert Meter weiter, trägt man die Boards am Steg 100m vor dem **ALLERWEHR BEI OSTERLOH** links um. Hier wurde im Rahmen der Renaturierung ein Raugerinne mit **14 QUERRIEGELN** als **FISCHTREPPE** geschaffen und der **ALTARM THEEWINKEL** bringt uns im großen Bogen zurück zur Aller, der wir bis zum **AUSSTIEG** im Celler Stadtteil **ALTENCELLE** folgen.

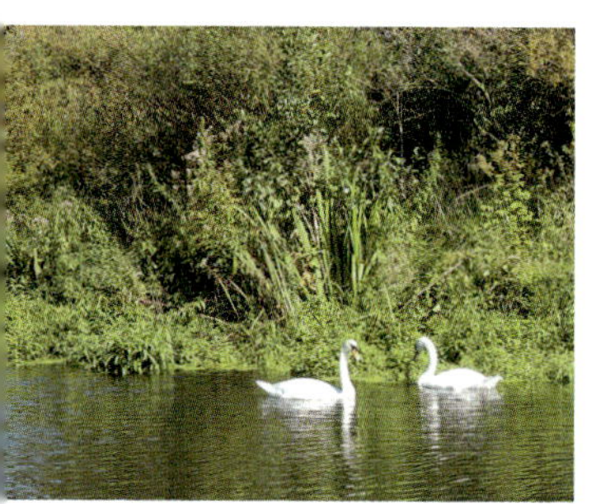

3 DURCHS ALLER-LEINE-TAL VON WINSEN/ALLER NACH JEVERSEN

Die intakte Naturlandschaft macht die **ALLER** hier zu einem beliebten Paddelfluss und die zahlreichen Anlegestellen eignen sich hervorragend für die kleinen Pausen zwischendurch.

Die ersten Kilometer nach dem **EINSTIEG** in **WINSEN** geht es an Wiesen vorbei, auf denen Störche auf Nahrungssuche sind. Hinter einem **WASSERSKIGEBIET**, wo wir uns an Sommerwochenenden auf kabbeliges Wasser einstellen müssen, kommen wir vor der **SCHLEUSE BANNETZE** zum **ABZWEIG** und halten uns **LINKS**, da die rechte Seite zur Schleuse führt. *Die* **SCHLEUSE BANNETZE**, *die Anfang des 20. Jahrhunderts wegen des zunehmenden Güterfrachtverkehrs auf der Aller gebaut wurde. Insbesondere Getreide, Holz und Öl wurden transportiert. Ja, Öl! Denn die erste fündige Erdölbohrung der Welt war nicht in Texas oder Dubai, sondern 1858/59 in Wietze in der Lüneburger Heide.* Nach ca. 70 Metern steigen wir **RECHTS** vor dem **WEHR BANNETZE** aus und tragen die Boards um. Direkt am Einstieg ist die Aller ganz schön wild, bevor sie nach ein paar Paddelschlägen wieder zahm dahinmäandert.

Die Flusslandschaft ist hier besonders schön und lässt einen Blick in das weite eiszeitliche Urstromtal zu. An der **WIETZE-ALLER MÜNDUNG** werfen wir einen Blick in die **WIETZE** und entdecken kurz vor der **BRÜCKE** auf der rechten Seite ein großes Holzmodell des **WIETZER WAHRZEICHENS** – den **ÖL-BOHRTURM**. Zurück auf der Hauptroute haben wir bald unseren **AUSSTIEG** vor der **ALLERBRÜCKE** in **JEVERSEN** erreicht.

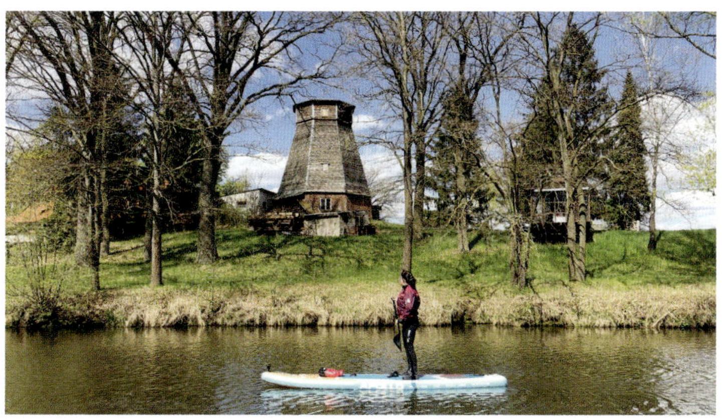

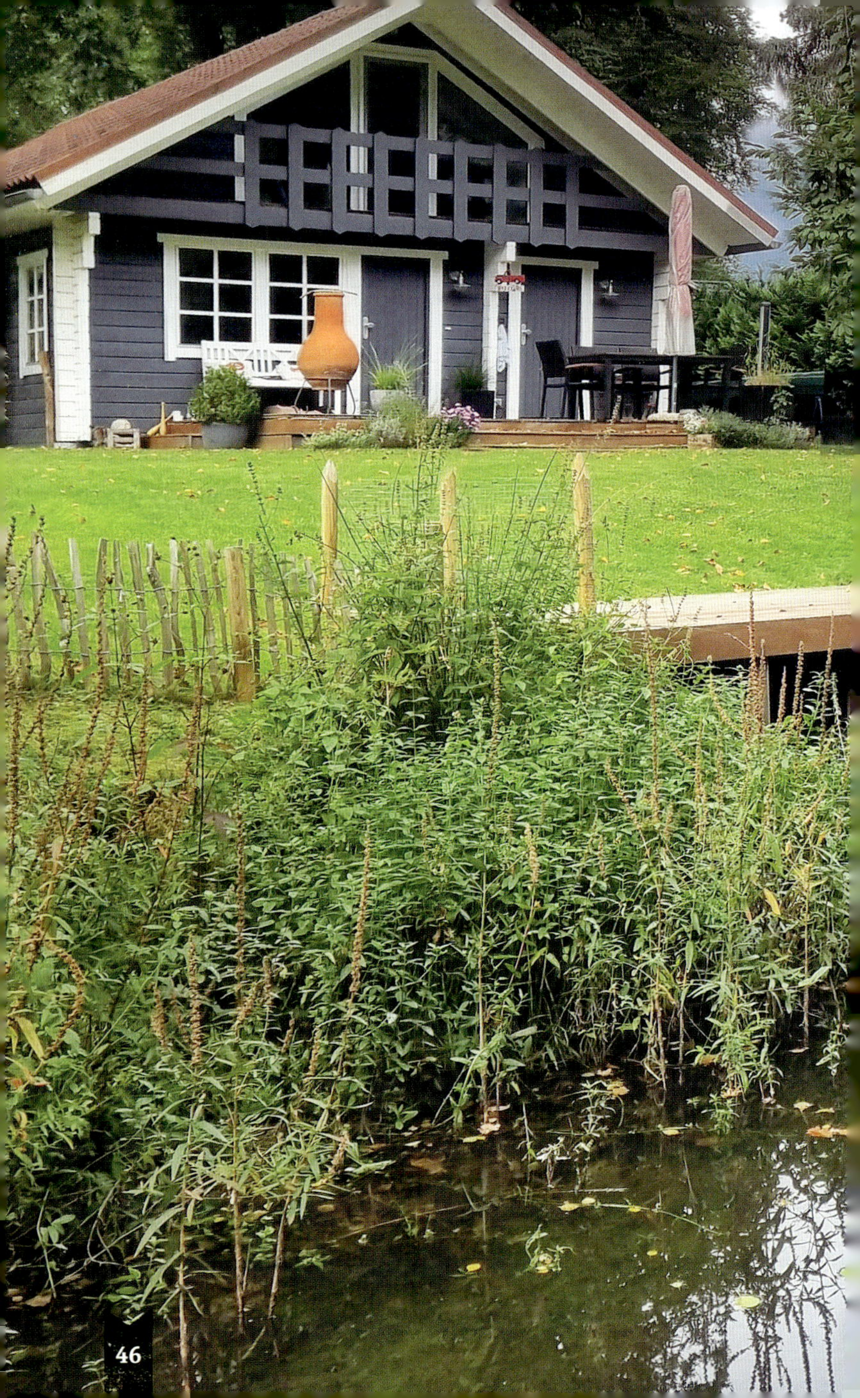

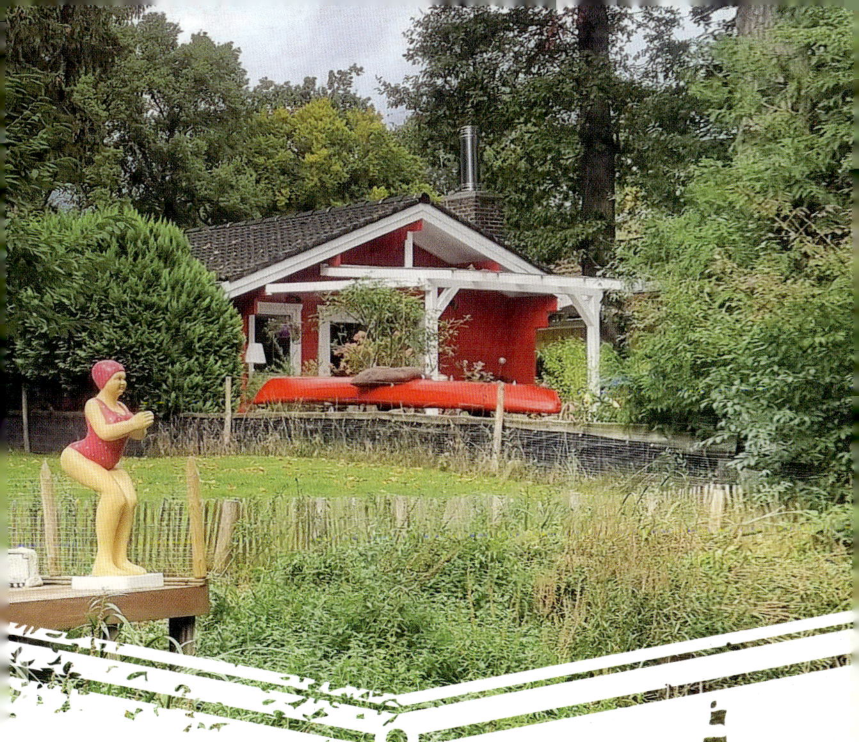

IRENENSEE & SPREEWALDSEEN

ANSPRUCH

EINKEHR

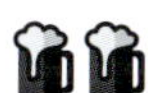

Der ruhige Irenensee und die Spreewaldseen im Großraum Hannover kommen dem „echten Spreewald und dessen Umgebung“ schon sehr nahe. Kleine Flussläufe durchziehen die waldige Landschaft und laufen in kleine Seen aus, an deren Ufern Wochenendhäuser stehen. Natur pur!

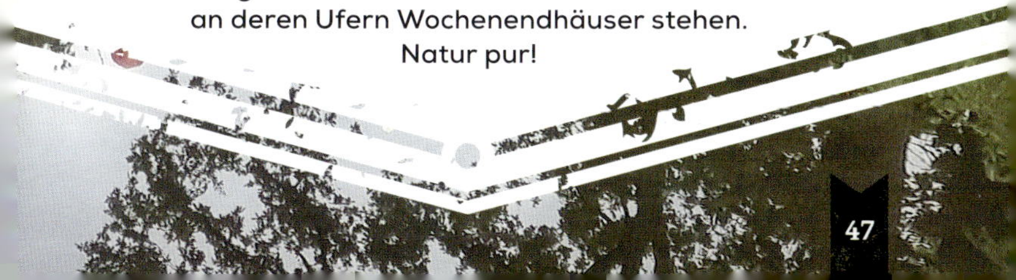

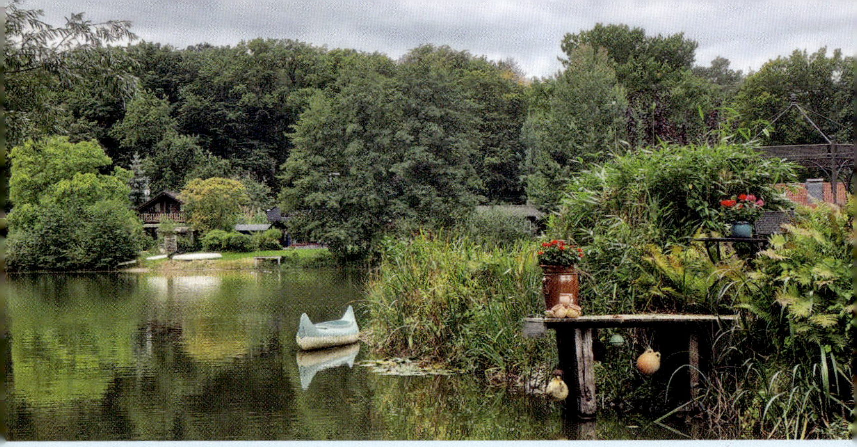

WIND & WETTER

Auf dem Irenensee kann es schon mal auffrischen. Aber fast überall bieten Bewaldung und Bebauung hervorragenden Schutz.

BEFAHRUNGSREGELN

Kostenpflichtige Nutzung des Sees: Kinder bis 12 Jahre 2,50 €, Erwachsene 3,00 €. Zahlbar an der Rezeption oder in der Hauptsaison an der Seekasse.

ANFAHRT PKW & PARKEN

Über die B 188 sowohl aus Westen als auch aus Osten anfahren. 2 km westlich von Uetze in den *Fritz-Meinecke-Weg* einbiegen, wo sich nach 100 Metern links der Parkplatz befindet.

PARKEN Großer Parkplatz gegenüber vom Campingplatz.

ANFAHRT MIT ÖPNV

Aus Norden/Westen: Vom Hbf *Hannover* mit der S 6 Richtung Celle bis nach *Burgdorf* und mit dem Bus 930 Richtung Uetze bis Haltestelle *Dahrenhorst Irenensee.* Zu Fuß 650 Meter bis zum Strand.

Aus Richtung Süden/Osten: Vom Hbf *Wolfsburg* mit der RE 30 Richtung Hannover Hbf bis *Dedenhausen.* Dort Bus 950 Richtung Schwüblingsen Grafhornstr. bis *Uetze Schmiedestr.,* Umstieg in Bus 930 Richtung Burgdorf bis *Dahrenhorst Irenensee.* Dann noch 650 m zu Fuß zum Strand.

BADEN

- » **Naturbadestrand Irenensee** mit klarem Wasser und feinem Sand. www.irenensee.de
- » Das **Uetzer Naturbad** lockt mit Breitwellenrutsche und Sprungturm. www.naturbad-uetze.de
- » Das 15 Auto-Minuten entfernte **Waldbad Meinersen** ist umgeben von dichtem Wald und bietet ein erholsames Naturbadeerlebnis.

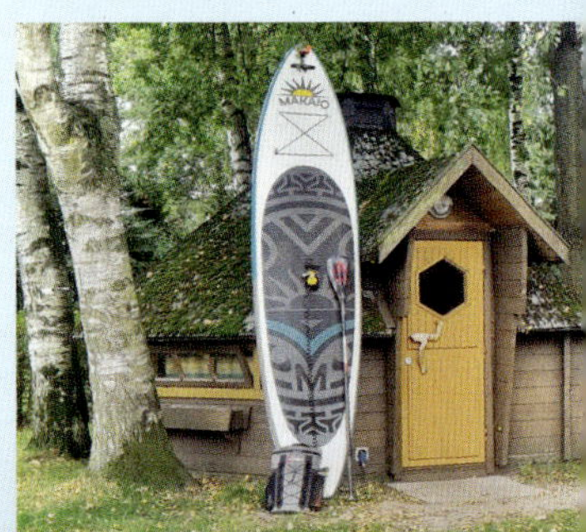

EXTRA-TIPPS

» Der **Erse Park Uetze,** ein als Natur- und Gartenpark angelegter **Freizeitpark** in zeichnet sich aus durch Nachbildungen von urzeitlichen Tieren wie Mammuts, Dinosauriern, Riesenhaien und Neandertalsiedlungen sowie spannenden Attraktionen wie Familien-Achterbahn, Schaukelschiff oder Lost World Rafting und Nautic Jet mit Wasserspaß. www.ersepark.com

» Bei den **Hänigser Teerkuhlen** handelt es sich um das älteste urkundlich erwähnte Erdölvorkommen Norddeutschlands. *Früher wurde es nicht nur als Wagenschmiere benutzt, sondern auch als Heilmittel für Mensch und Tier geschätzt.* Die Teerkuhle wurde wieder fast in ihren ursprünglichen Stand zurückversetzt und kann Am Kuhlenberg 32 nördlich des Uetzer Ortsteils **Hänigsen** besichtigt werden.

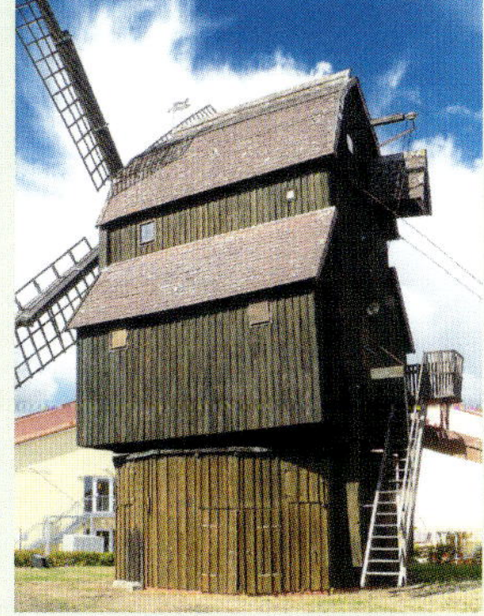

» Die 1704 erbaute **Bockwindmühle** in **Hänigsen** dreht sich heute leider nicht mehr im Wind, erinnert aber an längst vergangene Zeiten. Zu finden ist sie am Mühlenweg auf dem Grundstück eines Pflegewohnheims. Am Mühlentag (1. Sonntag im September) steht die Mühle für Besucher offen.

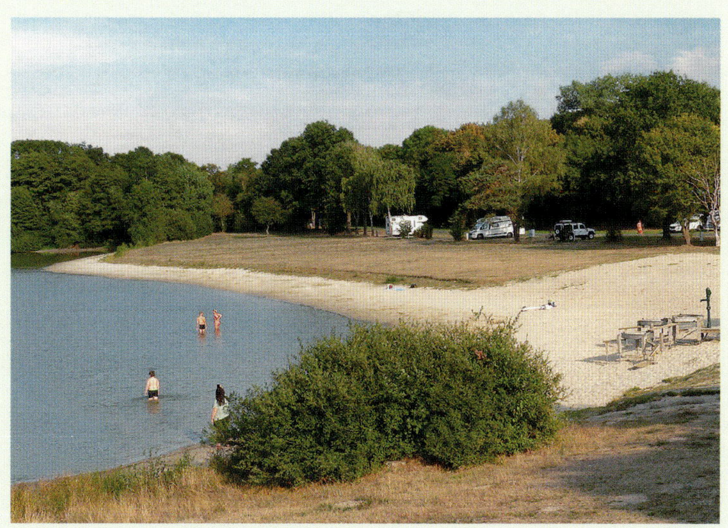

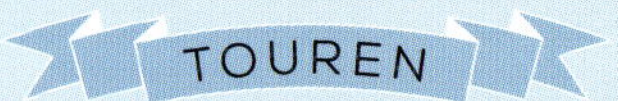

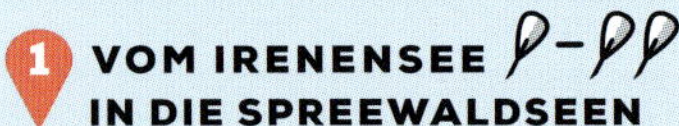

1 VOM IRENENSEE IN DIE SPREEWALDSEEN

(mit Tourbeschreibung Seite 50)

Echtes „Spreewaldfeeling“: Vom Irenensee geht es in die traumhaften Fleete und weiter Richtung Norden in die Spreewaldseen. An den Ufern können viele kleine „Kunstobjekte“ entdeckt werden.

| **LÄNGE** 10 km | **DAUER** 3 h

EIN- & AUSSTIEG

Sandstrand des Irenensees.

SUP-VERMIETUNG

1 SUP SPOT CELLE
Waldweg 2
29342 Wienhausen
Tel. 0173-301 84 33
www.supspot.de

2 EKÜ-SPORT
Josef-Ressel Str. 1
29358 Eicklingen
Tel. (05144) 698 89 00
www.ekue-sport.de

EINKEHR

1 SEEBLICK

Fritz-Meinecke-Weg 2, 31311 Uetze
Tel. (05173) 981 20
Di-Fr 15-21, Sa-So 12-21 Uhr

KLASSIKER
Schnitzel mit Bratkartoffeln

2 RESTAURANT HÖRNINGS HOF

Warmse 3, 38536 Meinersen
Tel. (05372) 97 47 47
www.restaurant-hoernings-hof.de
Mi-So 11-20 Uhr

KLASSIKER Wildschwein Lasagne

ÜBERNACHTUNG

1 CAMPINGPLATZ IRENENSEE
Fritz-Meinecke-Weg 2, 31311 Uetze
Tel. (05173) 981 20
www.irenensee.de

2 HÄNIGSER STUBEN
Steindamm 1a, 31311 Hänigsen
Tel. 0162-607 01 20
www.haenigser-stuben.de

1 SEHNSUCHTSORT MIT VIEL NATUR

Vom Parkplatz sind es nur wenige Hundert Meter zum **STRAND**. Vorbei am Restaurant **SEEBLICK** 1, in dem die ersten Frühaufsteher ihren Cappuccino trinken, und den „Storchennestern“, wie die sechseckigen **HOLZHÜTTEN** mit Lagerfeuerromantik auf dem **CAMPINGPLATZ IRENENSEE** 1 genannt werden. An der Seekasse zahlen wir unsere Seenutzungsgebühr und steigen dann auf die Boards. Wir stechen das Paddel ins glasklare Wasser und genießen erstmal den wunderschönen Rundblick über den **IRENENSEE** und die gute Sicht bis auf den Gewässergrund. Enten, Gänse und Schwäne haben auf dem Natursee ihr Paradies gefunden. Die kleine **INSEL** vor uns, auf der sich zahlreiche Wasservögel tummeln, wollen wir aus der Nähe betrachten, betreten dürfen wir sie aus Naturschutzgründen jedoch nicht.

Am **NORDUFER** tragen wir die Boards etwa 50 Meter über den kleinen Deich und kommen aus dem Staunen nicht heraus. Welch' Idylle! Kleine Ferienhäuser mit eigenem Bootssteg liegen an dieser lütten Wasserstraße. Das macht Lust auf mehr und so setzen wir direkt am wunderschönen **FLEET** ein, um die **SPREEWALDSEEN** zu erkunden, wie dieses Gebiet genannt wird. Und tatsächlich haben wir das Gefühl, wir wären im „echten Spreewald" unterwegs.

Bald begrüßen uns auf einem Steg zwei **HOLZSKULPTUREN.** Weitere Exponate auf unserer Tour durch das kleine **WASSERLABYRINTH** lassen vermuten, dass sich an diesem herrlichen Flecken **DAHRENHORST** einige Künstler niedergelassen haben. Somit finden wir alle paar Meter hübsche Fotomotive. Ein Reiher schwingt sich in die Lüfte und wir SUPen genüsslich in das nächste **FLEET**. Egal, wo man hier unterwegs ist, es wird nie langweilig. Von Fahnen, die auf den Grundstücken vor sich hin wehen, und prachtvollen Blumentöpfen über maritimen Accessoires auf den Stegen, bis hin zu wundervollen Skulpturen in den Gärten, gibt es einiges zu sehen und zu knipsen.

Hinter einer der vielen Brücken sind wir mit Blick auf verwunschene Grundstücke schon wieder in einer neuen Welt angekommen. Allerdings müssen wir hier auch auf **HINDERNISSE**, wie zum Beispiel querliegende Baumstämme, unter Wasser achten. Viel zu schnell erreichen wir unter riesigen Weiden den nördlichsten Punkt der Tour.

Zurück auf dem **IRENENSEE** beschließen wir, mitten auf dem See zu picknicken und alle tollen Momente noch mal Revue passieren zu lassen, bevor wir zurück zum **STRAND** ● paddeln.

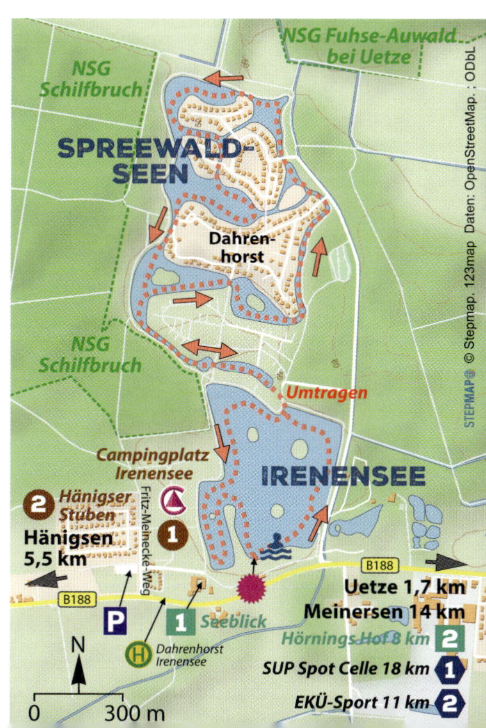

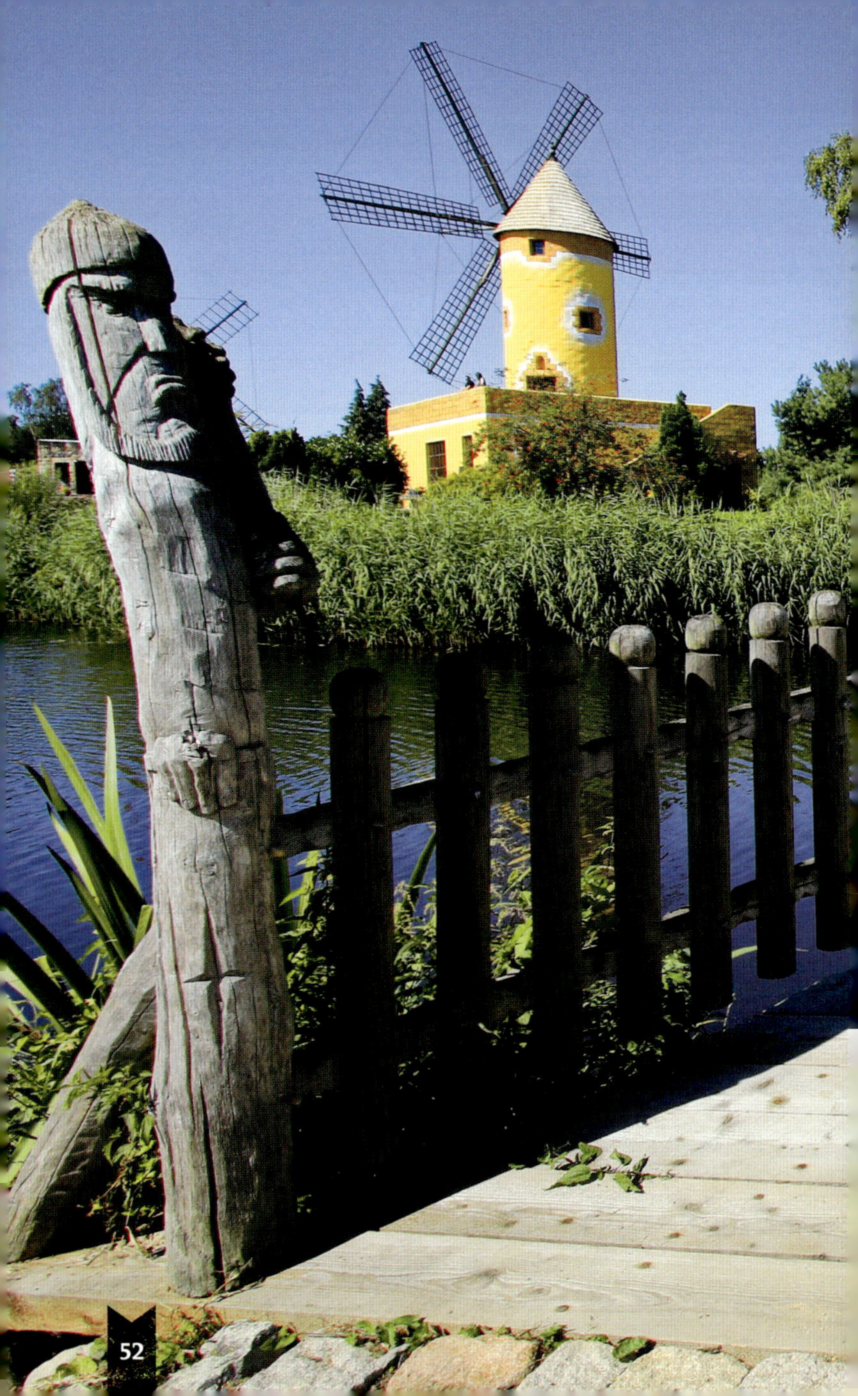

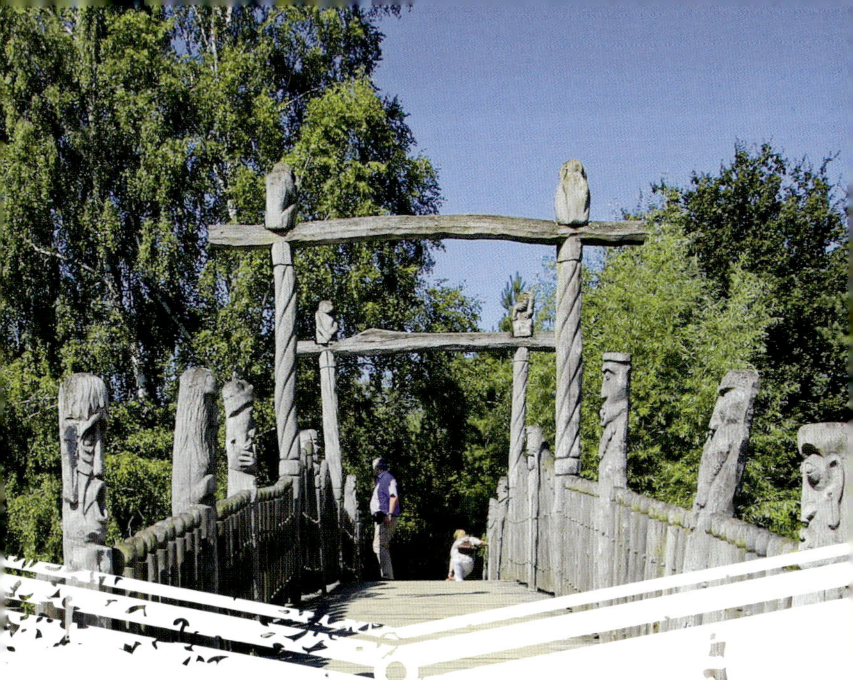

UM GIFHORNS HISTORISCHEN STADTKERN

ANSPRUCH

EINKEHR

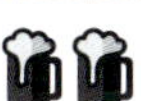

Die historische Innenstadt von Gifhorn ist eine kleine Insel, die von Flussläufen und zwei tollen Seen umgeben ist. Es ist die Mischung aus verwunschenen Passagen, die diese Tour zu einem Genuss machen.

WIND & WETTER

Der Wind spielt auf dieser Tour in der Regel keine Rolle, da die Häuser und die Bäume einen hervorragenden Schutz bieten. Bei Gegenwind kann es nur auf den beiden Seen etwas unangenehmer werden.

BEFAHRUNGS-TIPP

Eine **Klappfinne** ist auf der **Rotaller** empfehlenswert.

WEHRE, UMTRAGESTELLE

» **Wehr Cardenal Mühle** am rechten Ufer aussetzen und über die Straße 100 m umtragen.

» **Wehr zwischen Rotaller und Mühlensee:** links aussetzen und ca. 100 m über befestigte Wege umtragen.

» Der Übergang **vom Schloß- in den Mühlensee** muss rechts ca. 50 m umtragen werden.

ANFAHRT MIT DEM PKW

Aus Richtung Norden von der B4 Ausfahrt Richtung Wolfsburg/Gifhorn-Zentrum nehmen und rechts auf die B188 fahren. Nach 2 Kilometern direkt hinter der Brücke über die Ise, rechts auf den Parkplatz (gegenüber Bromer Str. 4, 38518 Gifhorn) abbiegen.

Aus Richtung Süden von der B4 Ausfahrt Richtung Wolfsburg/Gifhorn-Kästorf/Gifhorn-Gamsen nehmen und rechts auf die B188 fahren. Nach 2 Kilometern direkt hinter der Brücke über die Ise, rechts auf den Parkplatz (gegenüber der Bromer Str. 4, 38518 Gifhorn) abbiegen.

Aus Richtung Hannover und **Wolfsburg** gelangt man direkt über die B188 zum Parkplatz gegenüber der Bromer Str. 4, 38518 Gifhorn.

PARKEN

Ausreichend Platz auf dem Parkplatz gegenüber des Morada Hotel Isetal.

ANFAHRT MIT ÖPNV

Vom Bh *Gifhorn Stadt* mit dem Bus 170 Richtung Hbf Wolfsburg bis Haltestelle *Gifhorn, Isetal.*

BADEN

» **Sport- und Freizeitbad Allerwelle** in **Gifhorn.** Kinderbecken, Attraktionsbecken mit Whirlpool, Gegenstromanlage, beleuchtete Grotte mit Wasserfall. www.allerwelle.de

» **Erlebniswelt Tankumsee:** Nicht nur der 1 km lange Sandstrand, auch die weiträumigen Liegewiesen und modernen Sanitärgebäude machen den Tankumsee, direkt vor den Toren Gifhorns, zum attraktiven Badesee. www.tankumsee.de

» Nördlich von Gifhorn liegt der **Bernsteinsee** mit weißem Sandstrand und riesigem Freizeitangebot. www.bernsteinsee.de

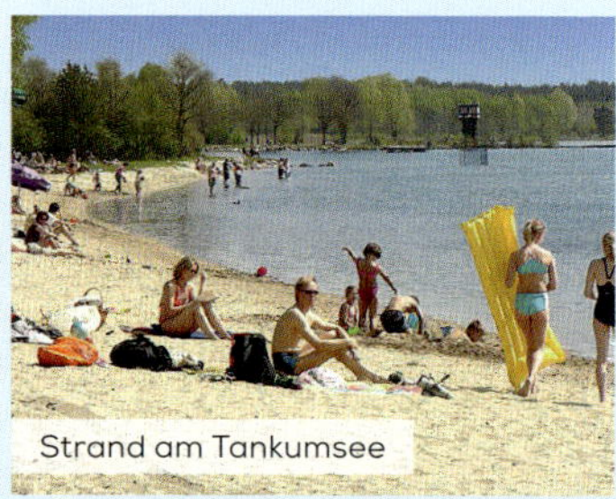
Strand am Tankumsee

SEHENSWERT

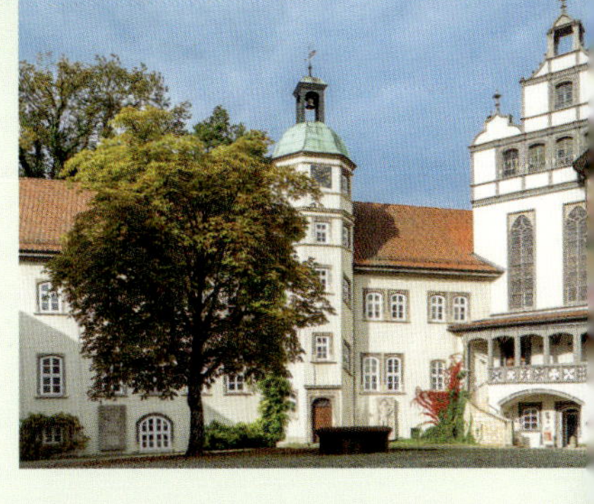

- Betritt man das **Schloss Gifhorn** durch das Torhaus, fällt der Blick direkt auf die beeindruckende Fassade der **Schlosskapelle.** Im Schloss selbst zeigt das **Historische Museum** eine Dauerausstellung zur historischen Entwicklung des Landkreises Gifhorn. Im Anschluss an die Besichtigung gelangt man über die hölzerne **Schlossgraben-Brücke** direkt zum **Schlosssee.** www.museen-gifhorn.de
- Das **Internationale Mühlenmuseum Gifhorn** ist ein **Freilichtmuseum** mit 13 phantastischen Mühlen in Originalgröße. Die Kulinarik kommt auch nicht zu kurz, denn auf dem Gelände befinden sich Gastrobetriebe in Fachwerkhäusern im Niedersachsenstil. www.muehlenmuseum.de
- Die **Russisch-Orthodoxe Holzkirche des Hl. Nikolaus** steht auf dem Gelände des internationalen **Mühlenmuseums** und ist „Symbol der Versöhnung" zwischen Russland und Deutschland. Schon von außen ist die Basilika unbeschreiblich schön und überwältigend. Im Inneren sind zahlreiche Ikonenmalereien zu bewundern. www.russisch-orthodoxe-holzkirche.de

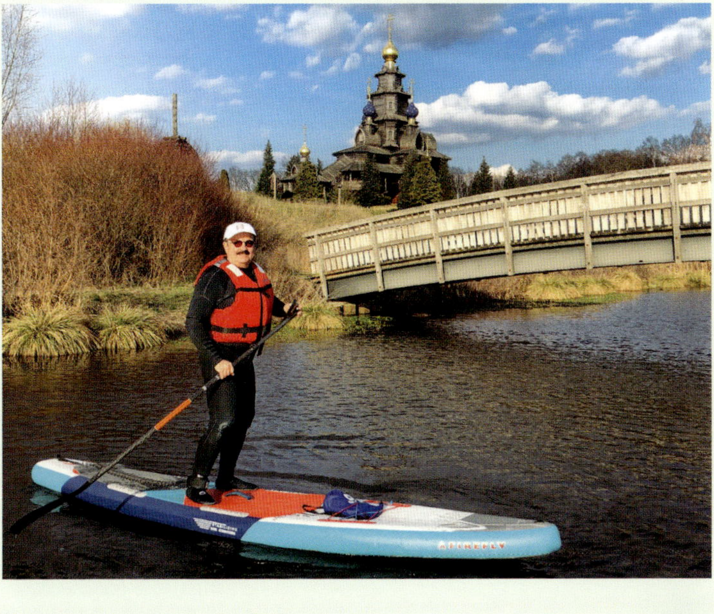

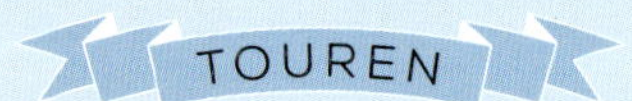

TOUREN

UM DEN HISTORISCHEN STADTKERN GIFHORNS

(mit Tourbeschreibung Seite 57)

Auf zwei Flüssen und zwei Seen um die idyllische Mühlenstadt in der Südheide. Entlang verwunschener Gärten und prima zum Chillen auf den Seen. Gute Anfänger-Tour!

| **LÄNGE** 6,5 km | **DAUER** 2-3 h

EIN- & AUSSTIEG

Bequemer Holzsteg direkt neben der Ise-Brücke an der B 188.

SUP-VERMIETUNG

1 MARCUS BUCHHOLZ, SUP38.DE
Vermietung für Selbstabholer (reservieren!): Lange Straße 9, 38551 Ausbüttel, Tel. 0176-81 21 45 51 & 01515-856 56 19, www.sup38.de

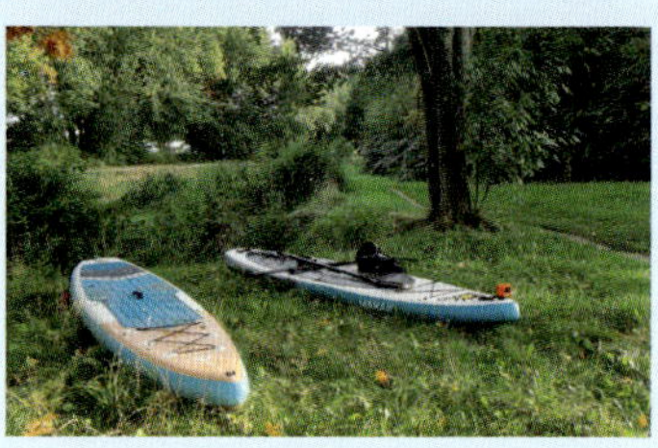

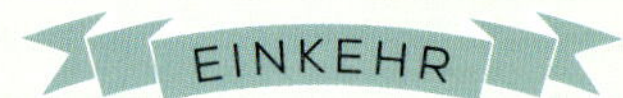

EINKEHR

1 SCHLOSSRESTAURANT ZENTGRAF

Schloßplatz 1, 38518 Gifhorn
Tel. (05371) 86 66 55
www.schlossrestaurant-zentgraf.de
Mi 12-14.30 und 18-23 Uhr,
Do-So 12-23 Uhr

KLASSIKER „Himmel und Äd von Fuldaer Blutworscht“

2 AL-DAR GIFHORN

Braunschweiger Str. 117
38518 Gifhorn
Tel. (05371) 58 94 00
www.aldar.de/gifhorn
Di-So 12-14.30 und 18-23 Uhr

KLASSIKER Kalte und warme Mazza

ÜBERNACHTUNG

1 HOTEL DEUTSCHES HAUS
Torstr. 11, 38518 Gifhorn
Tel. (05371) 81 80
www.deutsches-haus-gifhorn.de

2 BERNSTEINSEE HOTEL
Bernsteinallee 7
38524 Sassenburg/Stüde
Tel. (05379) 98 14 00
www.bernsteinsee.com

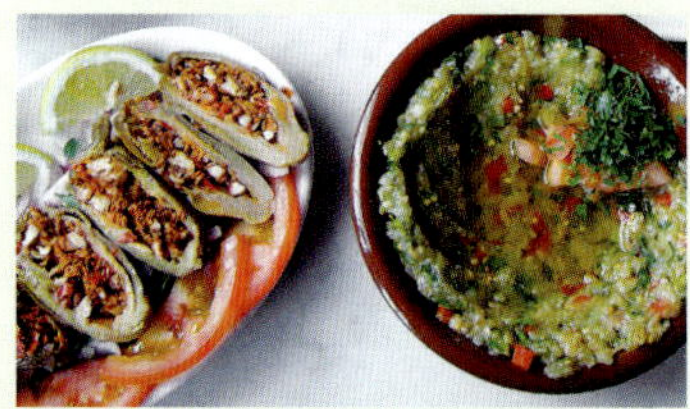

1 ZWISCHEN MÜHLEN, VERWUNSCHENEN GÄRTEN UND EINEM SCHLOSS

Schon bei der Anfahrt sehen wir die tollen **MÜHLEN** und die zum Teil vergoldeten Kuppeln des **GLOCKENPALASTES** auf dem Freigelände vor dem **MÜHLENMUSEUM** und unsere Vorfreude auf das Paddelabenteuer steigt. Bald sind unsere Boards an der **ISE-BRÜCKE** ablegebereit und wir trennen uns von dem sagenhaften Anblick der in der Sonne glänzenden goldenen Kuppeln.

Die ersten Paddelschläge geht es auf der breiten **ISE** vorbei an Pferdekoppeln und Wiesen und schon nach kurzer Zeit erblicken wir auf der rechten Seite das nächste Highlight: Die **RUSSISCH-ORTHODOXE HOLZKIRCHE** auf einem kleinen Hügel, die sich im glatten Wasser spiegelt, ist das perfekte Motiv für einen kurzen Fotostopp.

An der ungarischen **SCHIFFSMÜHLE** geben uns dann zwei Schwäne zu verstehen, dass hier eigentlich ihr Revier ist. Wir nähern uns dem **MÜHLENSEE**, den die Ise durchfließt und bei dem Anblick, der uns dort erwartet, halten wir kurz inne: **MÜHLEN**, eine schöner als die andere, wie an einer Perlenschnur aufgereiht, umschließen den See. Entlang des Ufers paddeln wir gemächlich an den Schönheiten entlang. *Vom Wasser aus erschließt sich nur ein kleiner Teil des* **FREILICHTMUSEUMS**, *in dem über 40 Wind- & Wassermühlenmodelle sowie 13 große, teils originale Mühlen vertreten sind. Von Sanssouci und der Ukraine geht es direkt wieder nach Dithmarschen, von wo aus wir einen großen Sprung in die wärmeren Gefilde nach Griechenland, Portugal, Mallorca und die Provence unternehmen.*

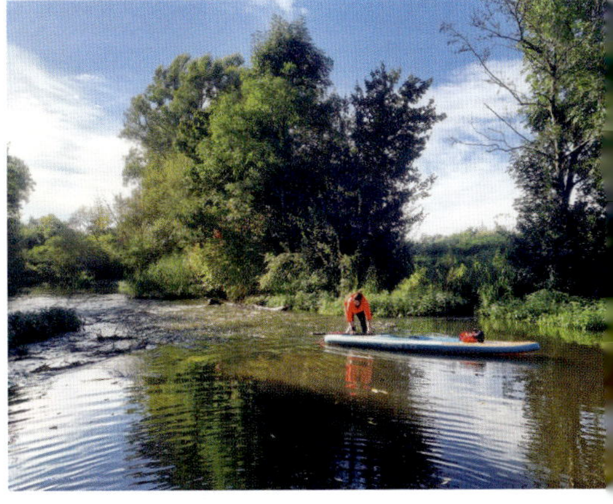

Wir verlassen diesen wunderschönen Ort und paddeln auf der Ise weiter in Richtung Innenstadt. Hier wird es nun auch deutlich städtischer. Schon bald erscheint vor uns das **WEHR CARDENAP-MÜHLE**, wo wir unser Board rechts aus dem Wasser nehmen müssen. Dies tun wir an dem naturbelassenen Ufer direkt gegenüber dem Silo, gehen 50 Meter über die Brücke, erhaschen

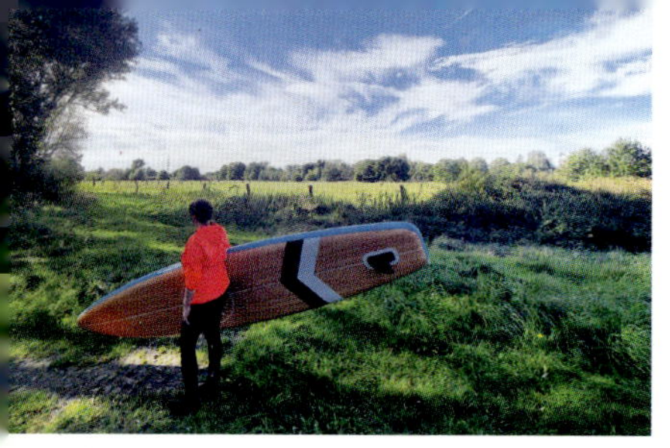

einen Blick in die Innenstadt von Gifhorn und setzen ca. 50 Meter hinter der Brücke auf der rechten Seite wieder ein. Wer es etwas bequemer mag, geht hinter der Brücke auf die andere Uferseite und nimmt nach ca. 150 Metern die Steintreppe mit Steg.

Was nun vor uns liegt, ist Natur pur und wenn uns ein Tennisball entgegengeflogen kommt, so liegt das am Tennisclub, der auf der linken Uferseite seine Heimat hat. Nach ca. 500 Metern biegen wir links in den als **ROTALLER** bezeichneten Flussarm der Aller ein und kommen nach wenigen Metern wieder an einen **ABZWEIG**, an dem wir uns **RECHTS** halten. Nun wird es richtig idyllisch, obwohl wir direkt durch die **INNENSTADT** paddeln. Vom Stadtleben bekommen wir nichts mit, da sich rechts und links unseres schmalen Flussweges die verwunschenen **GÄRTEN** der **STADTHÄUSER** anschließen. Bei niedrigem Wasserstand kann es schonmal etwas mühselig sein, durchzukommen, aber mit einer kurzen Finne ist es kein Problem. Dann wird es richtig eng, denn die Rotaller hat hier eine maximale Breite von 2 Metern, die Spaziergänger und Radfahrer winken uns vom Ufer aus zu und wir freuen uns zudem über die Johannisbeeren, die uns quasi in den Mund wachsen.

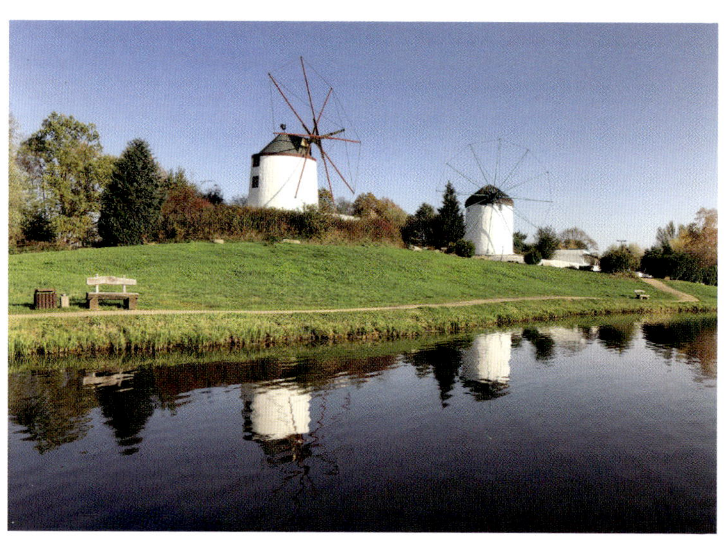

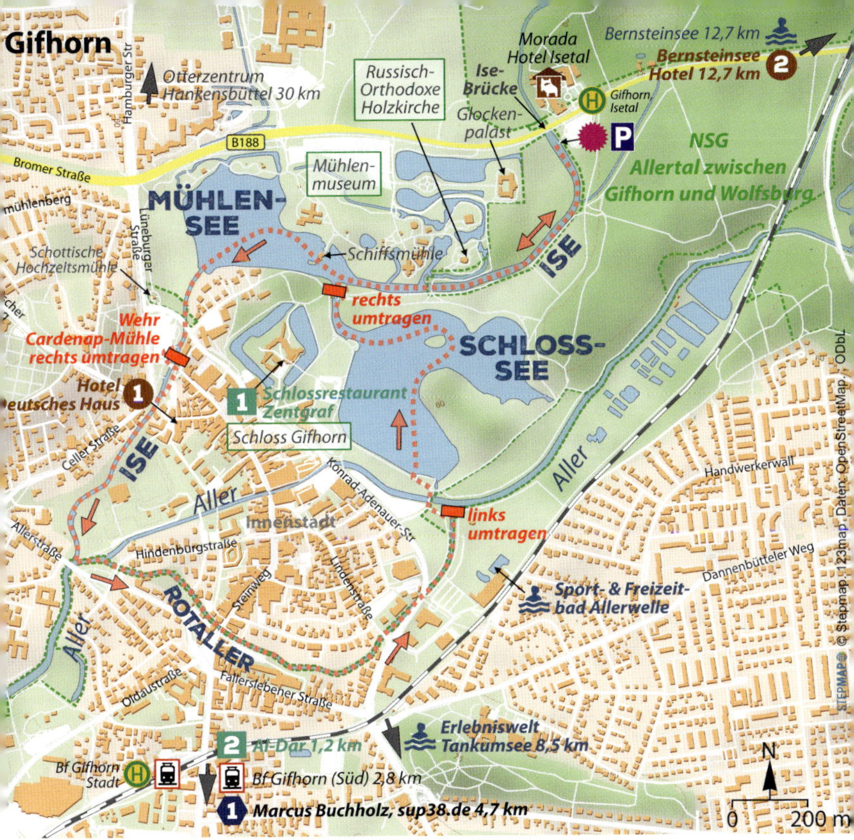

Ehe wir uns versehen, müssen wir schon wieder **UMTRAGEN**, da der **ROTALLER-UMFLUTER** wieder auf den Hauptarm der Aller trifft. Wir steigen links an einem Holzsteg aus und laufen etwa 100 Meter zu einem komfortablen Betoneinstieg am **SCHLOSSSEE**. Wie der Name schon sagt, liegt der See direkt neben dem **SCHLOSS GIFHORN**. Mit seinen 15 Hektar Größe ist er maximal drei Meter tief und ein beliebtes Ausflugsziel. Vom Wasser aus haben wir einen herrlichen Blick auf Schloss und Park und im Hintergrund sehen wir auch schon wieder einige Mühlen.

Wer mag, kann den kompletten See umrunden, dann wird die Tour vier Kilometer länger. Die Mühlen voraus, paddeln wir gemütlich über den See, umrunden die kleine Insel und tragen noch einmal rechts am Übergang zwischen Schloss- und Mühlensee um. Wir halten uns rechts und kehren nach einigen Paddelschlägen auf der **ISE** zurück zum **AUSGANGSPUNKT**.

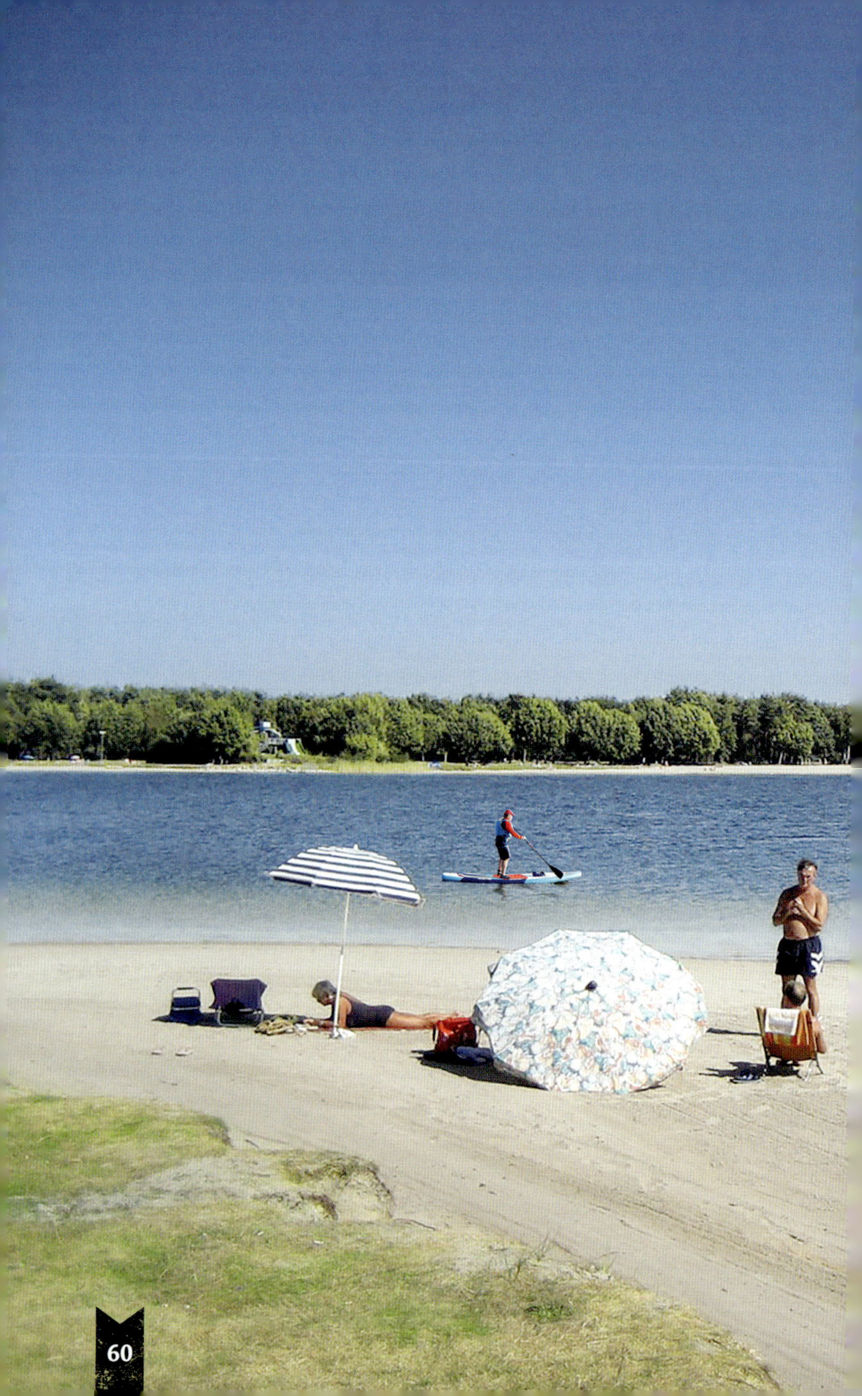

TANKUMSEE

ANSPRUCH | EINKEHR

| **LÄNGE** 5 km | **DAUER** 1:30-2 h | **EIN- & AUSSTIEGE** ca. 70 m vom Parkplatz am Hundestrand. Bei Anfahrt mit ÖPNV Einstieg am Hauptstrand.

Der **TANKUMSEE** ist idyllisch in die reizvolle Landschaft der **SÜDHEIDE** eingebettet und gehört mit seinem 1.000 Meter langen feinen **SANDSTRAND** und den großzügigen Liegewiesen zu einem der beliebtesten Badeseen im östlichen Niedersachsen.

Auf diesem nur ein mal eineinhalb Kilometer großen und 18 Meter tiefen See kann man einfach nur Spaß haben. Rund um den See wurde ein attraktives **ERHOLUNGSGEBIET** mit einigen Möglichkeiten an Freizeitaktivitäten angelegt, wie Tretboot- und **SUP-BOARD-VERMIETUNG**, einem Erlebnisturm, Fußball, Beachvolleyball, Disc-Golf, Tennis, Zeltwiese, Spielplätze, Kinder-Scooter und Gastronomie.

Unterschätzen sollte man allerdings den Wind nicht, böig aufkommend erschwert er unter Umständen das Paddeln zurück zum **STARTPUNKT**. Aufpassen sollte man, wenn nah am Ufer gepaddelt wird, auf die Angler. Die große Fischvielfalt mit Aal, Brasse, Hecht, Zander und Karpfen, zieht auch viele Freunde des Angelsports an.

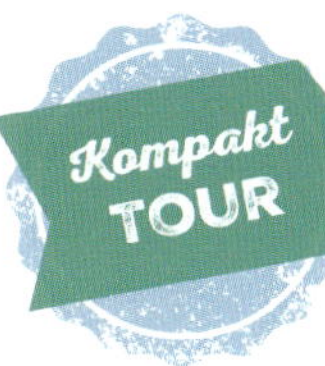

WIND & WETTER

An manchen Tagen kann der Wind böig auffrischen, insgesamt ist es allerdings ein sehr ruhiges Gewässer.

ANFAHRT PKW & PARKEN

Auf der B4 bis Einmündung *Braunschweiger Straße*. **Von Norden** kommend links, bzw. **von Süden** rechts abbiegen und gleich wieder rechts in die *Gifhorner Str.* (L292), ihr folgend durch Isenbüttel bis zur *Haustenbecker Straße*. In diese links abbiegen und nach ca. 1,8 km rechts auf den *Dannenbütteler Weg* zum Parkplatz.

Aus Richtung Osten auf B188 bis Weyhausen/Wolfsburg Nord, dann auf die A39 Richtung Braunschweig. An der Ausfahrt 22 (Wolfsburg-Sandkamp) Richtung Gifhorn bis Abzweig *Haustenbecker Straße*. Dort rechts und nach ca. 1,3 km rechts auf den *Dannenbütteler Weg* bis zum Parkplatz.

Aus Richtung Westen auf der B188 bis zur Kreuzung K114 (ca. 1 km nach Überqueren der Ise) dort rechts ab und nach ca. 7 km links in die *Haustenbecker Str.*. Dann nach ca. 1,3 km rechts auf den *Dannenbütteler Weg* zum Parkplatz.

PARKEN Ausreichend kostenpflichtige Parkplätze vorhanden (*Navi: Dannenbütteler Weg, 38550 Isenbüttel).*

ANFAHRT ÖPNV

Ab Bf *Gifhorn Stadt* oder *Wolfsburg* mit Bus 180, Umstieg in Isenbüttel in Bus 183 *(Mo-Fr)* (Wochenende: Bus ALT 183, Anmeldung bis 60 Min. vorher, Tel. 01803-11 22 01) bis Haltestelle *Tankumsee Seehotel, Isenbüttel* (www.bahn.de). Wenige Meter zum Hauptstrand.

BADEN

- Am Kilometer langen **Sandstrand** des **Tankumsees**.
- **Sport- & Freizeitbad Allerwelle in Gifhorn**: Kinderbecken, Attraktionsbecken mit Whirlpool, Gegenstromanlage, beleuchtete Grotte mit Wasserfall. www.allerwelle.de

SUP-VERMIETUNG

1 MARCUS BUCHHOLZ, SUP38.DE

Kurse am See & Vermietung für Selbstabholer: Lange Str. 9, 38551 Ausbüttel
Tel. 01515-856 56 19 + 0176-81 21 45 51
www.sup38.de

2 ERLEBNISWELT TANKUMSEE

am Erlebnisturm, Tel. 0163-516 90 28

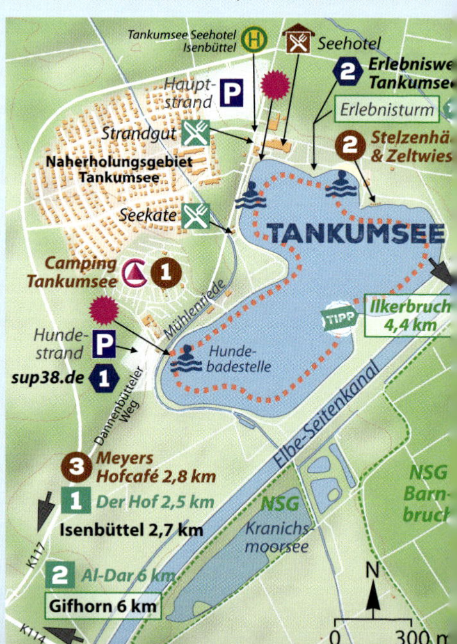

SEHENSWERT

» Das nahe **Gifhorn** am Wegkreuz der alten Salzstraße *(Lüneburg-Braunschweig)* und der Kornstraße *(Celle-Magdeburg)* lädt mit schöner, von **Fachwerkhäusern** geprägten **Altstadt** zum Entdecken ein. Top-Sehenswürdigkeiten sind der zentrale **Marktplatz** *(Mi+Sa Wochenmarkt),* das **Alte Rathaus** von 1562 mit bemerkenswerter Schnitzornamentik und das im Weserrenaissancestil erbaute **Schloss** (www.stadt-gifhorn.de & www.suedheide-gifhorn.de).

EXTRA-TIPPS

» Der **Erlebnisturm** (www.tankumsee.de) bietet mit 36 Kletterstationen auf drei Ebenen in 25 Metern Höhe Nervenkitzel und ganz nebenbei einen herrlichen Blick über die Landschaft. In acht Metern Höhe treibt dann nochmal die Riesenschaukel „SkyFly" und die Zipline „FlyingFox", bei der man 200 Meter hin und zurück über den See fliegt, den Adrenalinspiegel hoch.

» Wer Lust hat das Paddel mit Wanderschuhen zu tauschen, kann sich aufmachen in den **Ilkerbruch.** Auf der **14 km-Runde** durchs **Naturschutzgebiet „Barnbruchwiesen und Ilkerbruch"** geht es nach Unterquerung des **Elbe-Seitenkanals** mal durch dichten Wald, dann wieder entlang von Feldern und Wiesen. Im **Ilkerbruch** lassen sich vom **Beobachtungsturm** Schwarzkehlchen, Silberreiher oder Löffelente beobachten.

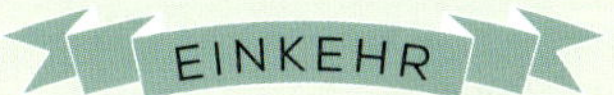

1 DER HOF *(Hofcafé, Hofladen)*

Zum Hof, 38550 Isenbüttel
Tel. (05374) 955 70
www.der-hof-isenbuettel.de
Laden So, Mi Ruhet., Café So 14.30-17

KLASSIKER Leckerer Kuchen im Café, beste Lebensmittel im Hofladen

2 AL-DAR GIFHORN

Braunschweiger Str. 117
38518 Gifhorn
Tel. (05371) 58 94 00
www.aldar.de/gifhorn
Di-So 12-14.30 & ab 18 Uhr

KLASSIKER
Kulinarische Reise durch Syrien

ÜBERNACHTUNG

1 CAMPINGPLATZ TANKUMSEE

Dannenbütteler Weg 7
38550 Isenbüttel
Tel. (05374) 12 54
www.campingplatz-tankumsee.de

2 ERLEBNISWELT TANKUMSEE

(5 Stelzenhäuser am See & Zeltwiese)
Dannenbütteler Weg 12
38550 Isenbüttel, Tel. (05374) 16 65
www.tankumsee.de >Übernachtung >Stelzenhäuser oder >Zeltwiesen

3 MEYERS HOFCAFÉ & PENSION

Ringstr. 3, 38550 Isenbüttel
Tel. (05374) 91 88 91
www.meyers-hofcafe.de

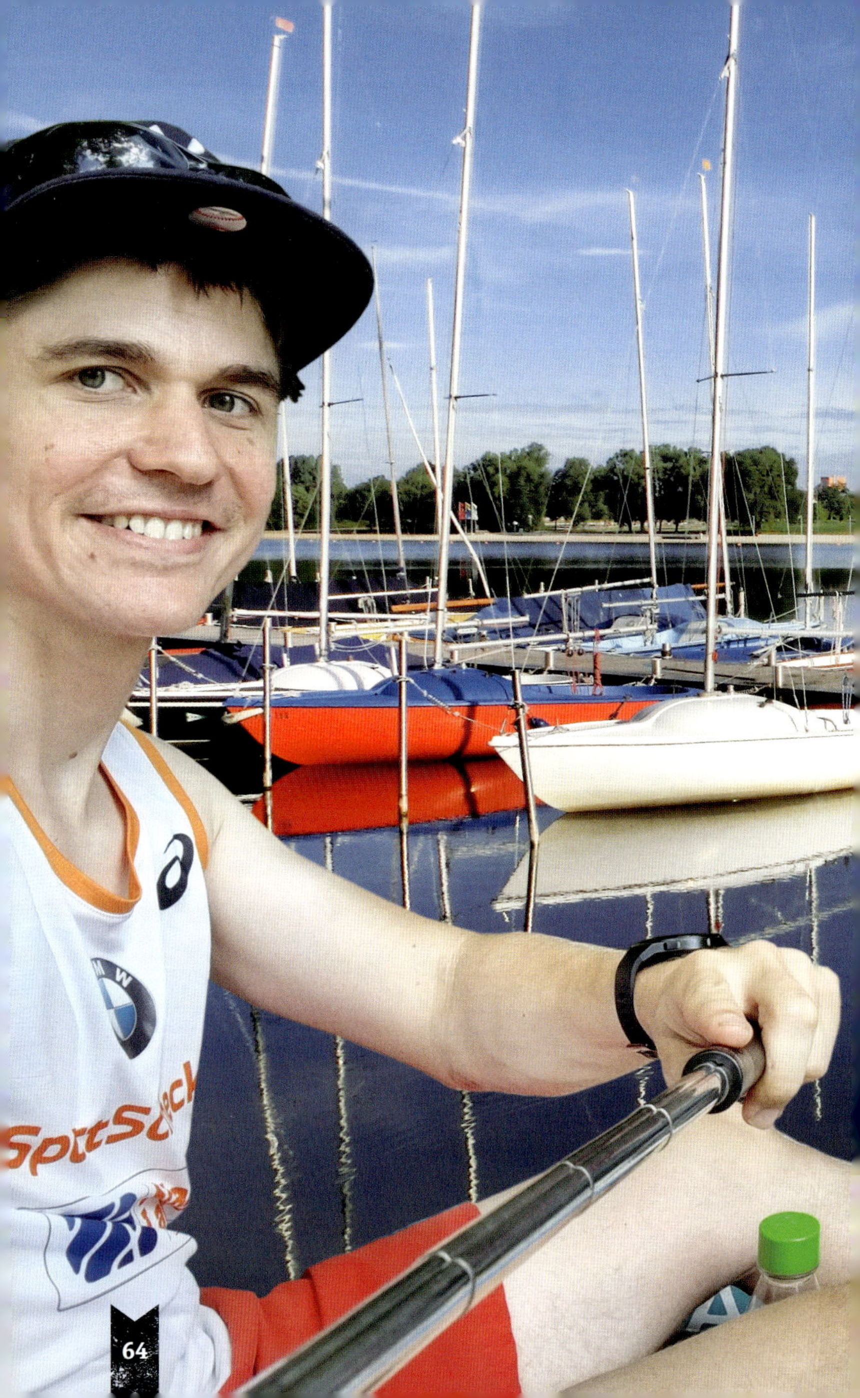

ALLERSEE

ANSPRUCH | EINKEHR

| **LÄNGE** 2,5 km | **DAUER** 0:45-1 h | **EIN- & AUSSTIEG** Nahe dem Campingplatz, ca. 100 Meter vom „Parkplatz am Südufer“ entfernt. Bei Anreise mit dem Bus zur Haltestelle „Badeland Wolfsburg“ startet man am Strand am Nordufer.

Zugegeben – der in **WOLFSBURG** zwischen **ALLER** und **MITTELLANDKANAL** in den 1960er Jahren entstandene See mit seiner Länge von knapp eineinhalb Kilometern und einer Breite von rund 300 Metern bietet nicht so viele Möglichkeiten zum SUPen. Aber über die im Sommer angenehme Wassertemperatur freuen sich sowohl **SUP-ANFÄNGER** als auch **FORTGESCHRITTENE**, die den Sommertag zu spielerischen **ÜBUNGEN AUF DEM BOARD** nutzen. Zudem gibt es beim Umrunden des Sees auch einiges zu sehen. Neben vielen kleinen Fischen im Wasser, tummeln sich z.B. Gänse auf den umliegenden Wiesen.

Da es am **SÜDUFER**, in der Nähe unseres **EINSTIEGS**, einen Ruder- und Kanuverein sowie einen Seglerverein gibt, können wir den Wassersportkollegen beim Training zusehen. Ein Highlight ist die **HÖLZERNE SCHWIMMINSEL** auf der **NORDSEITE**, die als **BAR** regen Anklang findet und an der auch wir uns mit einem kühlen Getränk erfrischen.

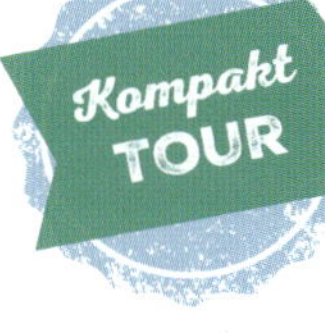

Wer auch sonst ein breit gefächertes sportliches Angebot sucht, der ist am Allersee, direkt neben der **VW ARENA**, in der der VFL Wolfsburg seine Heimspiele bestreitet, genau richtig. Urlaubsfeeling, wenn auch nur für einen „Kurzurlaub“, ist somit garantiert.

WIND & WETTER

Keine besonderen Wind- und Wetterverhältnisse.

ANFAHRT PKW & PARKEN

Aus Norden/Westen/Osten: Von der B 188 auf die L 322 abbiegen (Braunschweig/Zentrum Autostadt). Nach 250 m rechts abbiegen und im Kreisverkehr die 3. Ausfahrt nehmen. Bis zum nächsten Kreisel der Straße folgen, dort die 1. Ausfahrt und zum „Parkplatz am Allersee", *(Navi: In den Allerwiesen, 38446 Wolfsburg)* fahren.

Aus Richtung Süden: A 39 bis Ausfahrt *Wolfsburg-Zentrum* nehmen und ca. 4 km der Braunschweiger Straße folgen. Dann rechts auf die Siemensstraße, die in den Berliner Ring übergeht, abbiegen und 2,3 km bis über die Brücke fahren und die Abfahrt Allersee Südufer/Tor Ost/Autostadt nehmen. Am Kreisel die zweite Ausfahrt nehmen und bis zum Parkplatz am Südufer *(Navi: In den Allerwiesen 7, 38446 Wolfsburg)* fahren.

PARKEN Ausreichend Parkplätze auf dem Parkplatz am Südufer.

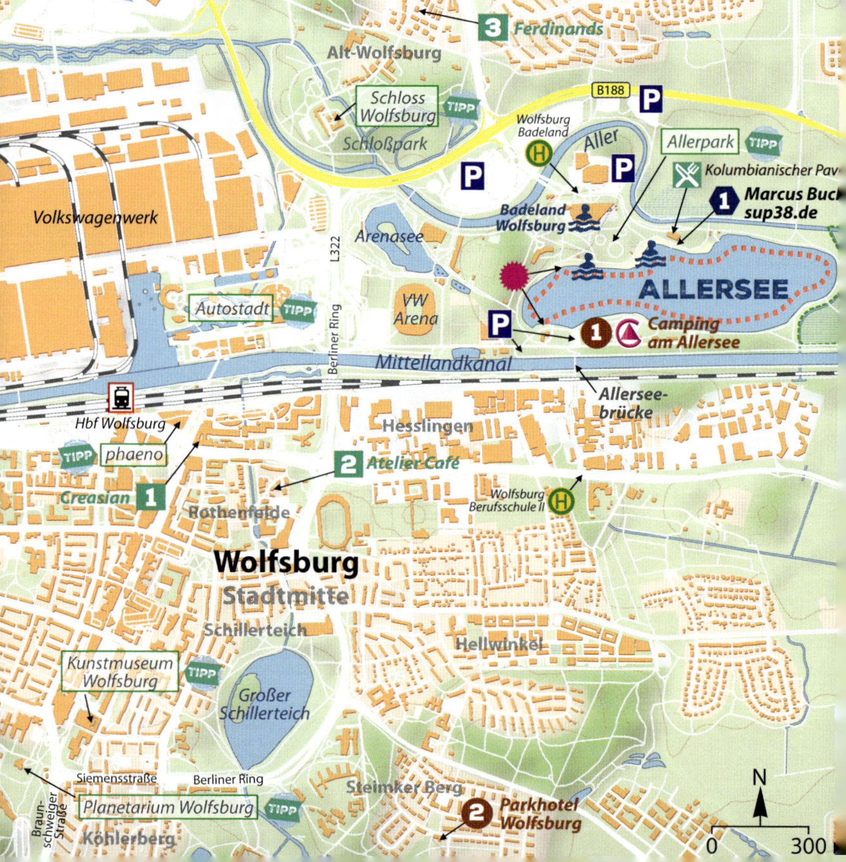

ANFAHRT MIT ÖPNV

Vom Hbf *Wolfsburg* Bus 212 Richtung WVG, Wolfsburg bzw. Wolfsburg Karl-Ferdinand-Braun-Ring bis Haltestelle *Wolfsburg Berufsschule II*. Zu Fuß 600 m zum See. Oder vom Hbf *Wolfsburg* mit Bus 213 bis *Badeland, Wolfsburg* und 350 m zum Strand.

BADEN

» Der **Allersee** mit 1.000 m langem **Sandstrand** hat gute Wasserqualität und bietet mit DLRG-Bewachung sicheres Badevergnügen.

» Das Freizeitbad **Badeland Wolfsburg** zählt mit seiner sehr großen Saunalandschaft zu den modernsten und größten in Deutschland. www.badeland-wolfsburg.de

SUP-VERMIETUNG

1 MARCUS BUCHHOLZ, SUP38.DE

Kurse & Verleih am Allersee am Kolumbianischen Pavillon, Termine Online unter www.sup38.de od. 01515-856 56 19
Lange Str. 9, 38551 Ausbüttel
Tel. 01515-856 56 19 + 0176-81 21 45 51
www.sup38.de

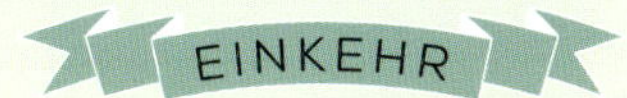

1 CREASIAN

Heßlinger Str. 1-5, 38440 Wolfsburg
Tel. (05361) 898 98 68
www.creasian.de
Tägl. ab 12 Uhr

KLASSIKER Asiatische Fusionküche

2 ATELIER CAFÉ

An d. St. Annen-Kirche 11
38440 Wolfsburg
Tel. (05361) 122 19
www.ateliercafe.de
Mi-So ab 9.30-18/ Fr 14 Uhr

KLASSIKER
Richtig gutes Frühstücksbuffet

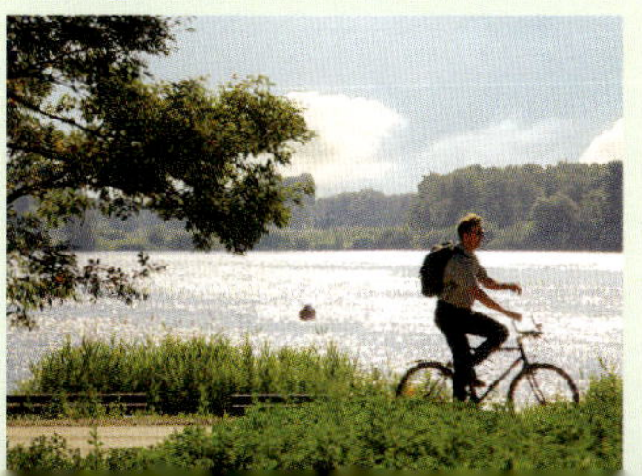

3 FERDINANDS

Kitchen & Soul
Neue Reihe 5, 38448 Wolfsburg
Tel. (05361) 379 39 49
www.ferdinands-restaurant.de
Di-Sa ab 11.30 Uhrr

KLASSIKER Frische, leckere Bowls

ÜBERNACHTUNG

1 CAMPINGPLATZ AM ALLERSEE

(auch Holz-Schlaffässer)
In den Allerwiesen 5
38446 Wolfsburg
Tel. (05361) 633 95
www.camping-allersee.de

2 PARKHOTEL WOLFSBURG

Unter den Eichen 55
38446 Wolfsburg
Tel. (05361) 50 50
www.parkhotel-wolfsburg.de

EXTRA-TIPPS FÜR WOLFSBURG

» Die **Erlebnisoase Allerpark** gibt einiges mehr her als nur den gleichnamigen See. Es handelt sich um einen großen öffentlichen Themenpark, der Naturgegebenheiten, abwechslungsreiche Freizeiterlebnisse und vielfältige Attraktionen miteinander vereint. www.allerpark-wolfsburg.de

» Ein Besuch in der **Autostadt** ist ein „Muss“ für alle Wolfsburgbesucher. Alles dreht sich auf dem 28 Hektar großen Freigelände und in den Gebäuden um Mobilität und zeitgenössische Architektur. Die acht Pavillons der VW Konzernmarken liegen im Zentrum der wunderschönen Park- und Lagunenlandschaft, die zusammen mit den zahlreichen Veranstaltungen, Ausstellungen und dreizehn verschiedenen Restaurants einen spannenden Tag versprechen. www.autostadt.de

» Die Welt der Phänomene kann man im **phaeno,** dem **Wissenschaftsmuseum** und begehbaren Kunstwerk zugleich, erleben. An außergewöhnlichen Experimentierstationen werden die Sinne auf eine Probe gestellt. Darüber hinaus soll das phaeno, laut „the guardian“, zu den 12 bedeutendsten modernen Bauwerken zählen. www.phaeno.de

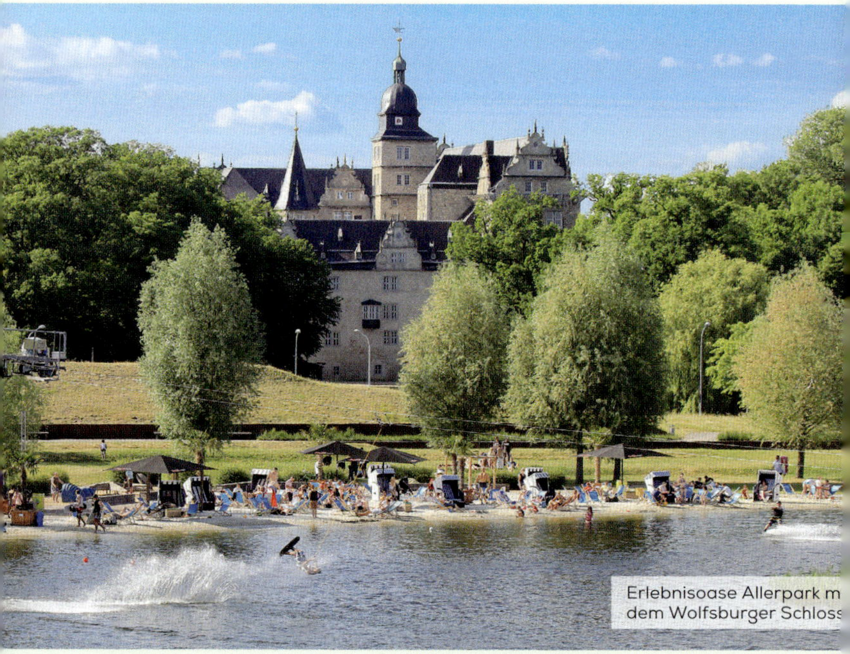

Erlebnisoase Allerpark m
dem Wolfsburger Schloss

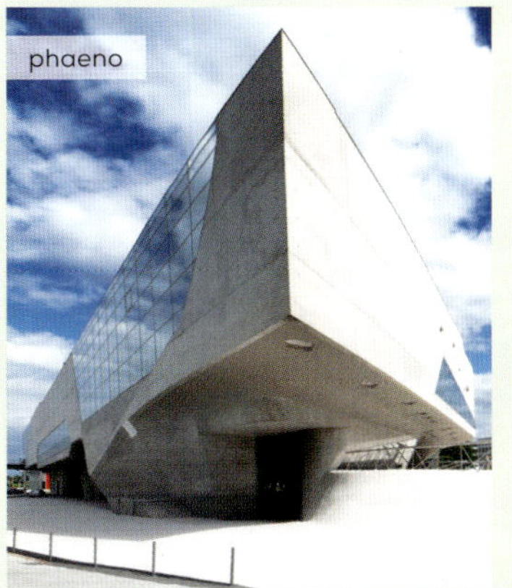

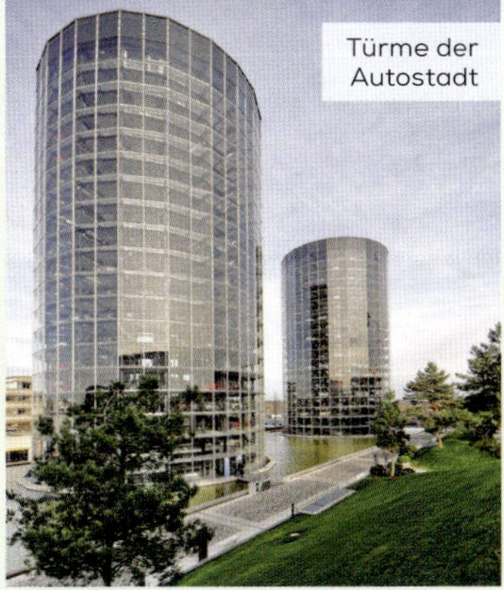

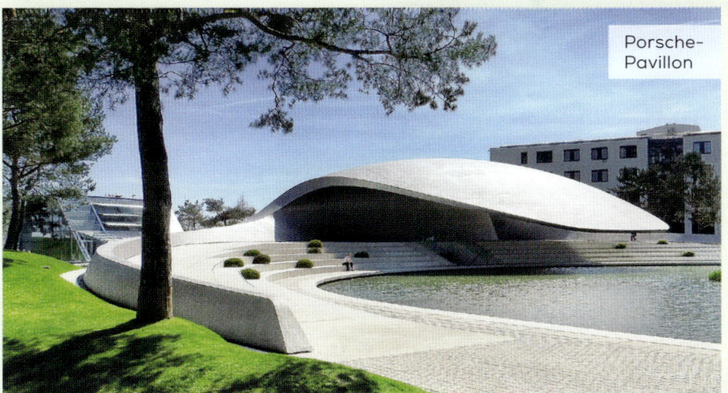

- Das **Kunstmuseum Wolfsburg** ist der Kunst der Gegenwart und Moderne gewidmet und will von Wolfsburg aus künstlerisch in die Welt blicken, um mit aktuellen Themen der Kunst dazu beizutragen, das globale Geschehen in seiner Komplexität zu verstehen. www.kunstmuseum.de
- Im **Planetarium Wolfsburg,** einem der zehn größten Planetarien Deutschlands, werden astronomische Ereignisse am Sternenhimmel anschaulich und ausdrucksstark vorgeführt, Kinder lernen spielerisch den Sternenhimmel und das Universum kennen. www.planetarium-wolfsburg.de
- Wolfsburgs Geschichte, Moderne Kunst und Fotografie werden im **Schloss Wolfsburg,** inmitten einer eindrucksvollen Garten- und Landschaftsarchitektur, präsentiert. www.schlosswolfsburg.de

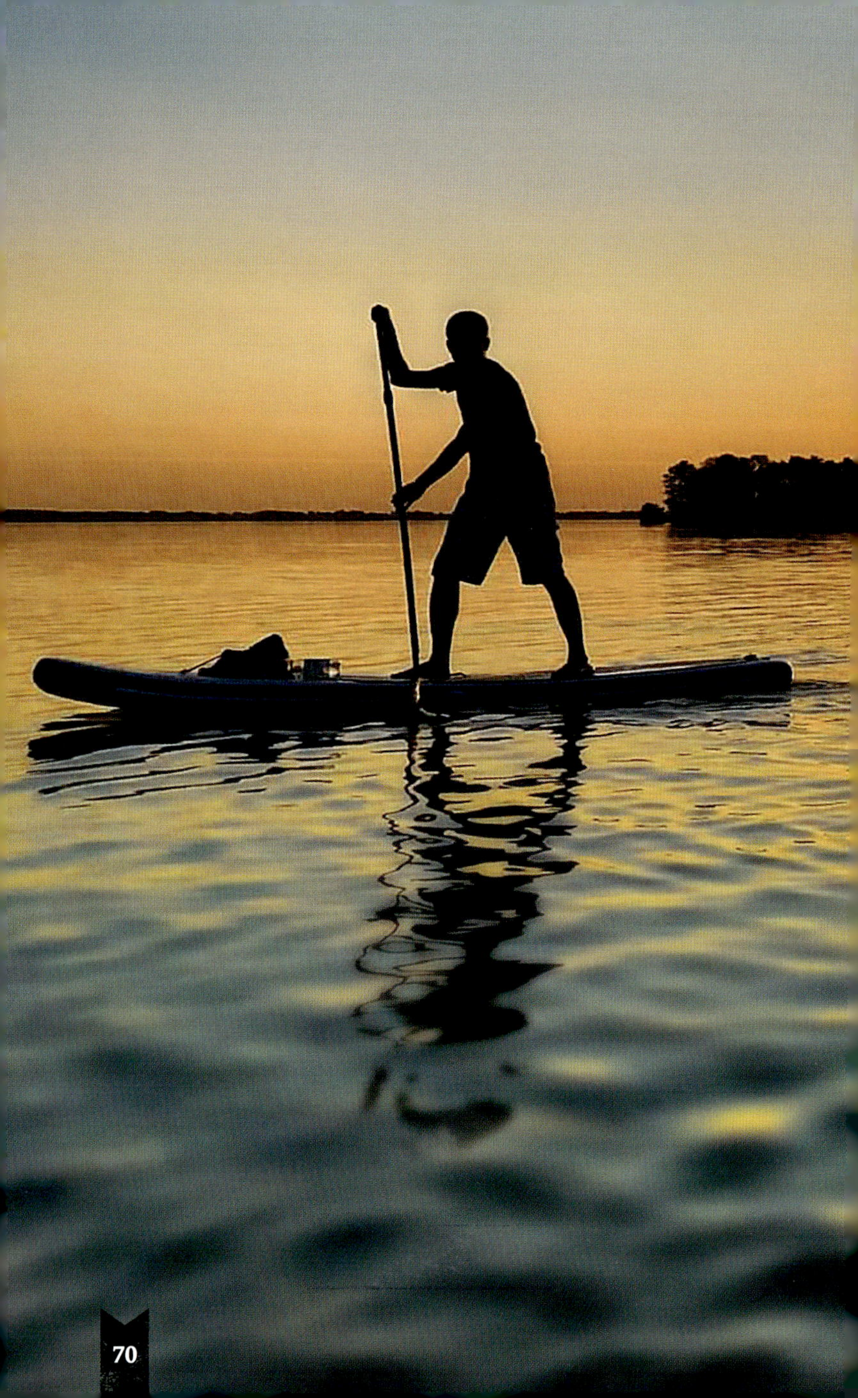

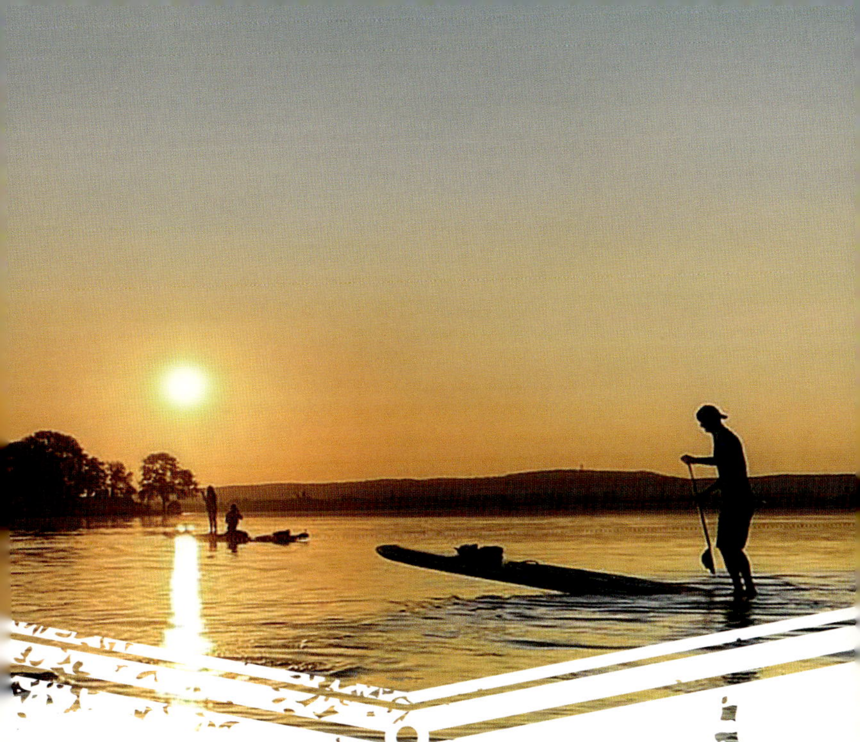

STEINHUDER MEER

ANSPRUCH

EINKEHR

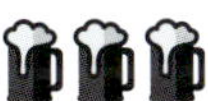

Ein Traumziel für Naturgenießer und Wassersportler. Ob Ausflug zum romantischem Refugium Wilhelmstein, zum Briefkasten mitten auf dem See oder Sightseeing-Tour durch die Fleete von Steinhude – es wird nie langweilig. Mit durchschnittlicher Tiefe von einem Meter ideal für Anfänger.

WIND & WETTER

Vor der Tour unbedingt die **Windverhältnisse anschauen**. Heftige Böen und „eine steife“ Brise erschweren es sonst, wieder an „der richtigen Stelle“ an Land zu kommen.

BEFAHRUNGSREGELN

Das Steinhuder Meer darf nur **vom 20. März bis 31. Oktober befahren** werden. www.naturpark-steinhuder-meer.de >Lebensräume >Schutzgebiete >Hinweise-zum-Wassersport

Anlegen ist nur in Häfen oder an Stegen gestattet.

Naturschutzgebiete dürfen nicht befahren und betreten werden, d. h., die mit Bojen gekennzeichneten Bereiche gilt es zu meiden.

ANFAHRT PKW & PARKEN

A 2 je nach Fahrtrichtung an der Ausfahrt 39 (Wunstorf-Kolenfeld) oder Ausfahrt 40 (Wunstorf-Luthe) abfahren nach Wunstorf. Dort auf der B 441 nach Altenhagen und im Ort rechts nach Steinhude abbiegen. Nach ca. 1,7 km links in die Meerstraße einbiegen, durch die Fußgängerzone bis zum Parkplatz Steinhude.

PARKEN Kostenpflichtig bis 18 Uhr. Parkplatz *Steinhude, Meerstr.*, gegenüber Strandterrassen.

ANFAHRT MIT ÖPNV

Vom Hbf *Hannover* in die RE1 in Richtung Norddeich Mole bis nach *Wunstorf*, dort in den Bus 710 bis zur Haltestelle *Steinhude Friedenseiche*. Von dort sind es noch ca. 500 m zu Fuß zum Einstieg.

BADEN

» Der **Badestrand „Weiße Düne“** mit großem Sandstrand am Nordufer in **Mardorf** ist von Kiefern und Erlen umsäumt. Spielplatz, Volleyball, DLRG, Kiosk. www.steinhuder-meer.de/poi/badestrand-weisse-duene-mardorf

» Die **Badeinsel Steinhude** ist Mittelpunkt des Steinhuder Badelebens. Sie ist eine 35.000 m² große, künstlich angelegte Badeinsel mit schönem Sandstrand, ausgedehnten Liegeflächen & Spielgeräten. www.steinhuder-badeinsel.de

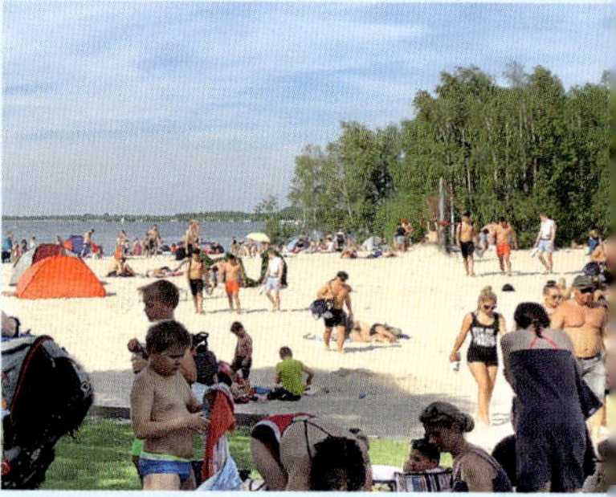

» Das neu errichtete **Balneon** in **Neustadt am Rübenberge** lässt keine Wünsche offen. Naturfreibad mit großzügigem Badesee & Sandstrand, Hallenbad, Saunapark mit großem Außenbereich, empfehlenswerte Gastronomie. www.balneon.de

» Weitere Bäder: **NaturErlebnisBad Luthe** (ohne Chemie, familiär, umweltprämiert), **Freizeitbad Münchehagen** (Freibad, Rutsche), **Freibad Bokeloh, Hallenbad Rehburg.**

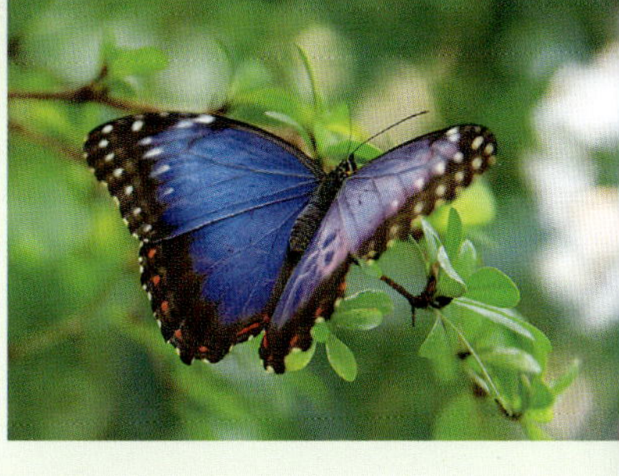

SEHENSWERTES IN STEINHUDE

- Der **Schmetterlingszoo** mit **Insektenmuseum** beherbergt mit seinem naturnahen Biotop rund 400 tropische Schmetterlinge von ca. 40 verschiedenen Arten. In der Tropenhalle fliegen farbenprächtige Falter aus Südamerika, Afrika und Asien frei zwischen exotischen Pflanzen. www.schmetterlingsfarmsteinhude.de
- Mit dem Weben von Textilien begann man 1765 in **Steinhude**. In der **Leinenfabrik** kann man das alte Handwerk erkunden und erlebt anhand von hochwertigsten Textilien wie Tisch-, Bett-, Frottierwäsche und Küchentextilien die Geschichte der ältesten Weberei Deutschlands. www.leinenfabrik.de
- Die **Kunstscheune Steinhude** beherbergt zwei Museen unter einem Dach. Das **Fischer- & Webermuseum** zeigt, wie das Leben vor über 100 Jahren in Steinhude war. *Das Steinhuder Meer bildete die Lebensgrundlage für die Menschen – die hier vorherrschenden Berufe Fischer und Leinenweber hingen beide davon ab.* Im **Spielzeugmuseum** gibt es Puppen und Blechspielzeug aus dem ehemaligen Bürgertum zu bestaunen, Themeninseln nehmen uns mit auf Zeitreise durch die Kulturgeschichte des Spiel(en)s. www.steinhuder-museen.de

---

EXTRA-TIPPS

- Der **Dinosaurierpark Münchehagen** ist Deutschlands größter, wissenschaftlicher Erlebnis- / Themenpark. Auf dem etwa 2,5 km langen Rundweg erfahren Besucher anhand von über 230 lebensechten Rekonstruktionen von Dinosauriern und anderen Urzeittieren in Originalgröße alles über die faszinierende Entwicklung des Lebens in der Erdgeschichte. www.dinopark.de
- Mit 2.300 Hektar bietet das **Tote Moor,** als größtes Hochmoor der Region, seltenen Tier- und Pflanzenarten einen attraktiven Lebensraum. Außer solchen Spezialisten wie Torfmoose, Wollgras und Sonnentau beeindruckt auch die Tierwelt des Moors – gefährdete Schmetterlingsarten, brütende Kraniche, die extrem seltene Moorente oder der Fischadler sind zu nennen. Am besten lässt sich die faszinierende Landschaft auf dem **Erlebnisweg** (7 km) **zwischen Mardorf und Steinhude** erkunden.

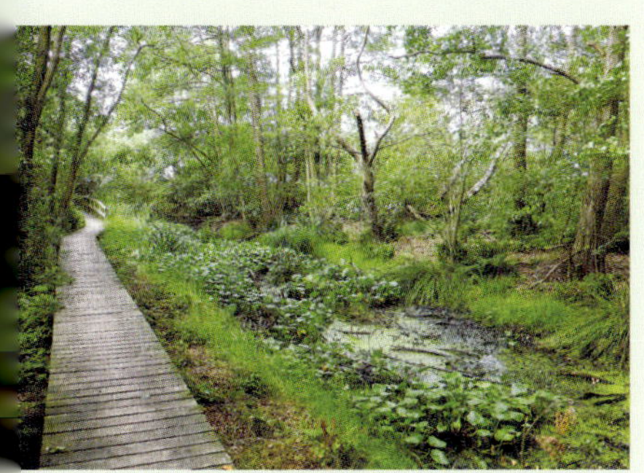

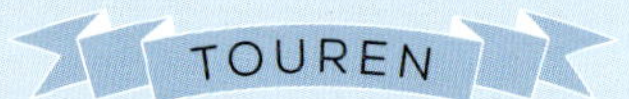

1 KLEINE RUNDE UM DIE INSEL WILHELMSTEIN

(mit Tourbeschreibung Seite 76)

Von Steinhude aus einmal um die kleinste bewohnte Insel Deutschlands, die Festungsinsel Wilhelmstein, und zurück.

 | **LÄNGE** 6,5 km | **DAUER** 2-2:30 h

2 DURCH DIE STEINHUDER FLEETE

(mit Tourbeschreibung Seite 77)

Eine abwechslungsreiche Tour durch die Kanäle am Südostufer und um das Naturschutzgebiet Wulveskuhlen mit Vogelbeobachtung.

 | **LÄNGE** 10-11 km | **DAUER** 3 h.

3 EINMAL RUND UMS STEINHUDER MEER

(mit Tourbeschreibung Seite 79)

Meerfeeling bei der großen Rundtour und einen Gruß über die Postkarten-Boje verschicken.

| **LÄNGE** 22-23 km | **DAUER** 6:30-7 h

EIN- & AUSSTIEG FÜR ALLE 3 RUNDEN

Am langen Holzsteg links des Restaurants Strandterrassen Steinhude.

SUP-VERMIETUNG

1 SUP BOARDING PLANKE 138

mit Biergarten & Kajak-Vermietung

Meerstr. 2
31515 Wunstorf/Steinhude
Tel. 0172-531 75 38
www.wassersport-steinhude.de
und www.planke-138.de

2 SURFER'S PARADISE

Einfahrt Badestr., Kiefernweg parken!

Ladenstr. 19
31535 Neustadt/Mardorf
Tel. (05036) 98 81 19
www.surfers-p.de

3 SUP AND FUN

STATION: BADEINSEL, STEINHUDE

Lindenhopsweg
31515 Wunstorf
Tel. 0171-936 11 55
www.sup-and-fun.com

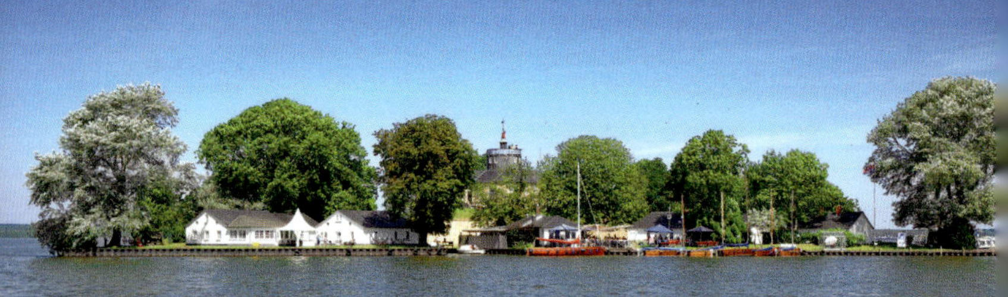

Wilhelmstein wurde aus militärischen Gründen a Landesfestung angeleg

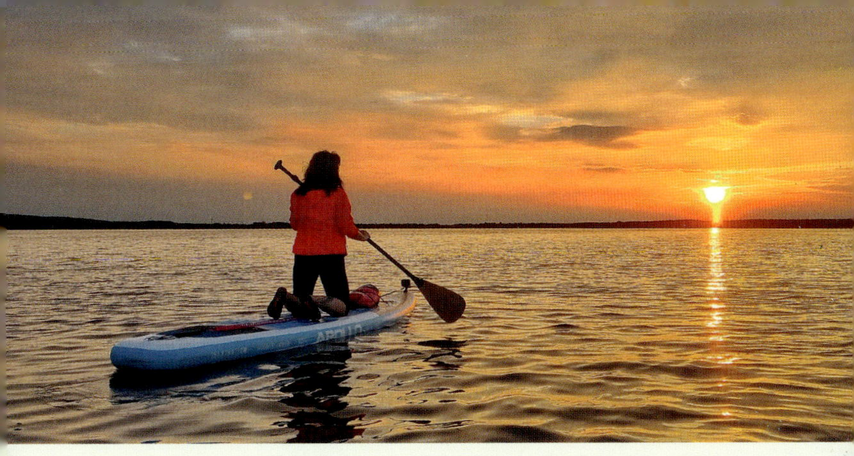

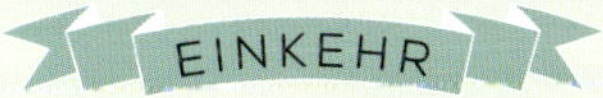

EINKEHR

1 ANKERPLATZ

Lürßen-Damm
31558 Hagenburg
Tel. 01520-319 27 42 & 0172-322 88 92
Do-So 12-18 Uhr
www.instagram.com/ankerplatz_yachtclub

KLASSIKER Currykraken mit Hagenburger Knolle

2 SCHWEERS-HARMS-FISCHERHUS

Graf-Wilhelm-Str. 9
31515 Wunstorf
Tel. (05033) 52 28
www.schweers-harms-fischerhus.de
Tägl. 11-14.30 + 17-21.30 Uhr

KLASSIKER Fisch, Fisch, Fisch … aber auch Fleisch, uriges Ambiente

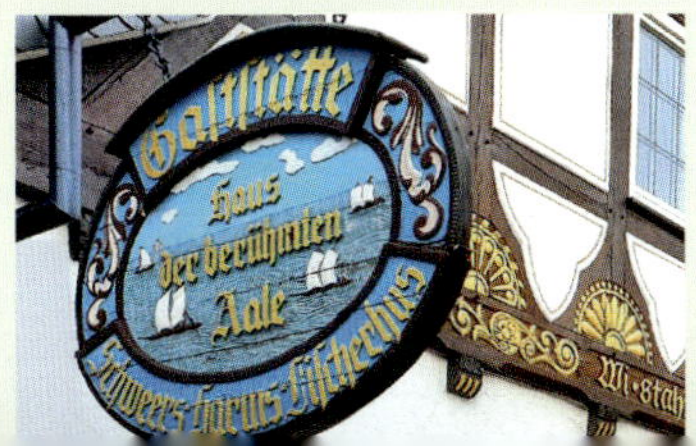

ÜBERNACHTUNG

1 HAUS OTTENLOCK
Ottenlock 8
31515 Wunstorf-Steinhude
Tel. (05033) 15 41
www.hausottenlock-steinhude.de

2 LANDHAUS STRANDALLEE
Strandallee 1a
31515 Wunstorf-Steinhude
Tel. (05033) 83 65
www.landhaus-strandallee.de

3 HUS ACHTERLIEK
(mind. 2 Nächte)
Schmiedestr. 1
31515 Wunstorf-Steinhude
Tel. 0172-723 35 01
www.hus-achterliek.de

4 STRANDHUS 17
(mind. 3 Nächte, eigener Steg & Sauna)
Lütjen Deile 17, 31515 Steinhude
Tel. 0172-723 35 01
www.strandhus17.de

1 ÜBER DIE „ADRIA HANNOVERS" ZUR KLEINSTEN INSEL DEUTSCHLANDS

... so wird das **STEINHUDER MEER** genannt und ist mit seinen 29,1 Quadratkilometern der größte See Niedersachsens. Das attraktive Revier genießen nicht nur wir SUPer, auch bei Seglern und Surfern ist es sehr beliebt.

Warum das so ist, das wollen wir uns heute anschauen und sind bereits früh auf den Beinen, um noch einen guten Parkplatz, etwa 100 Meter von unserer Einstiegsstelle entfernt, zu ergattern. Über den bequemen **STEG** geht's auf unser Board und wir visieren mit Blick über die spiegelglatte Wasserfläche einen einzigartigen Ort an: Die **INSEL WILHELMSTEIN.** *Einst als uneinnehmbare Festung gebaut, wurde sie sogar als Gefängnisinsel genutzt* – heute ein romantisches Refugium und absolutes „Muss" am **STEINHUDER MEER.**

Auf dem Weg dorthin begegnen wir mehreren Ausflugsbooten, darunter auch die sogenannten **„AUSWANDERER"** – typische Ausflugsboote in Holzbauweise und einzigartig in Europa: ein Hingucker.

Wegen der Flaute sind heute keine Segler unterwegs und so teilen wir uns das Wasser mit den Fahrgastschiffen, den Schwimmern und Tretbootfahrern. Wohin wir unseren Blick auch wenden, diese herrliche Natur mit ihren **GESCHÜTZTEN NATURBEREICHEN** ist eine wahre Augenweide.

Auch wenn die **INSEL WILHELMSTEIN** von Steinhude aus nur als kleiner Punkt zu sehen war, so wird sie nun immer präsenter vor unserem Auge. Wer die drei Euro fürs Anlegen nicht bezahlen möchte, kann sich vom Wasser aus einen guten Eindruck von der Insel verschaffen. Ein kleiner Gang mit **BESICHTIGUNG DER FESTUNG** ist jedoch zu empfehlen. Auch lohnt ein Blick in den **INFORMATIONSRAUM** auf der ehemaligen Festungsinsel der einen guten Überblick über die Uferzonen bis zur Unterwasserwelt des Sees gibt.

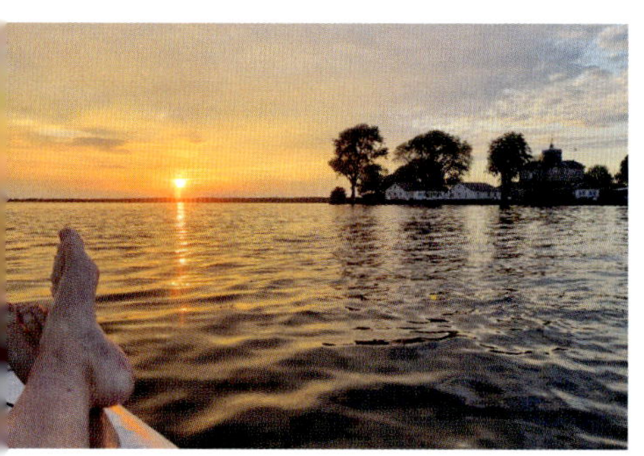

Auf dem Weg zurück nach **STEINHUDE** legen wir noch einen kurzen Badestopp ein, schwimmen ein wenig und ziehen unser SUP an der Leash hinter uns her. Besonderes reizvoll ist diese Tour zur Zeit des Sonnenuntergangs: Unfassbare Farben, wie man sie nur von Postkarten kennt.

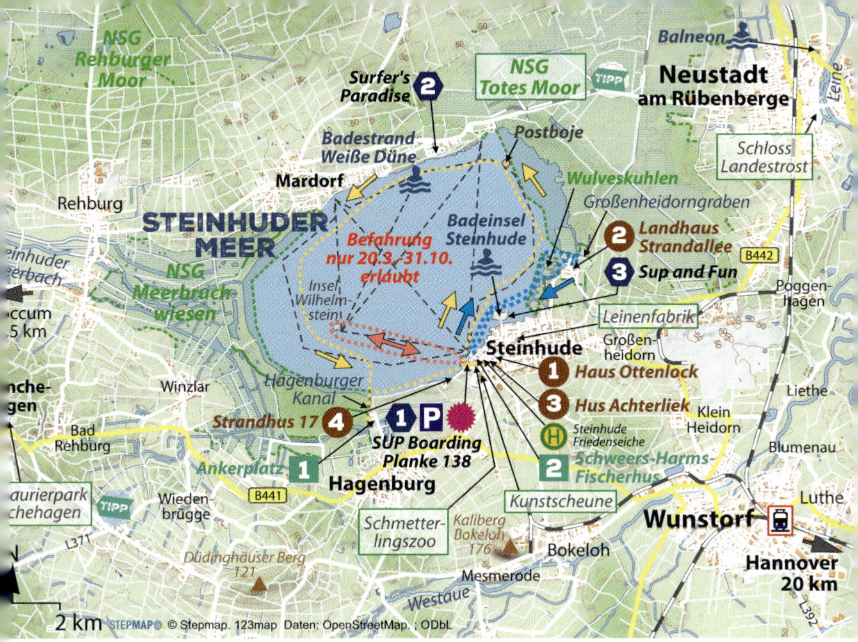

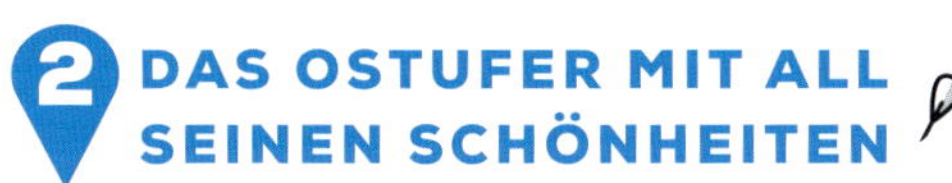

2 DAS OSTUFER MIT ALL SEINEN SCHÖNHEITEN

Dass das **STEINHUDER MEER** so viel mehr als nur „Meer“ zu bieten hat, erfahren wir auf dieser Route. Los geht es wieder am **STEG** von **STEINHUDE**. Wir paddeln nach rechts, immer an der **PROMENADE** lang. Hier pulsiert das Leben und Spaziergänger haben entweder ein Eis oder ein Fischbrötchen in der Hand. Direkt hinter dem nächsten größeren Steg biegen wir nach rechts ab und paddeln unter der schönen **HOLZBRÜCKE** unter der Promenade hindurch. Am Tretbootverleih und an einigen schönen kleinen Häuschen vorbei geht es nach ca. 300 Metern auch schon wieder durch die nächste Brücke zurück aufs offene Wasser. Nun lohnt es sich, noch einen kurzen Abstecher scharf nach links zu machen, denn hier empfängt uns die **SKULPTUR DES HAFENMEISTERS.** Er beobachtet nicht nur den Bootsverkehr, sondern hält den ständigen Blickkontakt zu seinem Kollegen, der vom Wilhelmstein herüberblickt.

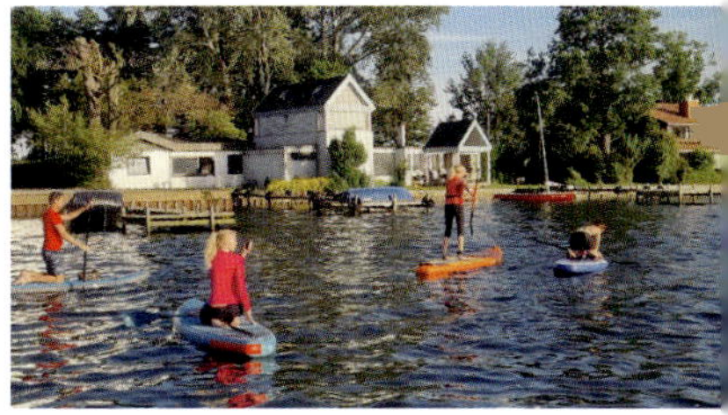

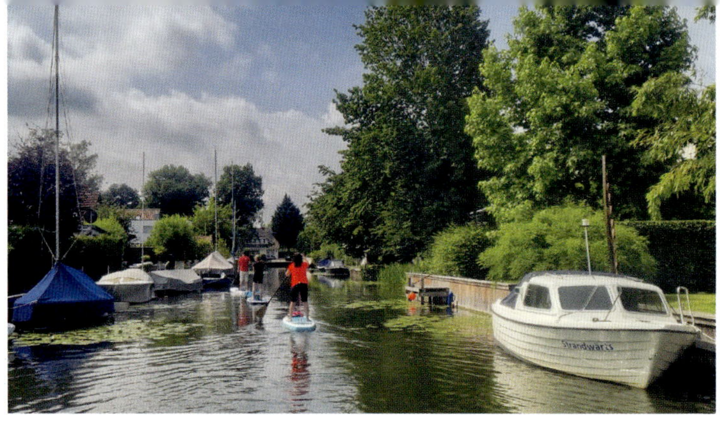

An Bootsstegen und der **BADEINSEL** vorbei geht es Richtung **INSEL WULVESKUHLEN.** Die Insel liegt mitten innerhalb des „Naturparks Steinhuder Meer". Ihre Uferbereiche dürfen **NICHT BETRETEN** werden, da sie besonderer Lebensraum für Vögel, Amphibien, Reptilien, Fische und Insekten sind.

Hier, fernab der Promenade, ist es deutlich ruhiger und wir paddeln entlang des Naturschutzgebietes, bis wir nach ca. 300 Metern in den **GROSSENHEIDORNGRABEN** einbiegen. Was uns erwartet, ist Natur pur. Wenige Hundert Meter durch den schmalen Graben erreichen wir ein kleines Becken voller Schilf und Seerosen. Hier gehen zwei **STICHKANÄLE** ab, in die man unbedingt hineinpaddeln sollte. Die Kanäle sind so eng, dass man den Anwohnern förmlich auf den Teller schauen kann. Daher verhalten wir uns absolut respektvoll. Jeder hat sein eigenes kleines Boot vor dem Garten liegen, so dass wir fast vergessen, dass wir am Steinhuder Meer und nicht in Holland sind.

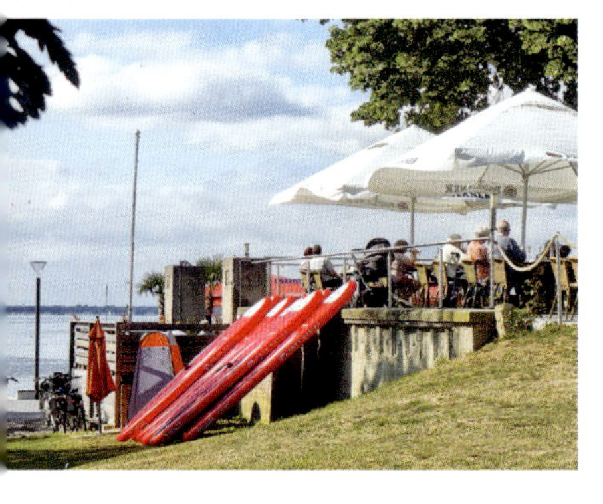

Zurück paddeln wir durch den 3. Kanal unter einer Brücke hindurch wieder Richtung Wulveskuhlen. Dieses Mal lassen wir die kleine Insel allerdings auf der rechten Seite liegen und genießen noch einmal dieses besondere Fleckchen, bevor wir wieder zurück nach **STEINHUDE** paddeln. Irgendwann müssen wir uns von der phantstischen Landschaft losreißen und so steuern wir vor unserem Ziel noch einmal den **SANDSTRAND** der **BADEINSEL STEINHUDE** an, um ein erfrischendes Bad zu nehmen.

3 DIE KÖNIGSETAPPE: EINMAL RUNDHERUM

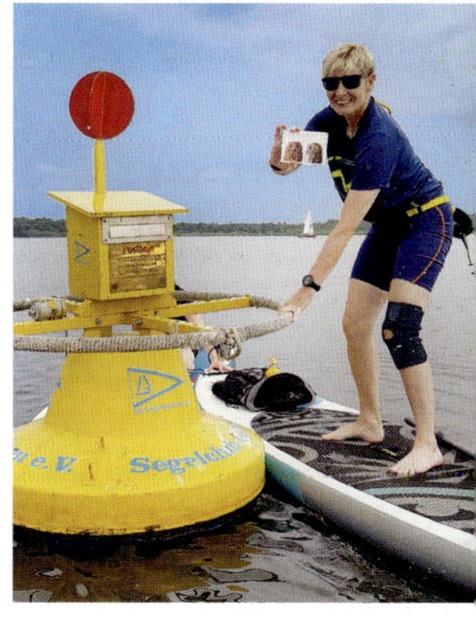

Diese Tour wird einiges an Kondition von uns erfordern! Mit direktem Kurs auf die **BADE-INSEL** geht es los. Dort genießen wir ein Bad im moorhaltigen, biologisch gesunden Wasser und paddeln weiter Richtung Osten bis zur Insel **WULVESKUHLEN** und zum **NATURSCHUTZ-GEBIET**. An den Bojen drehen wir nach Norden ab und kommen zu einem echten Highlight dieser Tour – mitten auf dem Steinhuder Meer befindet sich ein **SEEZEICHEN** der besonderen Art: der einzige **SCHWIMMENDE OFFIZIELLE POSTBRIEFKASTEN** Deutschlands. *Mit einem Sonderstempel versehen, tritt die Post ihre Reise zu dem jeweiligen Empfänger an. Rund 1.200 Postsendungen werden von hier auf die Reise geschickt.*

Nun steuern wir das **NORDUFER** an und kommen zum **SURFSTRAND** in **MARDORF**. Wer möchte, kann auf einen kurzen Drink Pause machen und hat sogar die Möglichkeit, mit einem Ausflugsboot zurück nach Steinhude zu fahren. Wir aber paddeln jetzt gegen den Wind zum **WESTLICHEN UFER**, an vielen kleinen Segelvereinen entlang, an denen munteres Treiben herrscht. Bald sind wir jedoch wieder in absoluter Natur. Hier gibt es nur den Wind, die Wellen und die Ufer mit ihrer abwechslungsreichen Vegetation.

Nach einem Abstecher in den **HAGENBURGER KANAL** fahren wir glücklich erschöpft wieder unserem **AUSGANGSPUNKT** entgegen. Entschleunigung pur . . ., wenn da nur nicht der Wind wäre.

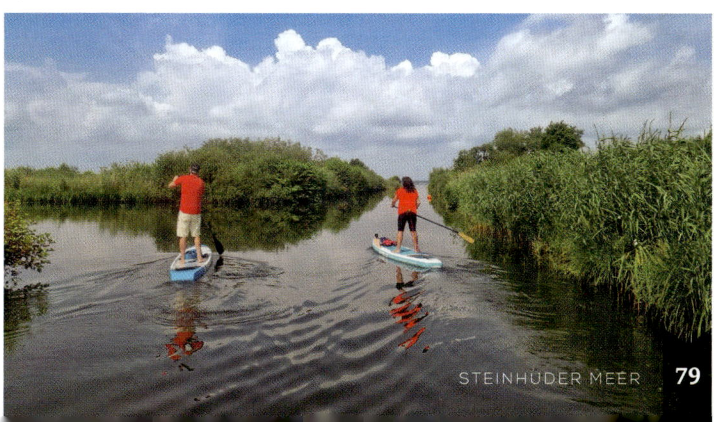

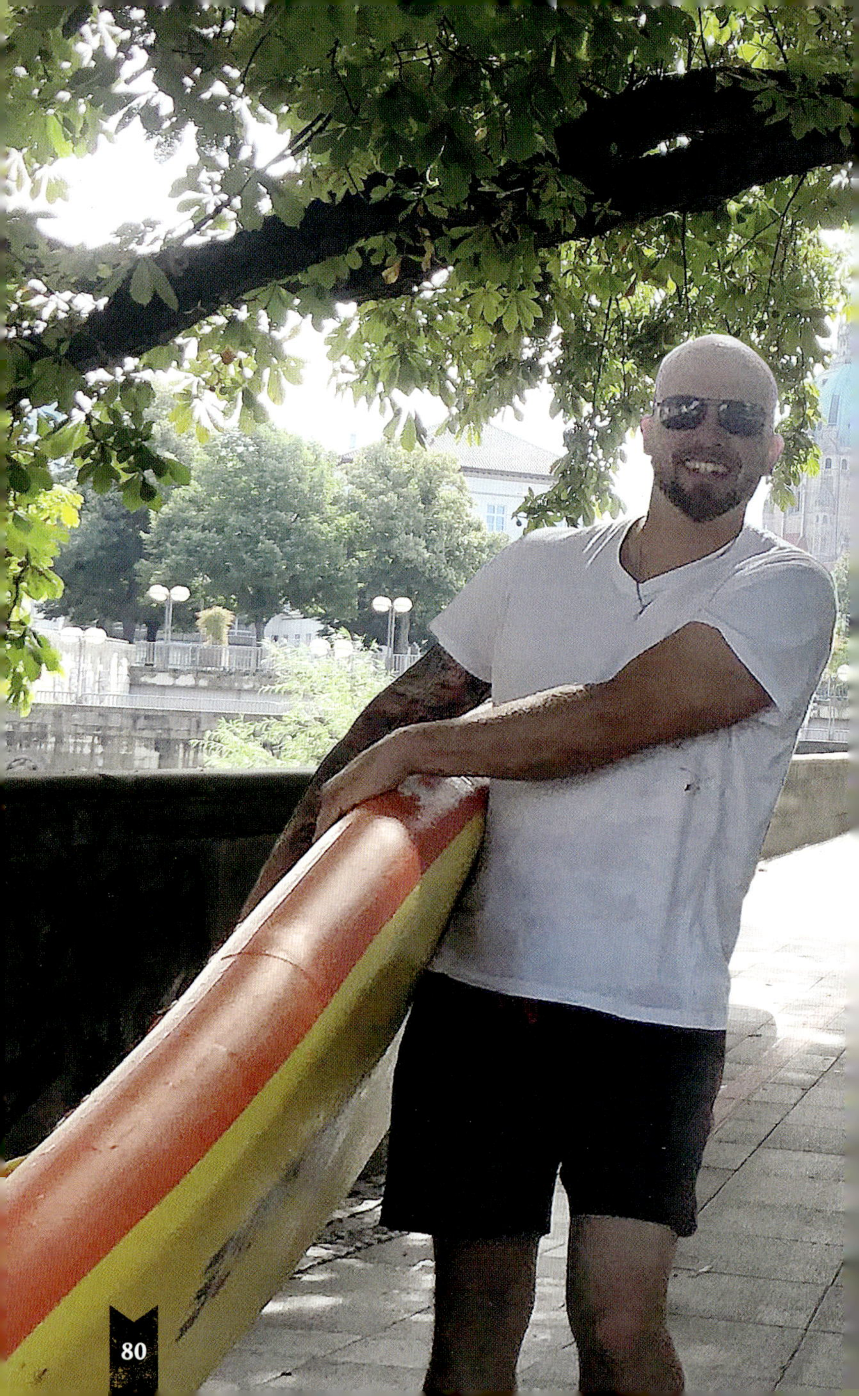

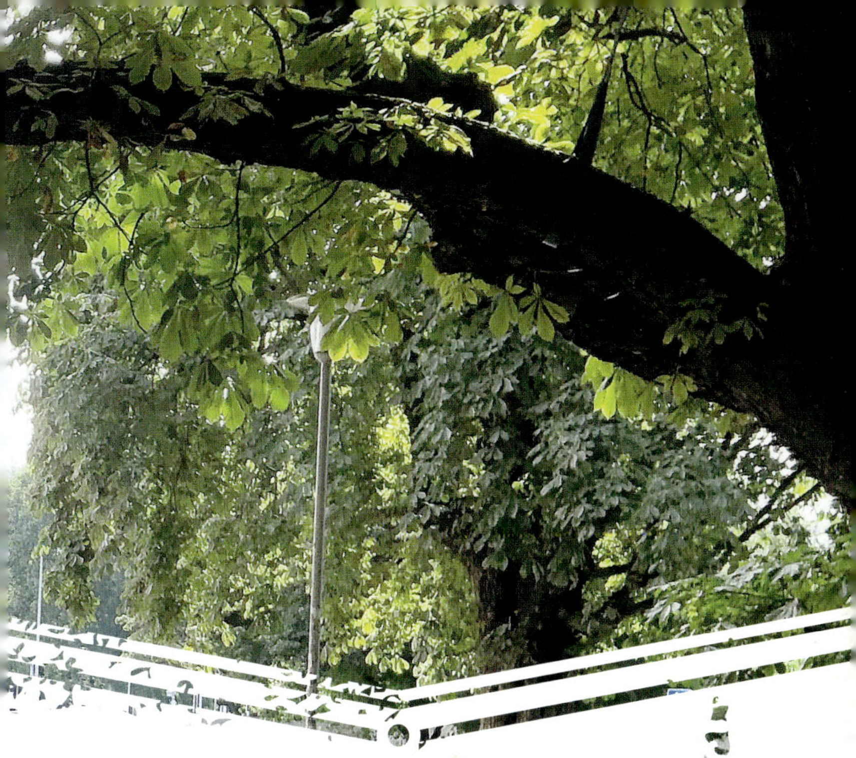

HANNOVER-RUNDE

ANSPRUCH

EINKEHR

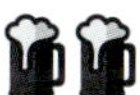

Eine Sightseeingtour durch die Landeshauptstadt mit ihrer Kombi aus maritimem Flair und Großstadtfeeling hat so Einiges zu bieten. Wollten Sie schon immer wissen, was es mit den „drei warmen Brüder" auf sich hat oder die „drallen Damen" kennenlernen? Hier bekommen Sie die Antwort.

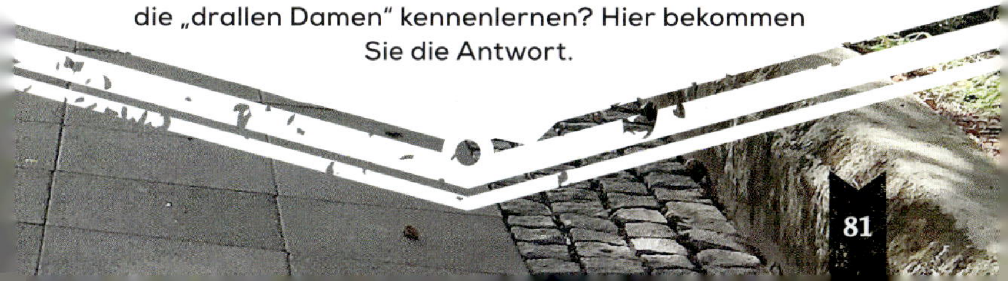

WIND & WETTER

Der Wind spielt auf dieser Tour in der Regel keine Rolle, da die Häuser und die Bäume einen hervorragenden Schutz bieten.

BEFAHRUNGSREGELN

Keine Regeln. Rücksichtnahme auf Flora & Fauna versteht sich von selbst.

WEHRE

Das **Leine-Wehr** vor dem Friedrichswall muss ca. 300 m umgetragen werden, Ausstieg am Holzsteg links.

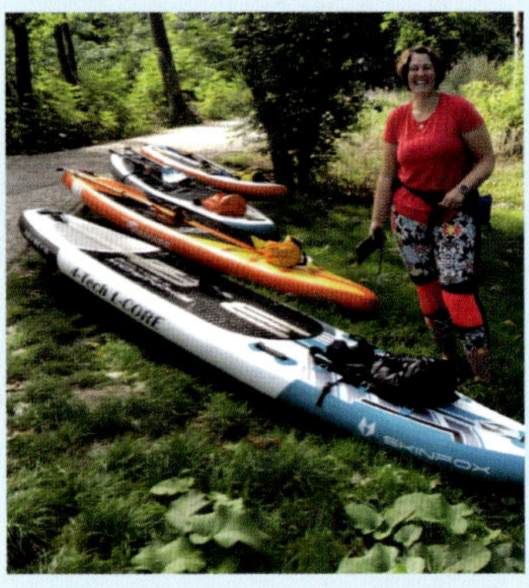

ANFAHRT PKW & PARKEN

Aus Richtung Norden kommend auf der B 6 (Westschnellweg) Richtung Hannover bis zum *Deisterplatz* fahren. Im Kreisverkehr 5. Ausfahrt *(Deisterstraße)* nehmen und gleich rechts abbiegen auf *Allerweg*. Hinter der Brücke über die Ihme nach rechts auf die *Beuermannstraße* – in Verlängerung *Ferdinand-Wilhelm-Fricke-Weg* – bis zum **PARKPLATZ** am Sportleistungszentrum *(Navi: Seufzerallee, 30169 Hannover)* fahren.

Aus Richtung Süden von der A 7 die Ausfahrt 58 (Hannover-Anderten) nehmen und auf der B65/B6 Richtung Hannover bis zum Landwehrkreisel. Im Kreisverkehr erste Ausfahrt *(Frankfurter Allee/B6/B65)* nehmen, im nächsten Kreisverkehr zweite Ausfahrt *(Friedrich-Ebert-Straße/B6)*. Gleich darauf rechts ab Richtung Zentrum auf der *Ritter-Brüning-Straße* bis zur Stadionbrücke und diese rechts abbiegen. Hinter der Brücke über die Ihme nach rechts auf die *Beuermannstraße* – in Verlängerung *Ferdinand-Wilhelm-Fricke-Weg* – bis zum **PARKPLATZ** am Sportleistungszentrum *(Navi: Seufzerallee, 30169 Hannover)* fahren.

ANFAHRT MIT ÖPNV

Vom Hbf *Hannover* ca. 260 m zur Bushaltestelle *Thielenplatz/Schauspielhaus*, von dort mit der Buslinie 100 bis *Stadionbad Hannover*. Dann ca. 650 m Fußweg entlang des Sportleistungszentrums über *Grete-Rosenberg-Wildhagen-Weg* und über die *Papageienbrücke* zum Steg an der Leine.

BADEN

- » **Baden** in **Leine** und **Ihme**.
- » Das **Strandbad Maschsee** mit Sandstrand & Liegewiese ist eines der beliebtesten Ausflugsziele in **Hannover**. www.das-strandbad.de
- » **aquaLaatzium** in **Hannover-Laatzen.** Schwimmbad, Erlebnis- und Sole-Außenbecken, Naturbadesee und schönste Saunalandschaft in der Region. www.aqualaatzium.de

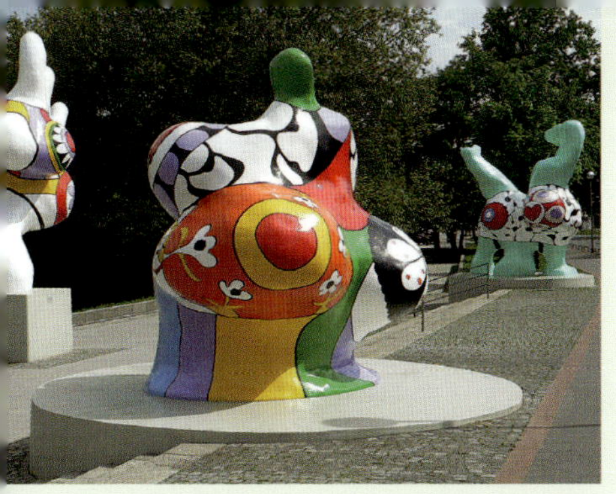

SEHENSWERTES IN HANNOVER

» Die **Herrenhäuser Gärten** sind ein touristisches Highlight und dürfen bei einem Besuch der Landeshauptstadt auf keinen Fall fehlen. Das Zusammenspiel aus Natur, Kunst und Ästhetik lassen das Herz höher schlagen.

» Die **Drei Nanas** von **Nikki de Saint Phalle** zählen zu den beliebtesten Fotomotiven. Ein unvergessliches, im Bild festgehaltenes Rendezvous mit diesen drei „drallen Damen“ bekommt man auf einen Spaziergang am **Leibnizufer.** Samstags findet an der **Skulpturenmeile** der älteste **Flohmarkt** Deutschlands statt (*Mär-Okt 10-18 Uhr,* www.altstadt-flohmarkt.de)

» Im **Erlebnis-Zoo Hannover** beobachten wir Kegelrobben, Pinguine und Eisbären aus nächster Nähe durch 39 große Panoramascheiben. Das ist allerdings nur ein kleiner Teil dieses außergewöhnlichen Konzeptes in dem sich die Tiere in der ihrem jeweiligen Lebensraum angepassten Umgebung bewegen. www.zoo-hannover.de

---

EXTRA-TIPPS IN HANNOVER

» Ein Besuch im **Neuen Rathaus** lohnt sich auf jeden Fall. Allein die Fahrt mit dem weltweit einmaligen **Bogenaufzug** zur 100 Meter hohen **Kuppel** ist ein Erlebnis. Oben angekommen, genießt man den **phantastischen Blick** über die Stadt und wenn das Wetter mitspielt, sogar bis zum Harz.

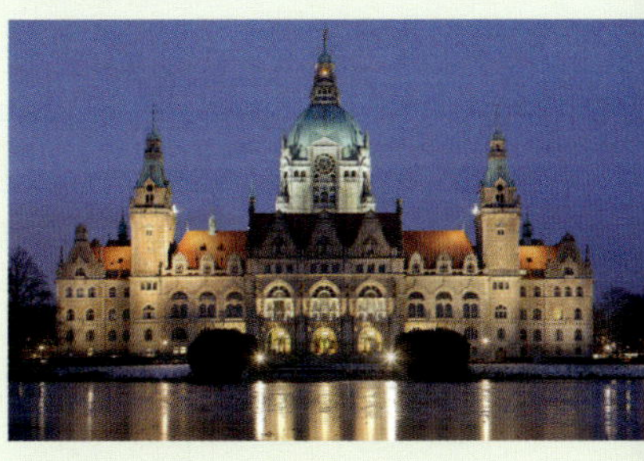

» In den Goldenen Zwanzigern gab es fast 500 Stände in der **Markthalle** – allein 179 Stände für Fleisch- & Wurstwaren. Heute kann man an rund 70 Ständen auf kulinarische Entdeckungsreise gehen *(Mo-Mi 7-20, Do+Fr 7-22, Sa 7-16 Uhr).* www.markthalle-in-Hannover.de

» Seit vielen Jahren präsentiert das **Kulturzentrum Faust** auf dem ehemaligen Gelände einer Bettfedernfabrik abwechslungsreiche Kultur-Events von **Musik** über **Theater** und **Literatur** bis hin zu **Kunst-Ausstellungen.** Im Sommer lockt der **Biergarten Gretchen** *(bei gutem Wetter ab 14, Sa+So ab 11 Uhr)* mit leckeren Pizzen. www.kulturzentrum-faust.de

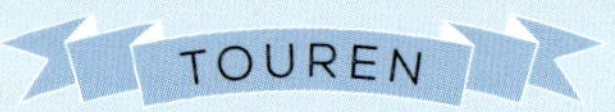

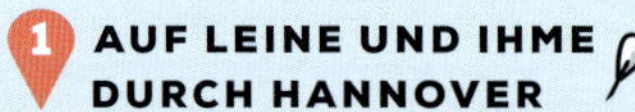

1 AUF LEINE UND IHME DURCH HANNOVER

(mit Tourbeschreibung Seite 85)

Auf dieser leichten Runde erlebt man Hannover aus einer nicht ganz alltäglichen Perspektive. Man paddelt an der grünen Landschaft der Innenstadt ebenso vorbei, wie am imposanten und geschichtsträchtigen Leineschloss.

| **LÄNGE** 10 km | **DAUER** 2:30-3 h

EIN- & AUSSTIEG

EINSTIEG Vom Parkplatz *(Seufzerallee, 30169 Hannover)* über die Papageienbrücke, 50 m zum Steg.

AUSSTIEG Komfortabler Ausstieg links vor dem Leine-Wehr Schneller Graben.

SUP-VERMIETUNG

1 LEINE-ERLBENIS, WESER-ERLEBNIS KANUTOURISTIK
SUP-Board Ausgabe (nach Anmeldung) am Sportleistungszentrum, Ferdinand-Wilhelm-Fricke-Weg 2B
Tel. (05533) 40 84 64
www.leine-erlebnis.de

ACHTUNG: Anmeldung mindestens 7 Tage vor der Tour

2 GOSUP!
Strandbar Strandleben, bei schönem Wetter: Mo-Fr ab 15, Sa+So ab 12 Uhr
Weddigenufer, 30167 Hannover
Tel. (0511) 12 35 70 95
www.spandauprojekt.de

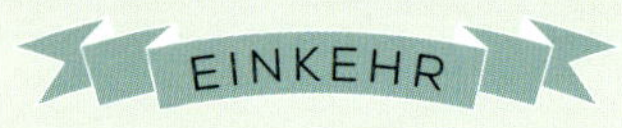

1 LORETTA'S
Culemannstr. 14, 30169 Hannover
Tel. (0511) 590 57 80
www.lorettas-hannover.de
Di-Fr 17-23, Sa+So 10-23 Uhr

KLASSIKER Die Frühstücksvariationen am Wochenende

2 STRANDBAR STRANDLEBEN
Weddigenufer, 30167 Hannover
Tel. (0511) 12 35 70 95
www.spandauprojekt.de
Bei gutem Wetter:
Mo-Fr ab 15, Sa & So ab 12 Uhr

KLASSIKER Kleine Snacks und eisgekühlte Drinks zu fairen Preisen

ÜBERNACHTUNG

1 DJH HANNOVER
Ferdinand-Wilhelm-Fricke-Weg 1
30169 Hannover
Tel. (0511) 12 35 90 80
www.jugendherberge.de/lvb-hannover

2 COURTYARD BY MARRIOTT HANNOVER MASCHSEE
Arthur-Menge-Ufer 3
30169 Hannover
Tel. (0511) 36 60 00
www.marriott.com/en-us/hotels/hajcy-courtyard-hannover-maschsee

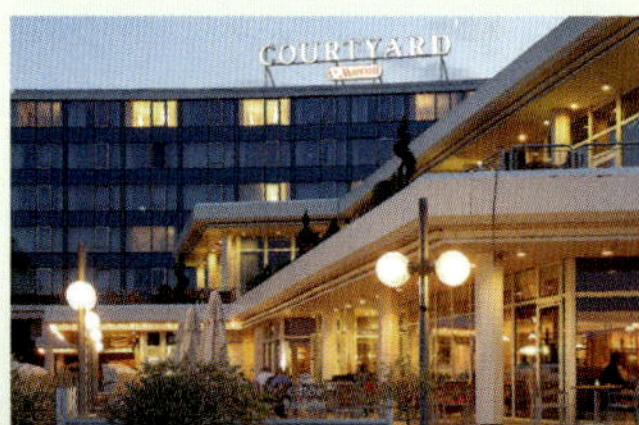

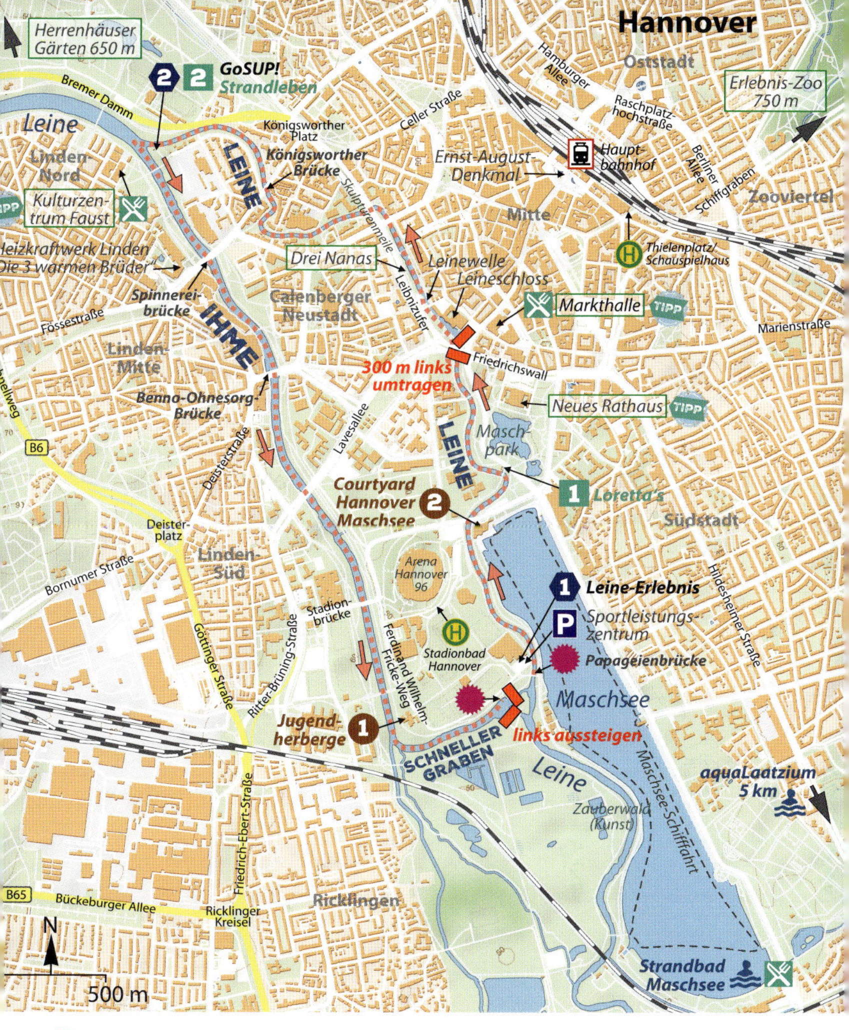

1 MARITIMES FLAIR, STRANDLEBEN UND GROSSSTADTFEELING

Das **SPORTLEISTUNGSZENTRUM** in **HANNOVER** mit dem Olympiastützpunkt Niedersachsen, wo auch **LEINE-ERLEBNIS** 1 zuvor bestellte SUPs ausgibt, ist genau der richtige Startpunkt für unsere Tour. Nach Überqueren der **PAPAGEIENBRÜCKE** haben wir rechts auch schon an einem Steg unsere **EINSETZSTELLE** in die **LEINE** erreicht und los geht's.

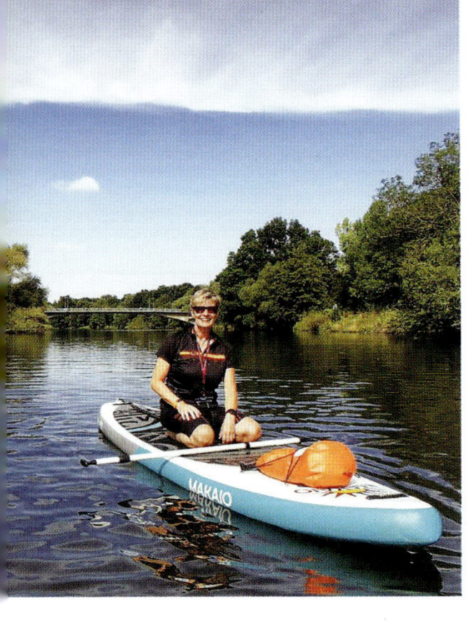

Wir paddeln mit dem Strom, parallel zum **MASCHSEE.** Nach wenigen Paddelschlägen kommen wir an der Heimat „der Roten“ vorbei, wie die Bundesligaspieler von Hannover 96 wegen des roten Heimtrikots genannt werden. Bevor wir uns aber in Fußballdiskussionen vertiefen, paddeln wir flugs weiter, vorbei an **LORETTA'S** 1, das kleine Milchhäuschen von 1936, wo man heute immer noch auf wunderschöner Terrasse am Wasser sitzt, auf dem schönen Abschnitt durch den **MASCHPARK**. Hier bekommen wir einen kleinen Eindruck davon, warum Hannover zu den grünsten Städten Deutschlands zählt. Mitten in der City liegt diese Oase zum Wohlfühlen.

Die Geräusche von Autoverkehr und ein Schild mit „Achtung **WEHRANLAGE** – Lebensgefahr“ macht uns darauf aufmerksam, dass wir hier **LINKS AUSSTEIGEN** müssen. Wir nehmen unser Board unter den Arm, passieren den Tunnel und kommen direkt am **LEINESCHLOSS** raus, wo der Niedersächsische Landtag seinen Sitz hat. Jetzt lohnt ein Blick zurück, denn von hier haben wir nochmal einen phantastischen Blick auf die Kuppel des **NEUEN RATHAUSES** TIPP. Seitlich der historischen Mauern, die die Leine an dieser Stelle einengen, tragen wir unsere Boards am Leineschloss entlang. Die 300 Meter lange Umtragung, die auch gute Gelegenheit bietet in die nahe **MARKTHALLE** TIPP einzukehren, haben wir schnell geschafft und schon setzen wir in den neu gestalteten Zugang ein. Seit Mai 2023 gibt es hier die **LEINEWELLE** – die erste halbnatürliche Flusswelle Deutschlands für Wellenreiter.

Wir verlassen den „Regierungsbereich“ und merken, dass die Leine nun deutlich mehr Strömung hat. Um die drei **„DRALLEN DAMEN“** von **NIKI DE SAINT PHALLE** am linken Ufer herrscht buntes und reges Treiben, denn jeden Samstag findet der kultige und älteste **FLOHMARKT** Deutschlands auf der **SKULPTURENMEILE** statt. Im weiteren Verlauf paddeln wir unter einer der am dichtesten befahrenen Straßen der Stadt hindurch und schon schlängelt sich die Leine wieder idyllisch durch die **CALENBERGER NEUSTADT.** Der Flussverlauf ist schmal und an den Seiten entdecken wir einige romantische Bootsstege mit den dazugehörigen Villen.

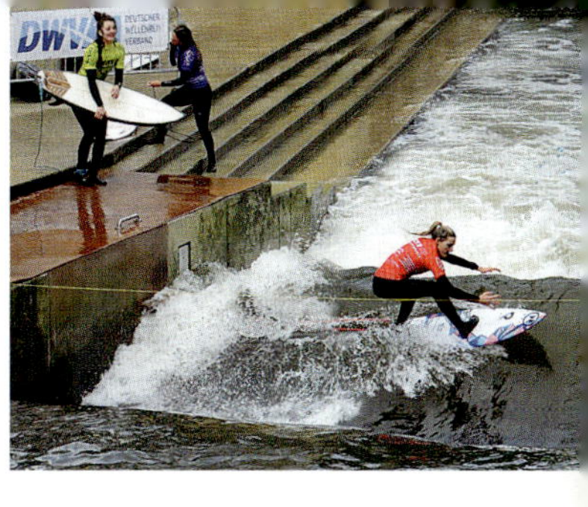

Die **KÖNIGSWORTHER BRÜCKE** fällt uns aufgrund ihrer vier verkupferten Prachtkandelabern sofort ins Auge. Sie gilt nicht umsonst als eine der schönsten Brücken Hannovers. Die Leine führt uns nun am **WEDDINGENUFER** entlang direkt zu einem beliebten Treffpunkt. An der Spitze des **LEINEDREIECKS**, wo die Ihme in die Leine mündet, liegt die hippe **STRANDBAR STRANDLEBEN** 2 *(ab 15 Uhr, Sa+So ab 12 Uhr)* und auch SUPs kann man mieten – **GOSUP!** 2. Hier müssen wir unbedingt einen Stopp einlegen und uns unter die gut gelaunten Gäste mischen. Wir ergattern einen der chilligen Liegestühle und genießen den unbezahlbaren Ausblick aufs Wasser. Auch wenn uns der Aufbruch schwerfällt, so freuen wir uns doch auf den weiteren Verlauf der Tour, die wir nun auf der **IHME** fortsetzen. Am westlichen Ufer liegt gleich das **KULTURZENTRUM FAUST** TIPP. Bei gutem Wetter hat der **BIERGARTEN GRETCHEN** geöffnet.

Unser Blick richtet sich nun nach vorn und schon erblicken wir die drei Schornsteine des **HEIZKRAFTWERKS LINDEN**, mittlerweile ein Kultobjekt und unter dem Spitznamen „Die drei warmen Brüder" bekannt.

Direkt rechts hinter der **SPINNEREIBRÜCKE** fällt unser Blick auf eine Bausünde aus den 1970er Jahren: Das **IHME-ZENTRUM**. Diese Betonburg, Wohn-, Einkaufs- und Bürozentrum, steht wegen seiner Sanierungspläne immer wieder im Fokus. Zwei Kilometer weiter geht es dann links um die Kurve in den **SCHNELLEN GRABEN**, der uns direkt zum Endpunkt der Tour am komfortablen Ausstieg am **LEINE-WEHR SCHNELLER GRABEN** bringt.

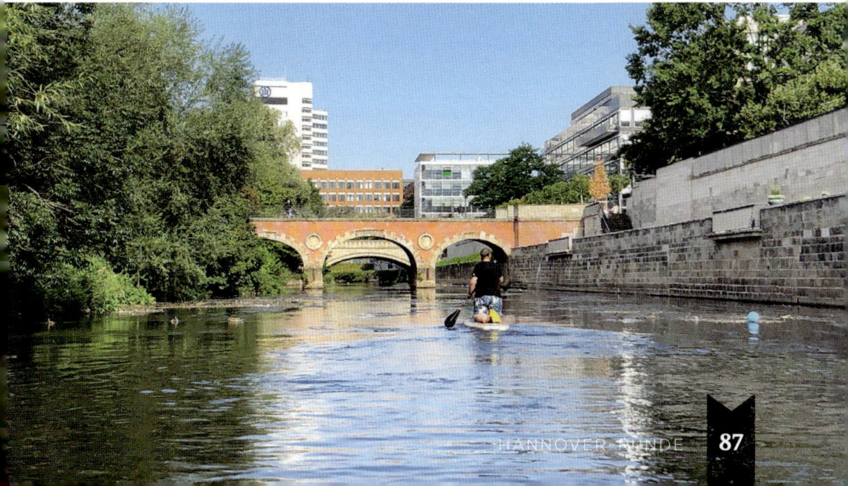

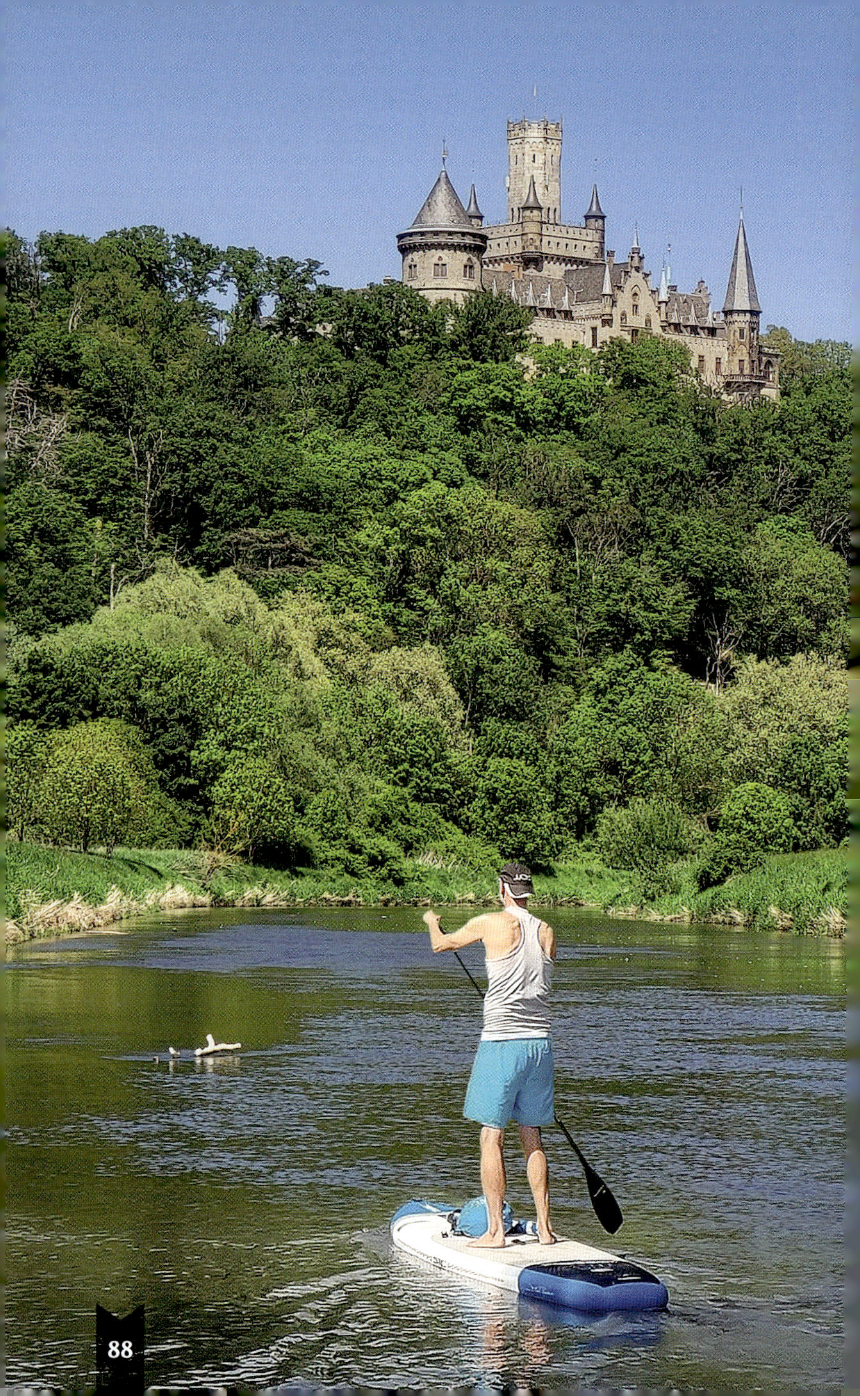

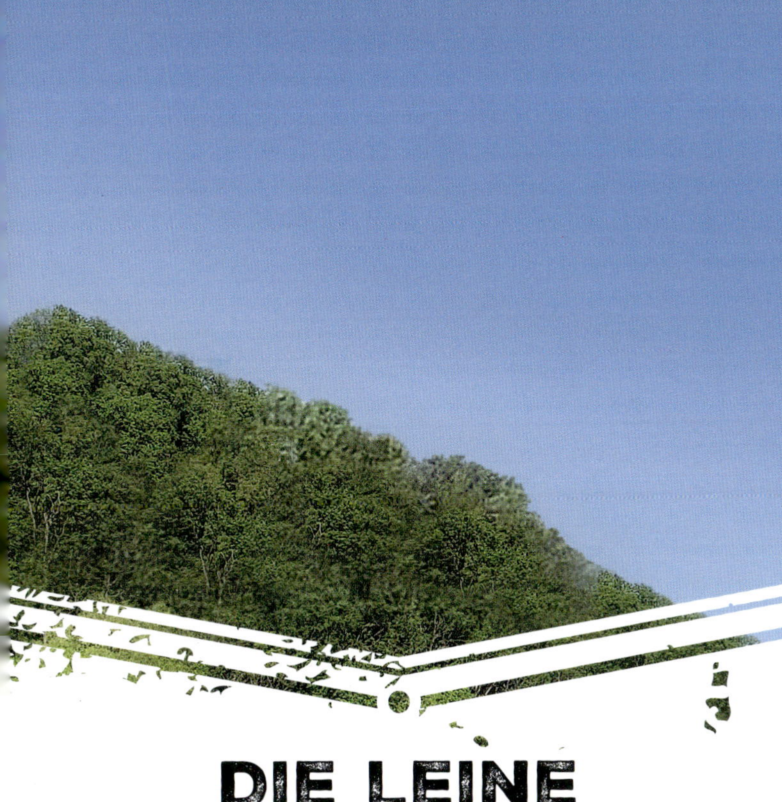

DIE LEINE

ANSPRUCH

EINKEHR

Zwischen Leinebergland und Innerstebergland, nördlich der Sieben Berge, ist man mit dem SUP entlang von Feuchtwiesen und Auenwäldern unterwegs und trifft über weite Strecken keinen Menschen. Aber es gibt auch einige Sehenswürdigkeiten zu bestaunen.

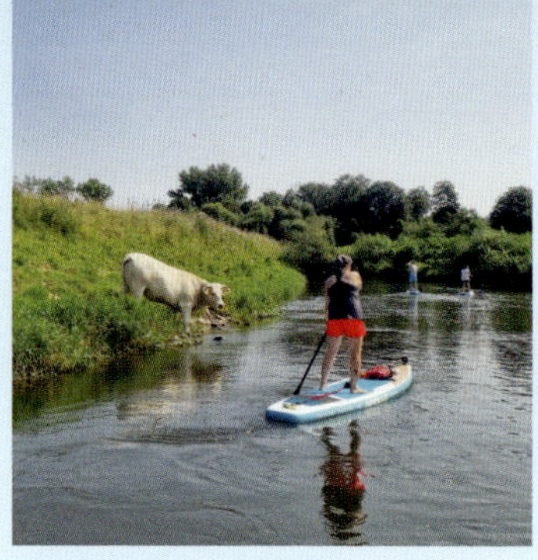

WIND & WETTER

Der Wind kann an Stellen, an denen Bäume keinen Schutz bieten, schon mal zu schaffen machen.

BEFAHRUNGSREGELN & SCHWIERIGKEITEN

Es gilt ein ganzjähriges **Uferbetretungsverbot** in der **Leineaue** zwischen Gronau und Burgstemmen.

Mehrere Stromschnellen – je nach Können paddelbar. Eine **heftige Stromschnelle** nach ca. 2 Kilometern sollte umtragen werden.

ANFAHRT PKW & PARKEN

Auf der B 3 bis Höhe Gronau fahren, dann auf der L 482 nach Gronau. Nach ca. 2,5 Kilometern rechts in die *Burgstraße* und bis zum Parkplatz *(Navi: Burgstr. 25, 31028 Gronau)* fahren.

PARKEN EINSTIEG ausreichend auf Parkplatz Burgstraße.

PARKEN AUSSTIEG einige Parkplätze unterhalb der Marienburg (Kreuzungsbereich K505/K210).

ZURÜCK ZUM PKW Vom Ausstieg zu Fuß 1,8 km zum Bf *Nordstemmen*, dort mit RB 77 zum Hbf *Hildesheim*, Umstieg in Bus 51 und bis *Gronau (Leine) Markt* fahren. Alternativen mit Ruf-Bus oder über Banteln, siehe bahn.de

ANFAHRT MIT ÖPNV

EINSTIEG Von Hbf *Hannover* RE 2 Richtung Göttingen bis Bf *Elze*. Dort Bus 67 Richtung Alfeld (Leine) bis *Gronau (Leine) Markt*. 300 m z. Einstieg.

AUSSTIEG 1,8 km Fußweg bis zum Bf *Nordstemmen*. Dort mit der RE 2 nach Hbf *Hannover*.

BADEN

- **Freibad Gronau** mit großzügigen Grünflächen, Liegen und Wasserrutsche. www.stadtwerke-gronau.de/baeder/parkfreibad-gronau
- **Freibad Eime:** Familiäres Freibad im Leinebergland. www.blauelaguneeime.de
- Chlorfreies **Naturbad Banteln.** Umweltgerechte Naturbadeanstalt. www.naturbad-banteln.de
- **Giftener See** – Baggersee bei **Sarstedt**. Besonders beliebt bei Surfern und Seglern.

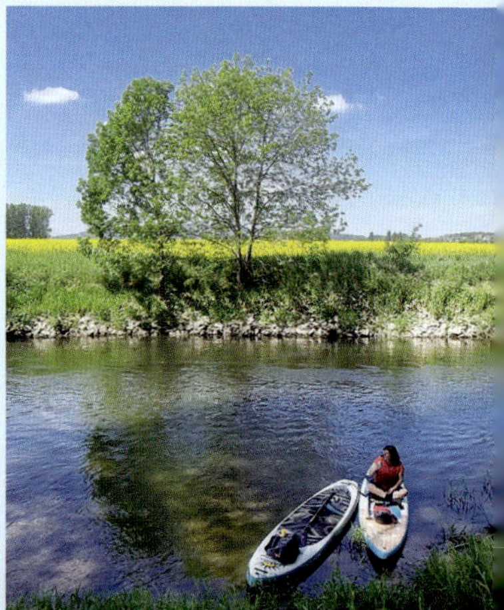

SEHENSWERT

» Das pittoreske Märchenschloss der Welfen – **Schloss Marienburg** – ist eines der bedeutendsten neugotischen Baudenkmäler Deutschlands und wird auch das **„Neuschwanstein des Nordens"** genannt. Heute ist es ein **Museum**, das in einer rund einstündigen Führung besichtigt werden kann. Zu sehen sind historisches Mobiliar, Gemälde und kunsthistorische Raritäten aus dem Besitz der königlichen Welfenfamilie. www.schloss-marienburg.de

---

 EXTRA-TIPPS

» Der unbesiedelte Höhenzug der **Sieben Berge,** durch den keine Straßen, sondern nur Forstwege und Wanderwege führen, kann zu Fuß erkundet werden. Hier verläuft auch der etwa 15 km lange **„Schneewittchenpfad".** Die beiden Aussichtstürme **Himmelbergturm** und **Ernst-Binnewies-Turm** eröffnen einen herrlichen 360°-Blick über das **Leinetal** nach Alfeld und nach Hannover oder bis zum Harzer Brocken. Die sympathische **„Kulturherberge Wernershöhe"** bietet Pilgern, Wanderern und Radfahrern eine Übernachtungsmöglichkeit. www.kulturherberge.de

» Der **Leinebergwald-Balkon** (20 Minuten Autofahrt von Gronau) ist die Schutzhütte des Leineberglands **mit dem beeindruckendsten Ausblick.** Hoch über dem **Külftal**, an der Nordseite des **Duinger Berges,** bietet sich ein grandioser Blick über das Leinebergland. Der **Höhenzug Külf** begeistert mit wenig begangenen **Wanderwegen**. Der 10 Kilometer lange **Kammweg** führt von Nord nach Süd und ist an vielen Stellen sehr schmal und besitzt steil abfallende Hänge.

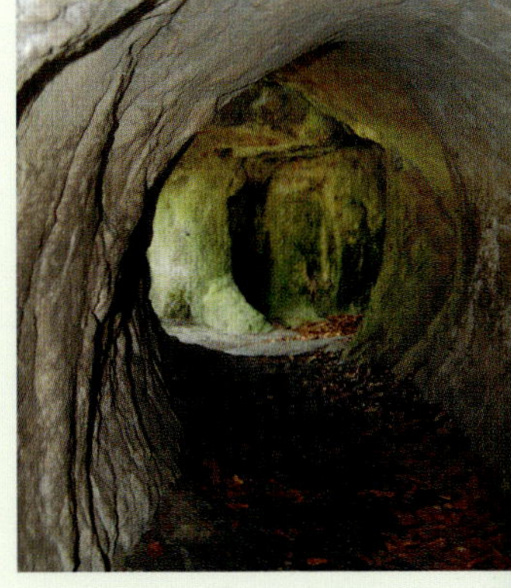

» Die **Lippoldshöhle** diente im Mittelalter als Burg. Mehrere Gänge verbinden Kammern sowie eine natürliche Felsspalte, den sogenannten „Schornstein", der ursprünglich als Einstieg gedient hat. In die Höhle gelangt man über eine Stahltreppe. Eine Taschenlampe sollte man aber im Gepäck haben. www.brunkensen.de/sehenswuerdigkeiten/index.htm

» Das **Wisentgehege** in **Springe** beheimatet neben den Wisenten auch eine riesige Anzahl an europäischen Tieren in naturnahen Gehegen. Ob Waschbär, Wild, Wisent oder Wolf. www.wisentgehege-springe.de

» In **Alfeld** steht mit dem **Fagus-Werk** der erste Industriebau der Moderne. *Das Werk wurde 1911 vom Architekten und Bauhausgründer Walter Gropius entworfen und ist seit seiner Gründung ununterbrochen in Betrieb.* 2011 wurde es von der UNESCO zum Weltkulturerbe erklärt. www.fagus-werk.com

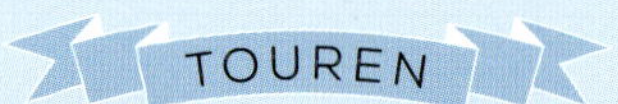

TOUREN

1 AUF DER LEINE VON GRONAU ZUM SCHLOSS MARIENBURG

(mit Tourbeschreibung Seite 92)

Eine Abenteuertour durch einen landschaftlich äußerst reizvollen Teil der Leine. Durchaus stärkere Fließgeschwindigkeit, einige Stromschnellen und spannende Natur mit vielen Hochstauden.

| **LÄNGE** 13,5 km | **DAUER** 3-4 h

EIN- & AUSSTIEG

EINSTIEG GRONAU An einem Holzsteg am Leine-Mühlengraben.

AUSSTIEG MARIENBURG
Naturnaher, bequemer Ausstieg unterhalb der Marienburg direkt unter der Straßenbrücke.

SUP-VERMIETUNG

1 LEINE-ERLEBNIS / WESER-ERLEBNIS KANUTOURISTIK
(Abholung in Heyen / Bodenwerder)
Esperder Str. 1, 37619 Heyen
Tel. (05533) 40 84 64
www.leine-erlebnis.de

ACHTUNG: Anmeldung mindestens 7 Tage vor der Tour

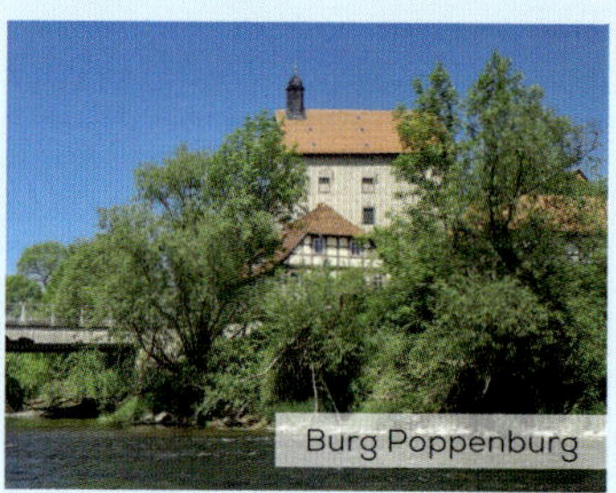
Burg Poppenburg

1 DURCHS MALERISCHE LEINEBERGLAND ZUM „NEUSCHWANSTEIN DES NORDENS“

Ein Klassiker im **LEINEBERGLAND** ist diese tolle Tour, die an einem schönen **HOLZSTEG** nahe der historischen Innenstadt von **GRONAU (LEINE)** beginnt. Noch nicht auf der Leine, aber am **LEINE-MÜHLENGRABEN**, der uns schon einen kleinen Vorgeschmack auf den abwechslungsreichen Verlauf gibt.

Die ersten paar Hundert Meter zeichnen sich durch dschungelähnliches Gelände aus. Der enge Mühlengraben schlängelt sich, bis er in der Leine mündet, um die **INNENSTADT** herum. Den Tennisplatz nebenan bemerken wir erst, nachdem uns ein Tennisball auf dem Board besuchen kommt. An der Mündung in die Leine nimmt die Strömung schnell an Fahrt auf und der Flussverlauf wird deutlich breiter. Bereits nach wenigen Paddelschlägen erreichen wir die erste **STROMSCHNELLE**. Das wird nicht die letzte sein, denn hiervon

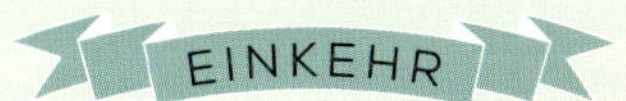

1 MIGUSTA
Junkernstr. 12b-14
31028 Gronau (Leine)
Tel. (05182) 94 83 44
www.migusta-feierlichkeiten-gronau.de
Di-So 11-14.30 & 17.30-23 Uhr

KLASSIKER Handgemachte Pasta

2 PINO STEINOFENPIZZA
Hauptstr. 51, 31028 Gronau (Leine)
Tel. (05182) 92 34 60
Do-Mo ab 17 Uhr

KLASSIKER Leckere Pizza zu günstigen Preisen

3 GASTHOF ZUR GRÜNEN AUE
Leintor 19, 31028 Gronau (Leine)
Tel. (05182) 24 72
www.zurgruenenaue.de
Do-Di ab 18, So 12-14 Uhr

KLASSIKER Niedersachsenteller – Schweinefilet, Zwiebelsahnekruste, Estragonsauce

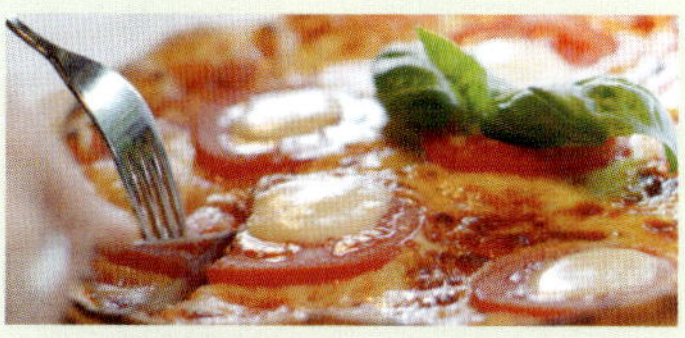

4 AKROPOLIS NORDSTEMMEN
Am Freibad 2, 31171 Nordstemmen
Tel. (05069) 480 24 90
Di-Sa ab 17, So 11.30-14.30+17.30-20 Uhr

KLASSIKER Leckere Gyros und saftige Bifteki auf der Terrasse mit herrlichem Blick auf die Marienburg

ÜBERNACHTUNG

1 SIEBEN-BERGE-HAUS
Feldstr. 1, 31028 Gronau
Tel. 0151-20 22 33 80
www.sieben-berge-haus.de

2 HOTEL CAFÉ PAPENHOF
Papendahlweg 14, 31008 Elze
Tel. (05068) 40 45
www.hotel-papenhof.de

gibt es einige auf der Strecke. Bevor wir sie im Wasser bezwingen, sollte vorher eine Besichtigung stattfinden. Zumindest eine der **STROMSCHNELLEN NACH CA. ZWEI KILOMETERN** auf der Leine, sollte aufgrund der heftigen Strömung und der im Wasser liegenden Felsen **UMTRAGEN** werden.

Die Landschaft vom Wasser aus zu erkunden, eröffnet immer wieder ganz neue Blickwinkel. So nehmen wir auf den nächsten Kilometern die Ruhe intensiv wahr und freuen uns über die vielen Enten und Schwäne, die neben uns herschwimmen und die Libellen, die uns umschwirren. Das **NATURSCHUTZ-**

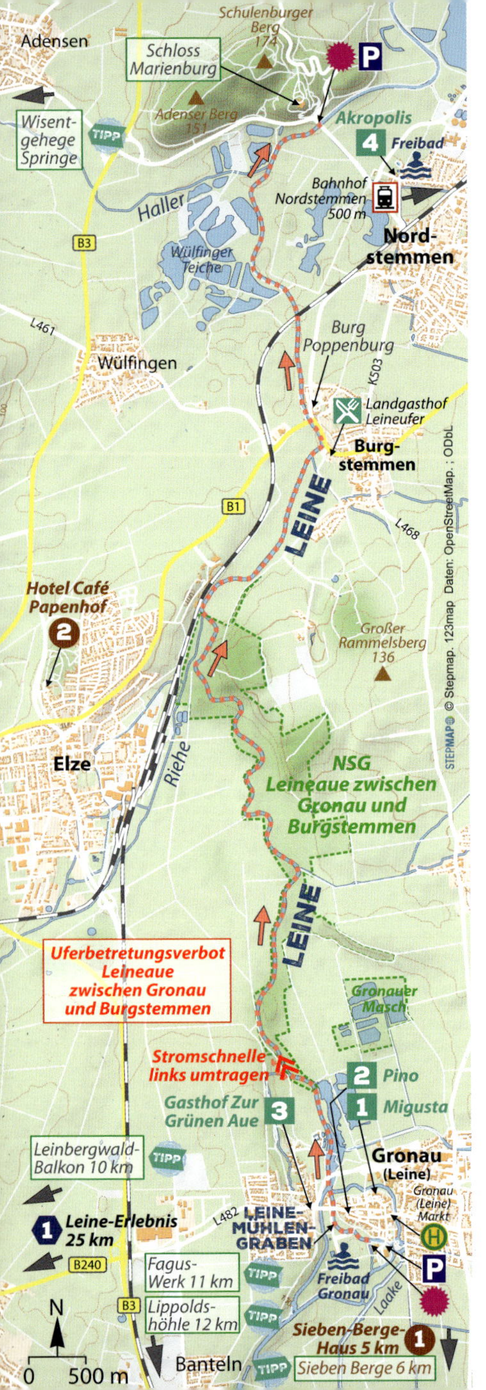

GEBIET „LEINEAUE ZWISCHEN GRONAU & BURGSTEMMEN", in dem ein **GANZJÄHRIGES UFERBETRETUNGSVERBOT** besteht, ist äußerst abwechslungsreich. Auch wenn wir die Streuobstwiesen, Gebüsche und Reste von Magerrasen oberhalb der steil abfallenden Hänge nur erahnen können, faszinieren uns die Nisthöhlen der Eisvögel an den Steilufern.

In diesem teils tief eingeschnittenen Flussbett paddelt man an heißen Sommertagen durch tolle Schattenplätze unter alten Bäumen. Während wir ganz in die Natur versunken sind, lassen wir den Ort **ELZE** links liegen und nehmen Kurs auf **BURGSTEMMEN**, wo wir direkt neben uns, am Ortsausgang, mit einem imposanten Blick auf die **BURG POPPENBURG** belohnt werden. Bei dem Anblick können wir uns gut vorstellen, dass *diese alte Königsburg den wichtigsten Handelsweg vom Rheinland nach Mitteldeutschland wunderbar geschützt hat.* Heute befindet sich hier ein Pflegeheim.

Der überwiegende Teil der reizvollen Strecke liegt nun bereits hinter uns und wir genießen die letzten Kilometer treibend in der Strömung. Dann taucht eindrucksvoll und direkt vor uns das pittoreske Märchenschloss der Welfen auf, die **MARIENBURG**.

Vom Wasser aus haben wir einen der besten Blicke auf sie. Herrlich gelegen, auf dem dicht bewaldeten **MARIENBERG** macht allein der Anblick Lust auf den bevorstehenden Besuch. An der flachen, naturnahen **AUSSTIEGSSTELLE** beenden wir die fantastische Tour mit dem absoluten Highlight **„NEUSCHWANSTEIN DES NORDENS"!**

REIZVOLLE VARIANTE (OHNE KARTE)

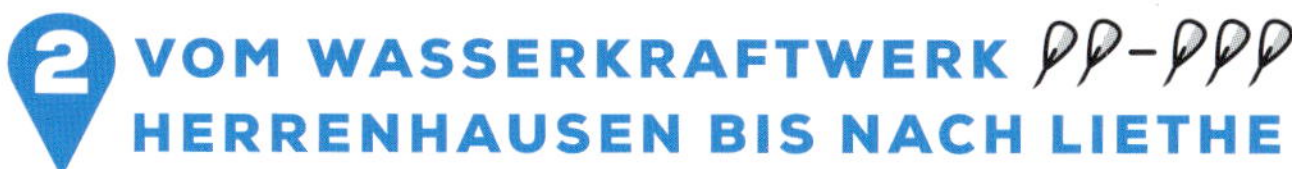

2 VOM WASSERKRAFTWERK HERRENHAUSEN BIS NACH LIETHE

| **LÄNGE** 33 km | **STRECKE** Hannover-Herrenhausen – Liethe | Diese flotte und stark mäandernde Strecke verläuft meist mitten durch eine abgeschiedene Wiesenlandschaft und ist mit kleinen Stromschnellen gespickt.

Höhepunkt der Tour ist das **WASSERSTRASSENKREUZ** in **SEELZE**. Während wir auf der **LEINE** paddeln, fließt direkt über uns der **MITTELLANDKANAL**. Auf Hannovers „Canale Grande", wie der Kanal von Einheimischen genannt wird, schippern die großen Frachter quer durchs Land. Ein beeindruckendes Gefühl unter diesem imposanten Bauwerk zu paddeln, während sich über einem Tausende Kubikliter Wasser in der **TROGBRÜCKE** befinden.

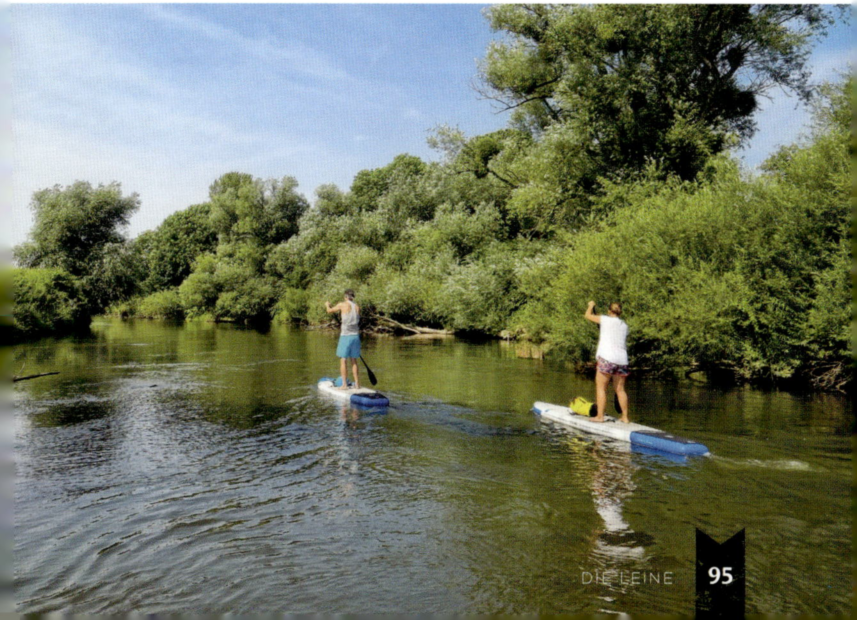

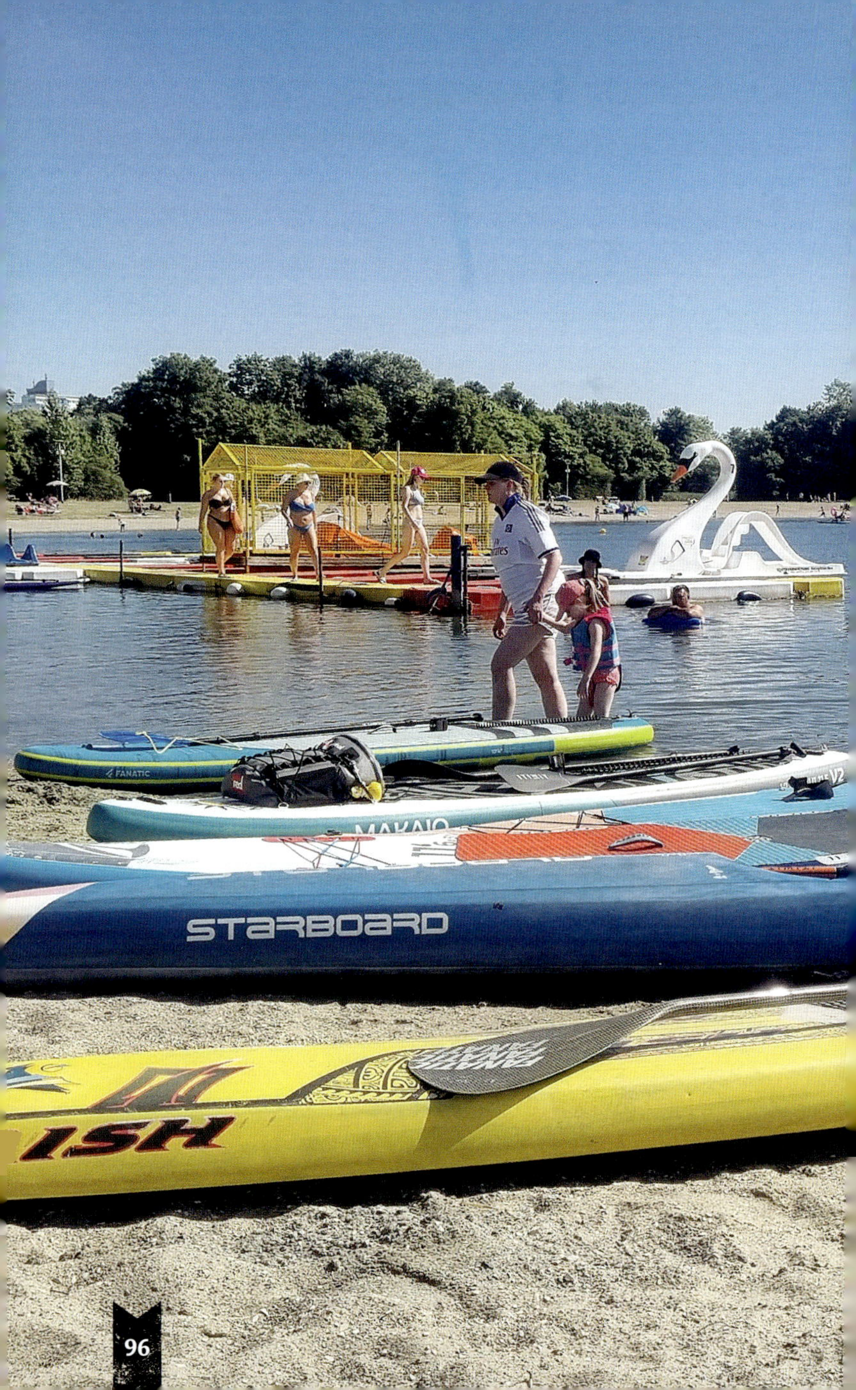
FANATIC
STARBOARD

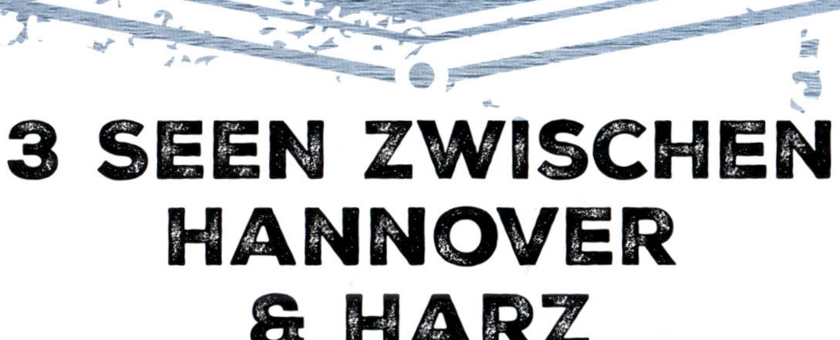

3 SEEN ZWISCHEN HANNOVER & HARZ

ANSPRUCH

EINKEHR

GIFTENER SEE – VIENENBURGER SEE – SALZGITTERSEE

Zwischen Heide und Harz gibt es viele Seen, wovon allerdings nur einige von Wassersportlern genutzt werden dürfen. Diese drei Gewässer sind ideal für kleine Touren und bereiten genauso viel Freude wie die große Schwester, das Steinhuder Meer. Alle Seen liegen in wunderschöner Natur – perfekt für gemütliches SUPen.

1 GIFTENER SEE

WIND & WETTER

Der Wind spielt auf den Badeseen in der Regel keine Rolle.

BEFAHRUNGSREGELN

Bitte beachtet die Verhaltensregeln, die am See ausgeschildert sind.

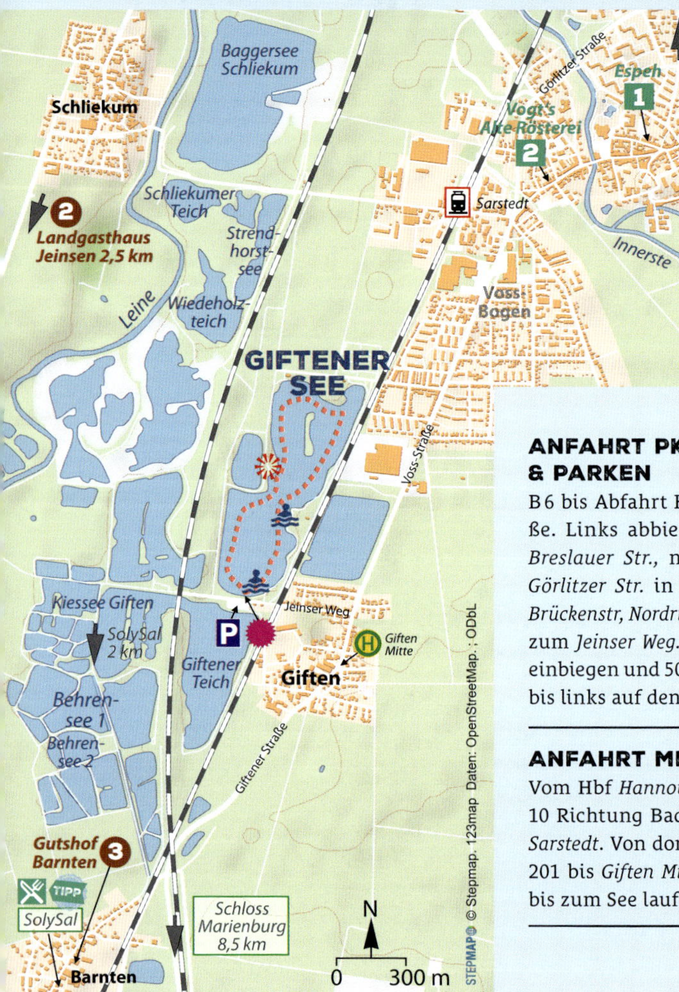

ANFAHRT PKW & PARKEN

B6 bis Abfahrt Helperder Straße. Links abbiegen und über *Breslauer Str.*, nach rechts in *Görlitzer Str.* in Verlängerung *Brückenstr, Nordring, Voss-Str.* bis zum *Jeinser Weg.* Diesen rechts einbiegen und 500 Meter folgen bis links auf den **PARKPLATZ**.

ANFAHRT MIT ÖPNV

Vom Hbf *Hannover* mit der RE 10 Richtung Bad Harzburg bis *Sarstedt*. Von dort mit dem Bus 201 bis *Giften Mitte* und 700 m bis zum See laufen.

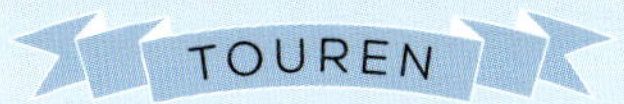

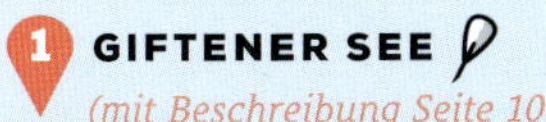

(mit Beschreibung Seite 100)

Entspannte Tour von der Badestelle im Süden einmal rundum an den schönen Uferzonen entlang. **Anfängertipp!**

| **LÄNGE** ca. 3 km | **DAUER** 1 h

EIN- & AUSSTIEG

Direkt am Parkplatz über den flachen kleinen Sandstrand.

SUP-VERMIETUNG

Keine.

EXTRA-TIPP

» Rund 30 Min. Fußweg (2,7 km) sind es zwischen den Seen entlang zum **„SolySal – Schönes aus dem Süden“** – Ein Wohlfühlort in einem 400 Jahre alten „Edelhof“ im Dorf **Barnten.** Das Lädchen führt Artikel aus Südeuropa, die manch einem den Urlaub ins Gedächtnis rufen, und das **Hof-Café** verwöhnt mit herrlichen Kaffee- und Tee-Spezialitäten. Wer Glück hat, schaut gerade vorbei, wenn el Maestro de la Paella – Vicente Hernandez – seine gußeiserne Pfanne in Betrieb nimmt (www.solysal.de).
Wer dann zu müde ist, um weiterzufahren, findet vielleicht ein Zimmer nebenan im **Gutshof Barnten** mit hofeigenen Produkten im **Hofladen** (www.gutshof-barnten.de).

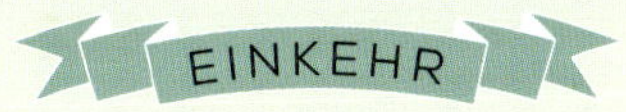

1 GIFTENER SEE

1 ESPEH – RESTAURANT, BAR & BIERGARTEN

Weberstr. 12, 31157 Sarstedt
Tel. (05066) 695 45 15
www.espeh.eatbu.com
Tägl. ab 17 Uhr

KLASSIKER Polnische Pierogi

2 VOGT'S ALTE RÖSTEREI

Holztorstr. 27, 31157 Sarstedt
Tel. (05066) 69 34 87
www.vogtsalteroesterei.de
Do, Fr, So ab 14 Uhr

KLASSIKER
Leckere Kuchen und Torten

ÜBERNACHTUNG

1 HOTEL HEISEDE
Heiseder Str. 11
31157 Sarstedt/OT Heisede
Tel. (05066) 695 77 29
www.hotel-heisede.de

2 LANDGASTHAUS JEINSEN
Calenbergerstr. 7
30982 Pattensen/Jeinsen
Tel. (05066) 639 07
www.landgasthaus-jeinsen.de

3 GUTSHOF BARNTEN
FeWo, Hofladen, Kulturscheune
Landesstraße 14
31171 Nordstemmen/OT Barnten
Tel. 01575-791 08 62
www.gutshof-barnten.de

1 GIFTENER SEE

Mitten im **SARSTEDTER** Naherholungsgebiet liegt der schöne **GIFTENER SEE.** Aus einem **KIESABBAUGEBIET** ist eine Seenplatte entstanden, die nicht nur uns SUPern ein Paradies beschert, sondern auch einen vorzüglichen Lebensraum für Wasservögel bietet. Um den Tieren ihre Ruhe zu lassen, ist die kleine **INSEL** mitten im See auch tabu und **DARF NICHT BETRETEN WERDEN.** Da die kleineren Seen um den Giftener See herum verpachtet sind, dürfen sie nicht bepaddelt werden.

In wunderbarer Natur – Schilf, Bäume und ein kleiner Strand – drehen wir hier unsere Runde auf der 30 Hektar großen Seefläche und nehmen Rücksicht auf die Segler und Surfer, die dieses Kleinod genauso schätzen wie wir.

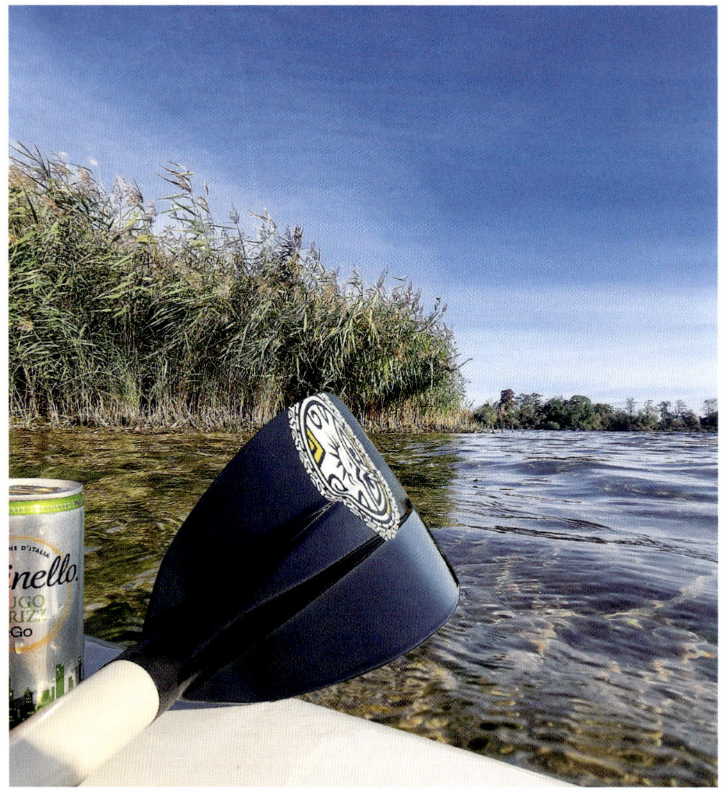

VIENENBURGER SEE

WIND & WETTER

Der Wind spielt auf den Badeseen in der Regel keine Rolle.

BEFAHRUNGSREGELN

Bitte die am See ausgeschilderten Verhaltensregeln beachten.

ANFAHRT PKW & PARKEN

A 36 bis Ausfahrt 12 (Vienenburg). Der B 241 bis Vienenburg folgen. Dort rechts ab in den *Schachtweg* und diesem folgen bis rechts zum **PARKPLATZ SEGLERVEREIN**.

ANFAHRT MIT ÖPNV

Vom Bf *Goslar* mit RB 43 Richtung Braunschweig bis Bf *Vienenburg*. Über die Brücke, durch den Park etwa 300 m bis zum Café *Rosarium am See (auch SUP- & Tretbootvermietung)*. Dort den kleinen Weg links zum Einstieg nehmen.

EXTRA-TIPPS

» Das **Kloster Wöltingerode** liegt im **Goslar**er Stadtteil **Vienenburg.** *Im Jahre 1174 als Benediktinerkloster gegründet, wurde es ab 1188 ein Kloster für Zisterzienserinnen.* Heute wird es als **Klosterhotel** mit Gastronomie, **Hofladen** und **Brennerei** betrieben, ist eine Station auf dem **Harzer Klosterwanderweg** und bietet im **Lachs-Infocenter** eine Erlebnis-Ausstellung. www.kloster-brennerei-woeltingerode.de

» Das **Eisenbahnmuseum Vienenburg** ist im Empfangsgebäude des ältesten, noch erhaltenen Bahnhof Deutschlands aus dem Jahre 1840 untergebracht. Hier erfährt man Interessantes über die Geschichte der Eisenbahn in Deutschland und über den Bau der Ersten Deutschen Staatseisenbahn. www.eisenbahn-museum-vienenburg.de

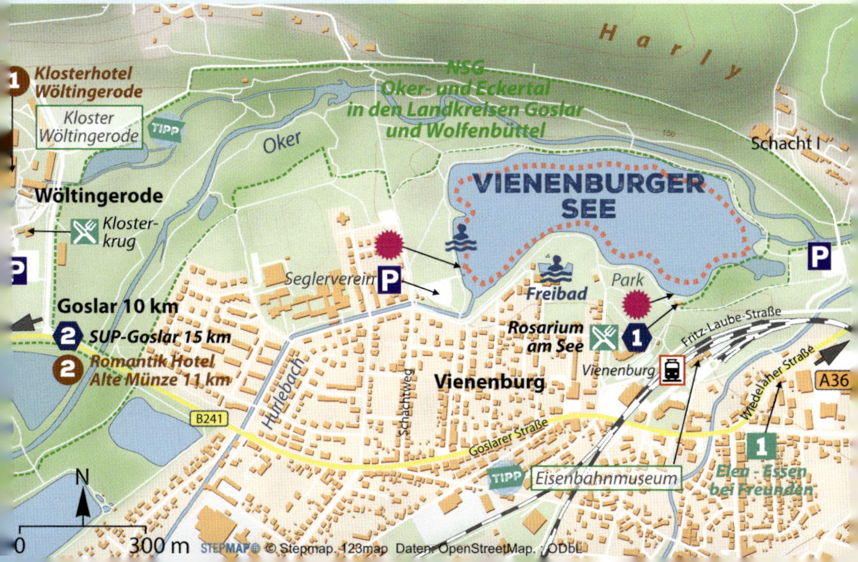

Harly
1 Klosterhotel Wöltingerode
Kloster Wöltingerode
NSG Oker- und Eckertal in den Landkreisen Goslar und Wolfenbüttel
Oker
Schacht I
VIENENBURGER SEE
Wöltingerode
Klosterkrug
Seglerverein
Freibad
Park
Goslar 10 km
2 SUP-Goslar 15 km
2 Romantik Hotel Alte Münze 11 km
Rosarium am See
1
Fritz-Laube-Straße
Vienenburg
Wiedelaher Straße
A36
Hurlebach
Schachtweg
B241
Goslarer Straße
Eisenbahnmuseum
1 Elen - Essen bei Freunden
N
0 300 m

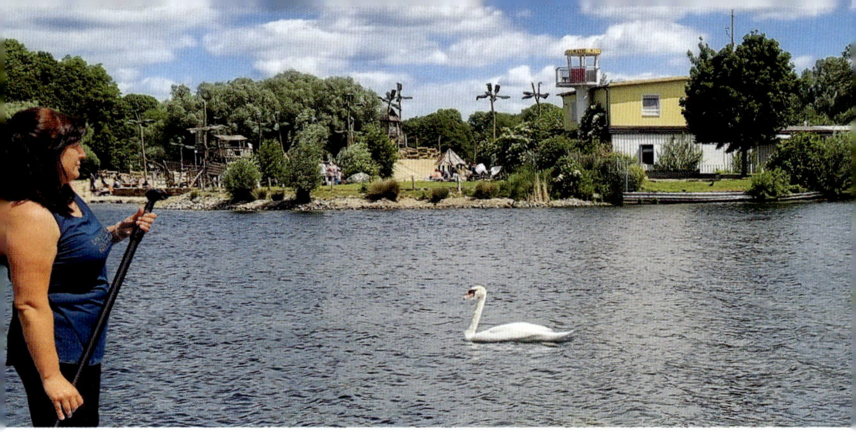

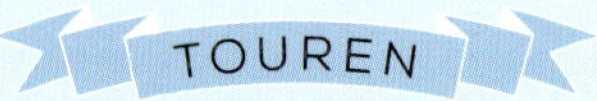

TOUREN

2 VIENENBURGER SEE

(mit Beschreibung Seite 103)

Schöne ruhige Runde auf dem idyllisch gelegenen See unterhalb des Harlybergs. **Perfekt für Anfänger!**

| **LÄNGE** 2 km | **DAUER** 0:45 h

EIN- & AUSSTIEG

Am betonierten Steg links neben dem Segler-Steg.

Bei Anreise mit ÖPNV steigt man neben dem Rosarium am See ein.

SUP-VERMIETUNG

1 ROSARIUM AM SEE
Heilerstr. 30, 38690 Goslar/Vienenburg, Tel. (05324) 71 70 90
facebook.com >Rosarium am See

2 SUP-GOSLAR
Am Sportplatz 11, 38644 Goslar-Jerstedt, Tel. 0171-275 92 61
www.sup-goslar.de

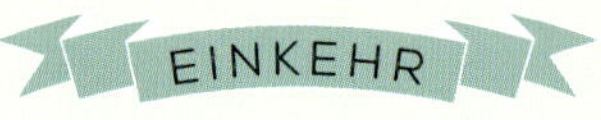

EINKEHR

2 VIENENBURGER SEE

1 ELEA – ESSEN BEI FREUNDEN
Wiedelaher Str. 6
38690 Goslar/Vienenburg
Tel. (05324) 780 60 66
www.elea-vienenburg.de
Mi-Sa 17.30 -21.30, So 12-14.30 Uhr

KLASSIKER Souvlakia

ÜBERNACHTUNG

1 KLOSTERHOTEL WÖLTINGERODE
Wöltingerode 3
38690 Goslar/Wöltingerode
Tel. (05324) 77 44 60
www.klosterhotel-woeltingerode.de

2 ROMANTIK HOTEL ALTE MÜNZE
Münzstr. 10-11, 38640 Goslar
Tel. (05321) 225 46
www.hotel-muenze.de

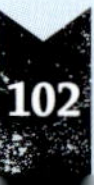

2 VIENENBURGER SEE

Als künstlich geschaffener **BAGGERSEE** im Goslarer Ortsteil **VIENENBURG** ist der See mit 700 Metern Länge und einer Breite von ca. 250 Metern ein beliebtes Ausflugsziel. Neben Paddel- & Tretbooten sind hier auch Segler und Surfer unterwegs, die sich mit uns dieses Kleinod teilen. Aufpassen müssen wir auch auf die Angelruten der Petrijünger, die oft weit in den See hineinragen.

Dieser See ist landschaftlich besonders schön, da er an der gesamten Nordseite vom kleinen **HÖHENZUG HARLY** flankiert wird. Reizvoll ist es, die SUP-Runde mit einer Wanderung auf diesen 256 Meter hohen und rund 6,5 km² großen bewaldeten **HARLYBERG** mit seiner artenreichen Tier- und Pflanzenwelt zu verbinden. Mit etwas Glück kann man sogar die dort lebende Wildkatze und verschiedene Fledermausarten beobachten.

SALZGITTERSEE

WIND & WETTER

Der Wind spielt auf dem Badesee in der Regel keine Rolle.

BEFAHRUNGSREGELN

Bitte beachtet die Verhaltensregeln, die an dem See ausgeschildert sind.

ANFAHRT PKW & PARKEN

Auf der A39 die Ausfahrt 42 (Salzgitter-Lichtenberg) nehmen. Je nach Abfahrt auf Straße *Angergraben/John-F.-Kennedy-Str* zur *Erich-Ollenhauser-Straße,* dieser bis zum Ende folgen. Hier links und nach 100 m rechts zum **PARKPLATZ WAKEPARK.**

ANFAHRT MIT ÖPNV

Vom Bf *Salzgitter-Lebenstedt* mit dem Bus 616 *(Mo-Sa) / Sonntag* AST 609 (Anruf-Sammel-Taxi verkehrt nur bei Anmeldung bis 45 Min. vor Fahrt, Tel. 0800-333 20 20) bis Haltestelle *Fredenberg (Salzgitter) Eissporthalle* fahren. Von dort sind es ca. 10 Minuten (850 m) Fußweg zum Einstieg.

Oder vom Bf *Salzgitter-Lebenstedt* mit Bus 608/609 *(Mo-Sa, Sonntag AST 609)* zur Haltest. *Reppner (Salzgitter) Abzw. Am Kiehwinkel* am Nordufer des Sees.

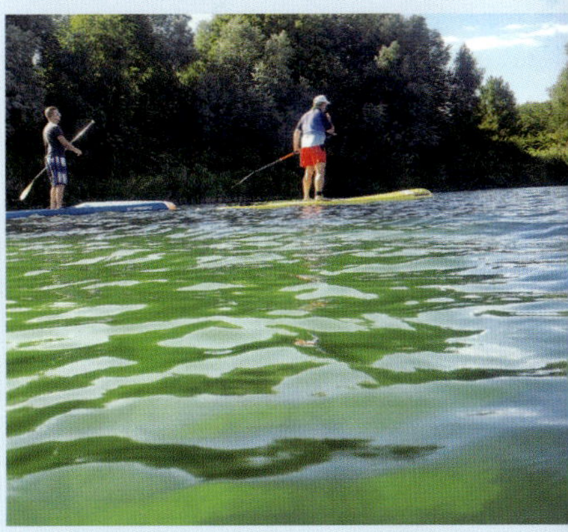

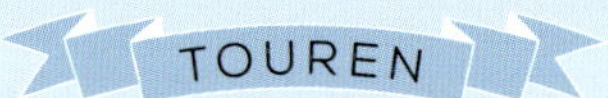

3 SALZGITTERSEE 

(mit Beschreibung Seite 105)

Eine Runde um den See, vorbei an der Wasserskianlage und entlang der Insel, dann unter der imposanten Salzgitterseebrücke durch.

| **LÄNGE** 5 km | **DAUER** 1:30-2 h

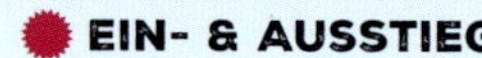

EIN- & AUSSTIEG

Wenige Meter vom Parkplatz am Wakepark über den flachen Sandstrand.

SUP-VERMIETUNG

1 NAVENTURE
Riedestr. 8
38239 Salzgitter-Thiede
Tel. 0176-20 02 71 44
www.naventure.de

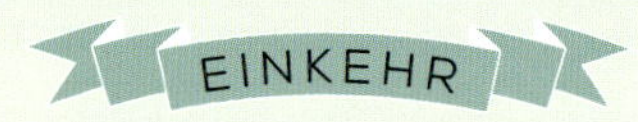

3 SALZGITTERSEE

1 PLAKA II AM SEE
Westfalenstr. 42, 38226 Salzgitter
Tel. (05341) 455 44
plaka-ii-am-see.business.site
Di-Fr 17-22, Sa+So 12-14.30+17-22.30

KLASSIKER
Lammfleisch mit Auberginen

2 LILLI'S CAFÉ
Thiestr. 18, 38226 Salzgitter
Tel. (05341) 939 43 90
Tägl. 9-14 Uhr

KLASSIKER Türkisches Frühstück

ÜBERNACHTUNG

1 HOTEL AM SEE
Kampstr. 37, 38226 Salzgitter
Tel. (05341) 189 00
www.hotelamsee.com

EXTRA-TIPPS

» Das **Städtische Museum Salzgitter** ist im 1608 erbauten **Schloss Salder** untergebracht. Schwerpunkt liegt auf der Geschichte des Salzgittergebietes, von der Erdgeschichte bis zum Ende des 20. Jh.. Der „Star" der Abteilung Geologie ist ein **Fischsaurier** (Ichthyosaurier), der in der Unterkreidezeit vor 115 Mio. Jahren lebte, und dessen Skelett 1940 in Salzgitter beim Erzbergbau unter Tage entdeckt wurde. www.salzgitter.de >Museum Schloss Salder.

» **Burg Lichtenberg („Heinrichsburg")** *gehörte zu den bedeutendsten Anlagen ihrer Art seit Heinrich des Löwen (1129-1195). Auf steiler Bergkuppe des Salzgitter-Höhenzuges gelegen, diente sie dem Braunschweiger Welfen-Herzog zur Sicherung seiner Machtbasis gegen die Nachbarn der Bischofsstadt Hildesheim und dem kaiserlichen Goslar.* Eine **Aussichtsplattform** bietet einen herrlichen Blick, bei guter Fernsicht weit übers Land, im **Bergfried** wartet eine **Dauerausstellung**. www.salzgitter.de/tourismus/sehenswertes/burgruine.php

3 SALZGITTERSEE

Man kann ihn schon als Wassersportzentrum beschreiben, den **SALZGITTERSEE**. Mit seinen 75 Hektar wird er von SUPern, Seglern, Surfern, Kanuten, Ruderern, Wakeboardern und auch Tauchern geschätzt. Durch seine hervorragende Wasserqualität ist er auch als **BADESEE** beliebt. Wir haben hier ein wunderschönes Revier, in dessen Mitte sich eine **INSEL** befindet. An einigen Stellen können wir anlanden und bei einem Päuschen das Treiben auf dem Wasser beobachten.

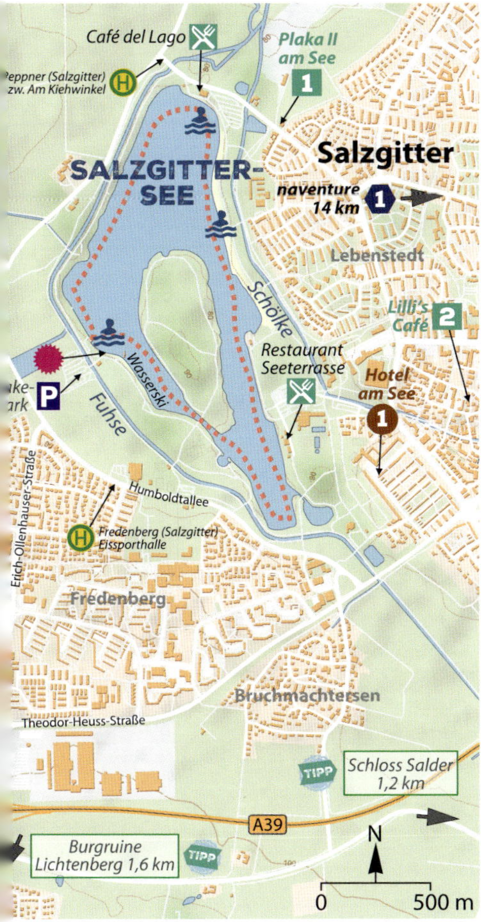

Während des SUPens können wir uns vom **FISCHREICHTUM** des Sees überzeugen. Durchs klare Wasser sehen wir viele Exemplare, auch größere, wie Karpfen und Hecht. Es ist schon ein besonderes Erlebnis, wenn so ein „Brocken" neben einem schwimmt, während wir unsere Bahnen ziehen. Auch staunten wir nicht schlecht, als plötzlich, ca. 10 Meter vor uns, zwei Taucher aus dem Nichts erscheinen.

Ein weiteres Highlight gibt es zu bewundern, welches uns SUPern allerdings verborgen bleibt: Ein **UNTERWASSERPARCOURS** mit Objekten, die speziell zur Navigation unter Wasser installiert wurden. Insgesamt ist es ein See, der sehr viel Spaß macht und sich für einen Ausflug mit der ganzen Familie eignet.

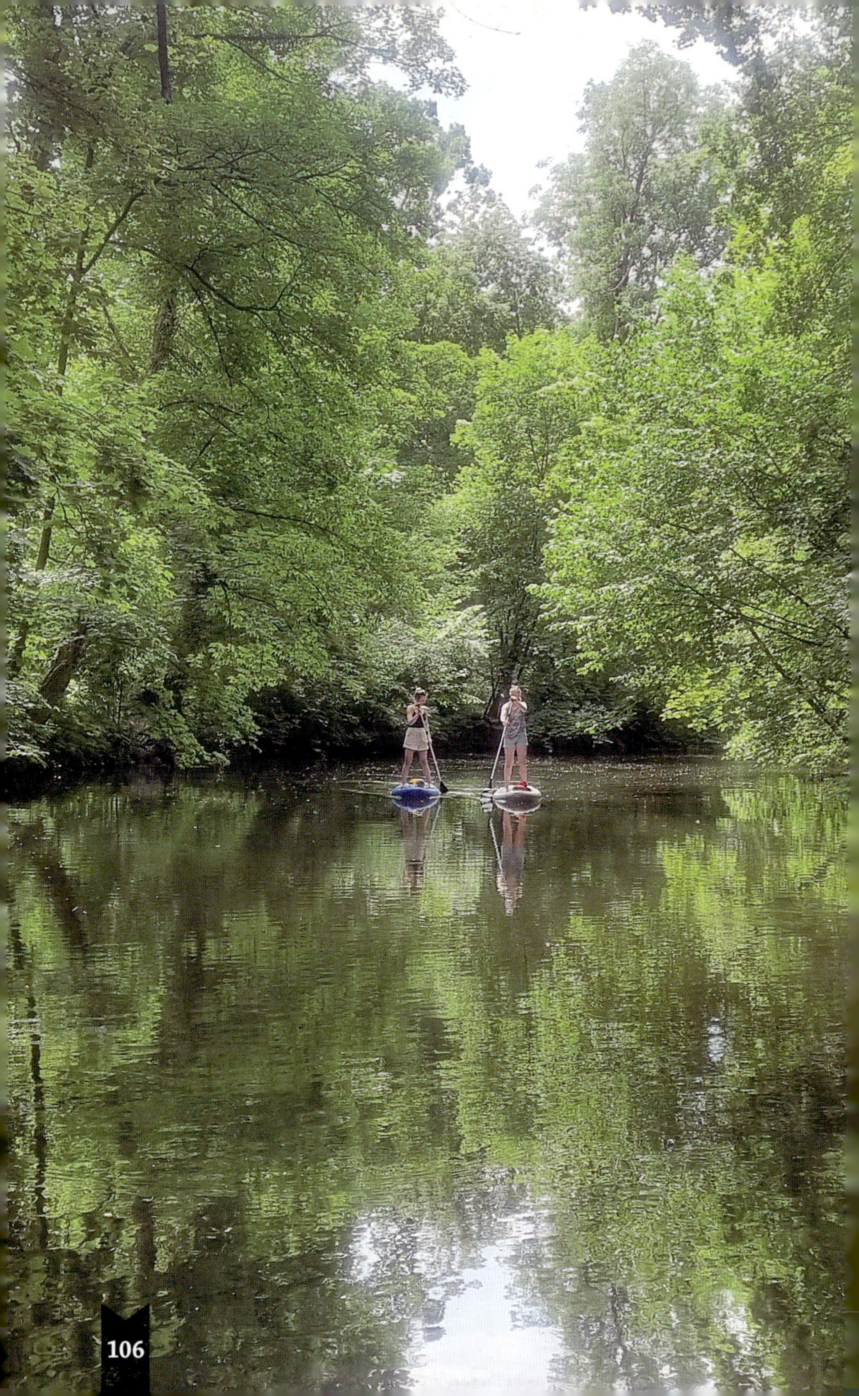

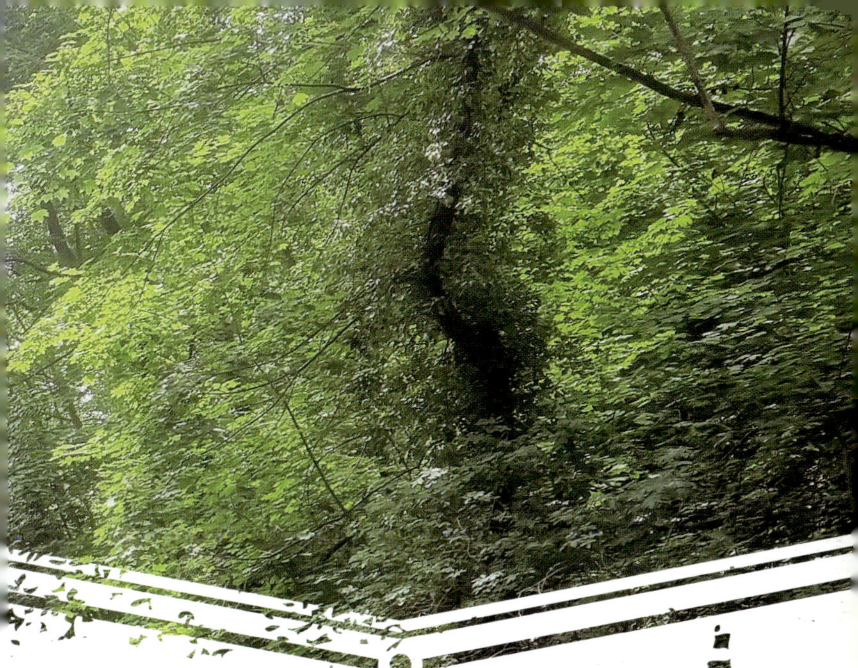

RUND UM BRAUNSCHWEIGS INNENSTADT

ANSPRUCH

EINKEHR

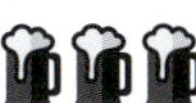

Die Okerumflut teilt sich in zwei künstlich angelegte Wassergräben, die ursprünglich als Stadtbefestigung angelegt wurden. Wir sind begeistert von der abwechslungsreichen Strecke und erfreuen uns an den schicken Villen, historischen Bauten und grünen Parkanlagen.

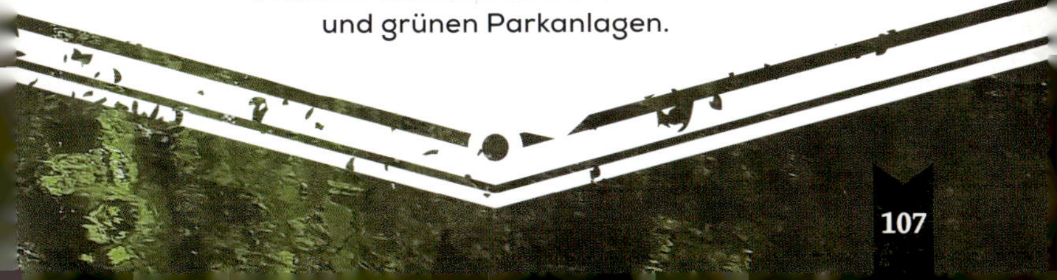

WIND & WETTER

Da fast der gesamte Rundkurs im Schutz der Bebauung bzw. hoher Bäume stattfindet, lässt es sich hier auch bei etwas Wind paddeln.

BEFAHRUNGSREGELN

Anlanden an den Ufern nur dort erlaubt, wo **öffentliche Stege** sind.

WEHRE

Entlang der Strecke **zwei Wehre.** Beide können umtragen werden.

ANFAHRT MIT DEM PKW

Aus Richtung Norden kommend von der A2 auf die A391 fahren.

Aus Richtung Süden kommend von der A39 am Autobahndreieck Braunschweig Südwest auf die A391 fahren.

Dann geht es für beide weiter auf der A391 bis Ausfahrt 7 (BS-Gartenstadt), diese abfahren und geradeaus über die Kreuzung in die Theodor-Heuss-Straße. An der ersten „großen" Ampelkreuzung rechts in die Eisenbütteler Straße und dem Verlauf folgen. Nach Überqueren der Oker befindet sich der Parkplatz nach 50 Metern auf der linken Seite.

Aus Richtung Harz von Süden herkommend (A36/B4) geradeaus über die Wolfenbütteler Straße bis zur Kreuzung Heinrich-Büssing-Ring fahren. Dort die Straßenbahngleise überqueren, wenden und zurück zur Eisenbütteler Straße fahren. Rechts in diese einbiegen und nach ca. 400 Metern auf der rechten Seite parken.

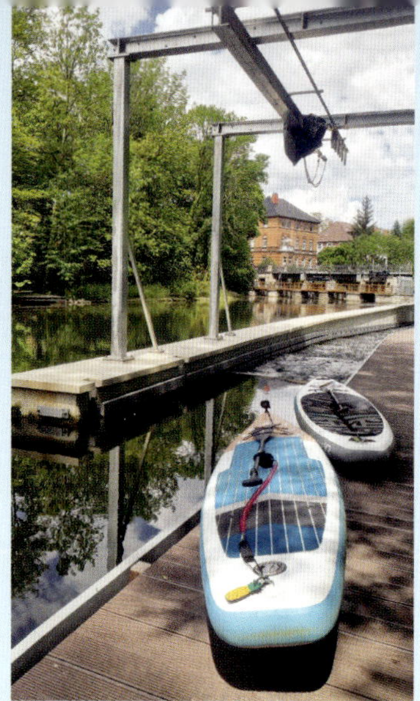

PARKEN

Ausreichend Parkplätze auf dem Parkplatz Eisenbütteler Str. direkt vor dem Wehr.

ANFAHRT MIT ÖPNV

Vom Hbf *Braunschweig* mit dem Bus 429 Richtung Rudolfplatz >Hauptbahnhof bis zur Haltestelle *Messegelände, Braunschweig (Nordeingang)*. Zu Fuß ca. 50 m bis zur Eisenbütteler Str. und dieser ca. 650 Meter zum Eisenbütteler Wehr folgen.

BADEN

- » Freibad **Stadtbad Bürgerpark** mit 62-Meter-Wasserrutsche und Sprungtürmen, Beachvolleyball, Liegewiese. www.stadtbad-bs.de
- » **Freibad Waggum –** perfektes Bad für Freibad-Puristen www.stadtbad-bs.de

SEHENSWERT IN BRAUNSCHWEIG

» **Herzog Anton Ulrich-Museum** – eines der ältesten Kunstmuseen Europas und bedeutendsten Kunstmuseen Deutschlands auf 4000 qm Ausstellungsfläche. www.3landesmuseen-braunschweig.de

» Wunderschöne Fachwerkbauten um den **Burgplatz** sowie die **Burg** und das klassizistische **Vieweghaus,** in welchem sich heute das **Braunschweiger Landesmuseum** befindet.

» Im Ortsteil **Riddagshausen** lohnt ein Besuch des **mittelalterlichen Klosters** mit Klostergarten und die zum Naturschutzgebiet erklärte **Teichlandschaft** mit reicher Tier- und Pflanzenwelt (Lehrtafeln, Stege, erhöhte Aussichtspunkte, **Naturerlebniszentrum Haus Entenfang** (*Mi, Do, So 11-16 Uhr*)).

EXTRA-TIPPS IN BRAUNSCHWEIG

» Das **Magniviertel**, einer der ältesten Stadtteile Braunschweigs, hat einen besonderen Charme. Neben dem legendären **Rizzi House** mit seiner originellen und eigenständigen Architektur sowie den tollen Fachwerkhäusern finden sich eine Vielzahl uriger **Kneipen** und **Restaurants**.

» In einer Zeltlandschaft findet jährlich für 4 Wochen (Aug/Sep) im **Bürgerpark** eine phantastische Mischung aus Konzerten, Kleinkunst und Kabarett statt. **KulturImZelt** können Sie bei Pasta, Burger oder ofenfrischem Flammkuchen in malerischer Lage an der Oker genießen. www.kulturimzelt.de

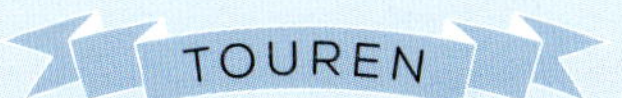

RUND UM DEN HISTORISCHEN STADTKERN

(mit Tourbeschreibung Seite 110)

Leichte und abwechslungsreiche Stadtrunde vorbei an noblen Villen, historischen Gebäuden und durch die Parks der Innenstadt.

| **LÄNGE** 12 km | **DAUER** 3-3:30 h

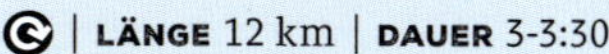

EIN- & AUSSTIEG

Am Eisenbütteler Wehr sehr bequem, mit Wassertreppe. *(Navi: Eisenbütteler Str., 38122 Braunschweig).*

SUP-VERMIETUNG

1 GRINSEKATZ

Im Bürgerpark am Okerstrand
Werkstättenweg 8
38122 Braunschweig
Tel. (0531) 250 84 95
www.grinsekatz.de

2 FLOSS-STATION AM BOTANISCHEN GARTEN

Am Fallerslebener Tore 6
38100 Braunschweig
Tel. (0531) 22 43 45 10
www.floss-station.de

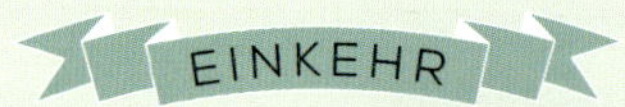

1 NAW – RESTAURANT NAH AM WASSER

Leonhardstr. 2, 38102 Braunschweig
Tel. (0531) 88 92 37 47
www.naw-bs.de
Di-Sa 17-23 Uhr

KLASSIKER Geräucherte Riddagshäuser Forelle mit Meerrettich

2 BISTRO CAFÉ MERHABA

Petritorwall 32, 38114 Braunschweig
Tel. (0531) 171 06
www.merhaba-bs.de
Di-So 13-23 Uhr

KLASSIKER Gute türkische Gerichte

3 MUTTER HABENICHT

Papenstieg 3
38100 Braunschweig
Tel. (0531) 459 56
www.mutter-habenicht.de
Tägl. ab 11 Uhr

KLASSIKER
Die leckeren Bratkartoffelgerichte

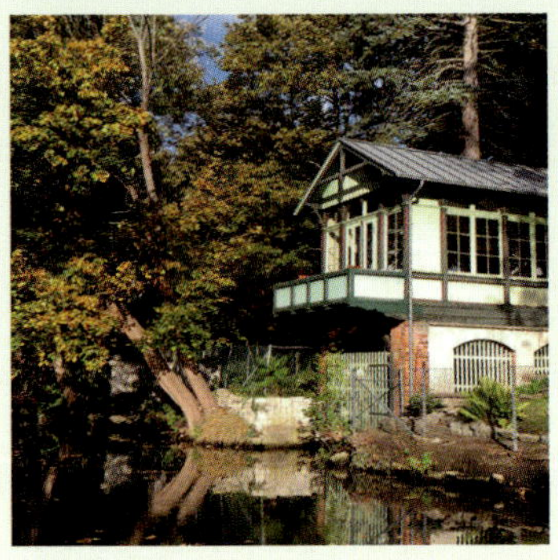

ÜBERNACHTUNG

1 MAGNI BOUTIQUE HOTEL
Am Magnitor 1
38100 Braunschweig
Tel. (0531) 47 13-0
www.magniboutiquehotel.de

2 B&B HOTEL BRAUNSCHWEIG-CITY
Frankfurter Str. 289
38122 Braunschweig
Tel. (0531) 88 61 78 90
www.hotel-bb.com

1 ZWISCHEN HERRSCHAFTLICHEN VILLEN UND ALTEM BAUMBESTAND

Die **OKER**, die Braunschweigs Innenstadt umrahmt, ist eigentlich ein **UMFLUTGRABEN**, der als Teil der Stadtbefestigung geschaffen wurde. Wir setzen am **EISENBÜTTELER WEHR** an der vorhandenen Treppe ein und paddeln in Richtung Innenstadt. Schon auf den ersten Metern bekommen wir mit ein bisschen Glück Einblick in eine eher seltene Sportart: Dem **KANUPOLO**, der direkt auf der Oker gespielt wird.

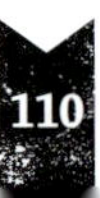

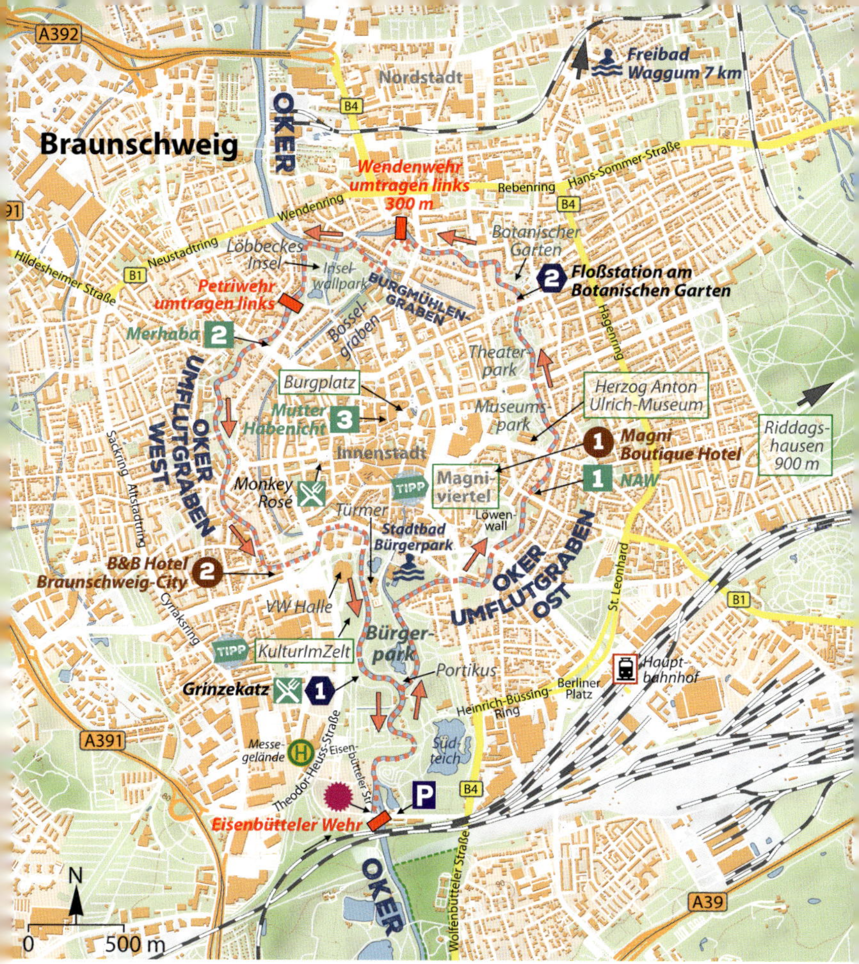

Weiter geht's und, wer will, durch die fest installierten Slalomstangen hindurch, direkt auf den **PORTIKUS** zu. Hier halten wir uns rechts und biegen in den wunderschönen **BÜRGERPARK** ein. Die 42 ha große Parkanlage zieht viele Braunschweiger nach draußen und ist beliebter Treffpunkt zum Chillen, Joggen und Paddeln. Als fester Bestandteil des kulturellen Lebens bieten die Rasenflächen Platz für Feste und Festivals, wie z.B. **KULTURIMZELT** TIPP.

Nachdem wir die erste der 24 Brücken, die über die Oker führen, durchpaddelt haben, genießen wir für einige Kilometer den heimischen und exotischen Baumbestand und werden dabei von Enten begleitet. Vorbei an dem Obelisken,

der sich linker Hand auf dem **LÖWENWALL** erhebt, lassen wir den Blick über die traumhaften Villen mit ihren herrlichen Gärten und teilweise eigenen Stegen gleiten. An dem ebenfalls auf der linken Seite folgenden **MUSEUMS-PARK**, in dem sich das sehenswerte **HERZOG ANTON ULRICH-MUSEUM** und das Staatstheater Braunschweig befinden, machen wir Pause. Der Steg ist hier perfekt zum Anlegen. Wir genießen das schattige Plätzchen und lassen die Flöße mit den gut gelaunten Touristen, die sich gerade vom Skipper mit einem BBQ verwöhnen lassen, an uns vorbeiziehen.

Nach einer kleinen Stärkung legen wir unsere Boards wieder ins Wasser und paddeln weiter. Schon wieder folgt ein Highlight: Der malerisch gelegene **BOTANISCHE GARTEN** der TU Braunschweig auf der rechten Seite mit seinen ca. 4.000 Pflanzenarten zeigt sich schon vom Wasser aus als abwechslungsreiches Kleinod.

Nun geht es ein Stück flussauf bis hin zum **UNIVERSITÄTSVIERTEL**, wo wir den **OKERANLEGER** direkt hinter der **WENDENTORBRÜCKE** nehmen und **AUSSTEIGEN** müssen. Von dem komfortablen Steg tragen wir unsere SUP-Boards der Ausschilderung entsprechend ca. 300 m bis zum Inselwall und nehmen dort rechts den kleinen Pfad. Diesem folgen wir nur kurz (50 m) durch den **INSELWALLPARK** und setzen rechts hinter dem kleinen Häuschen in den **BURGMÜHLENGRABEN** wieder ein. Dieser „Zubringer“ bringt uns wieder auf die **OKER**, in die wir dann nach links schwenken.

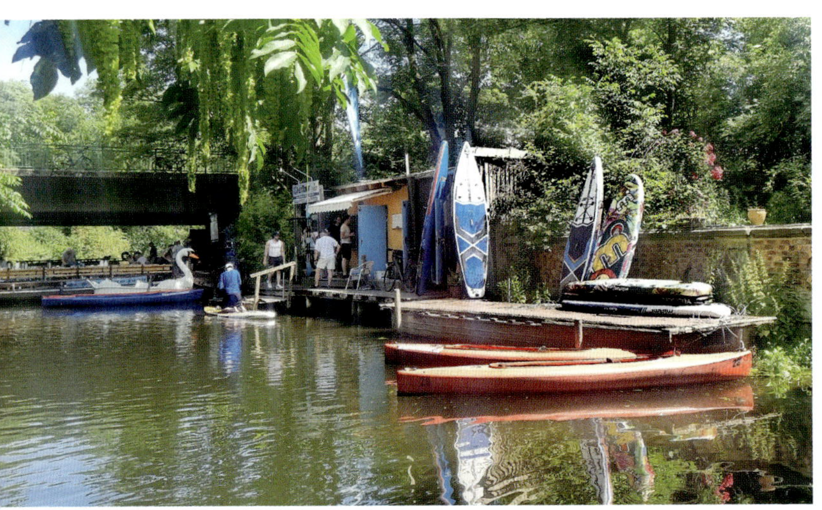

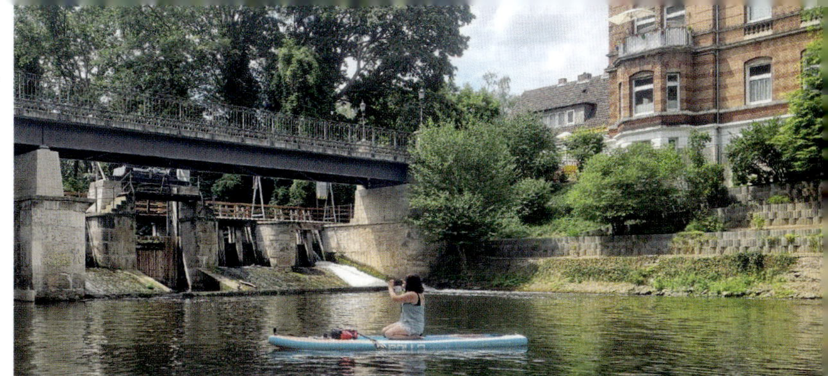

Auf dieser verwunschenen Strecke begegnen wir einem Graureiher, einem Biber und mehreren Nutrias. Und schon heißt es bei der zweiten Abzweigung links in den westlichen **UMFLUTGRABEN** einzubiegen. Auf diesem paddeln wir an **LÖBBECKES INSEL** vorbei, auf der sich die im italienischen Renaissancestil erbaute Villa Löbbecke befindet. Ein letztes Mal setzen wir nun um, steigen dazu links am Petritor aus und tragen unser Board am **PETRIWEHR** an der Fischtreppe ca. 70 m um. Dieser neu gebaute Fischaufstieg mit Bootsgasse wurde erst 2022 fertiggestellt und erleichtert sowohl den Fischen, als auch uns SUPern das Passieren. Nach dieser kleinen sportlichen Trageaktion fahren wir auf dem weniger frequentierten Oker-Umflutgraben.

Ein paar Meter weiter lohnt es sich links an einem kleinen Steg auszusteigen und beim **BISTRO CAFÉ MERHABA** 2 eine Stärkung mitzunehmen. Das tun wir mit einem alkoholfreien Cocktail neben Palmen und unter dem grünen Himmel der uralten Bäume und setzen dann unsere Tour fort. Nun lassen wir uns treiben und sind begeistert, dass wir mitten im Grünen und doch auch mitten in der Stadt sind. Vorbei an riesigen Kastanienbäumen wird es dann wieder deutlich städtischer, was auch seinen Reiz hat.

Im weiteren Verlauf erreichen wir wieder den **BÜRGERPARK** und passieren die **VOLKSWAGEN HALLE**, in der Sportveranstaltungen, Konzerte und Kongresse stattfinden. Schräg gegenüber auf der linken Uferseite wacht der **„TÜRMER“** hoch auf dem alten **WASSERTURM** über uns. Früher sollte er vom höchsten Turm der Stadt vor Gefahren warnen, heute vielleicht vor angriffslustigen Krähen, die nur ihre Brut verteidigen wollen. Kurz vor unserem Ausstieg nutzen wir an der **STRANDBAR GRINSEKATZ**, die auch **SUPS VERMIETEN** 1, die Möglichkeit zu einer Pause. Nach diesem kurzen Stopp geht es dann auf direktem Weg wieder an dem **PORTIKUS** vorbei und schon sind wir nach knapp 12 Kilometern wieder am **AUSGANGSPUNKT** angekommen.

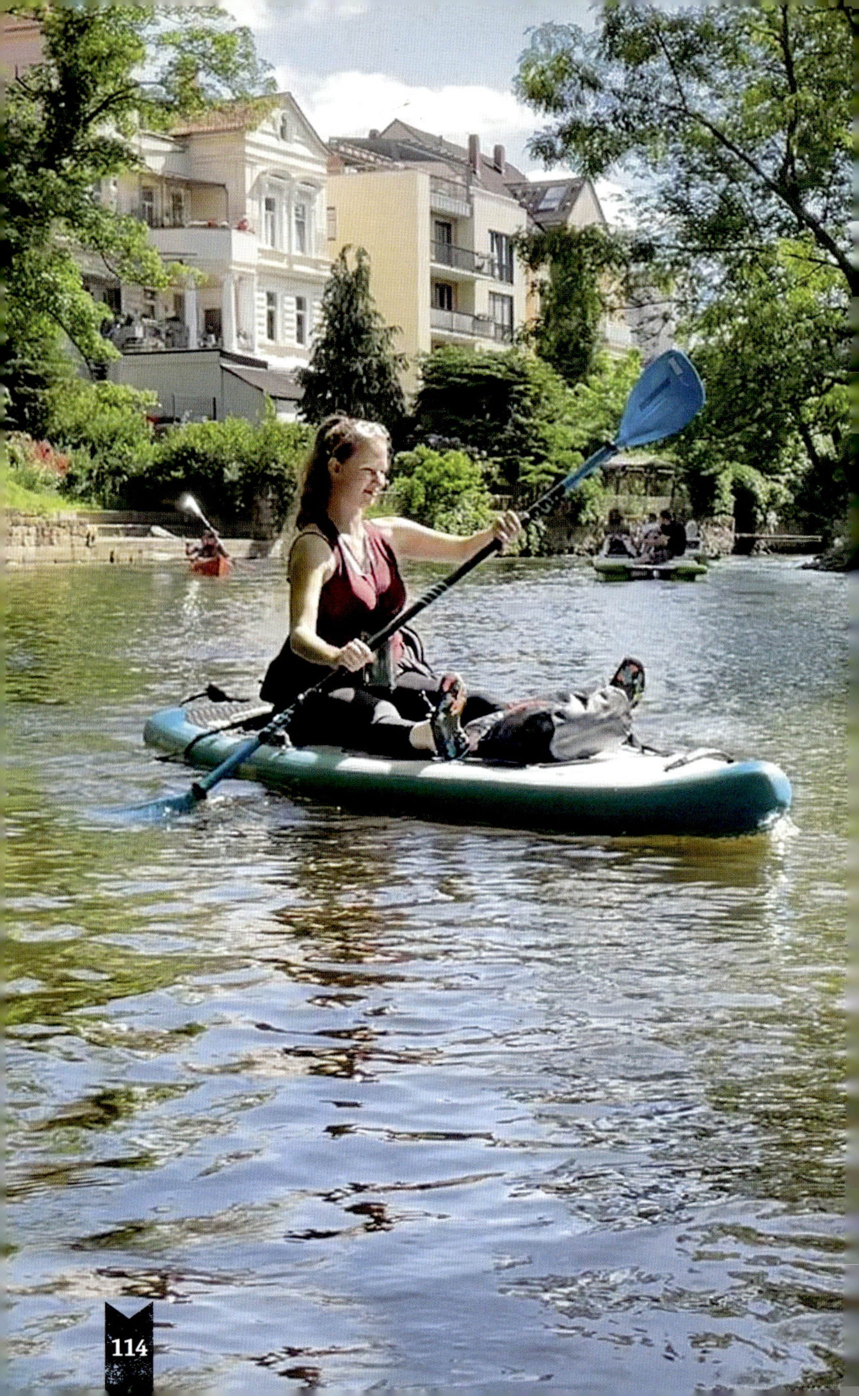

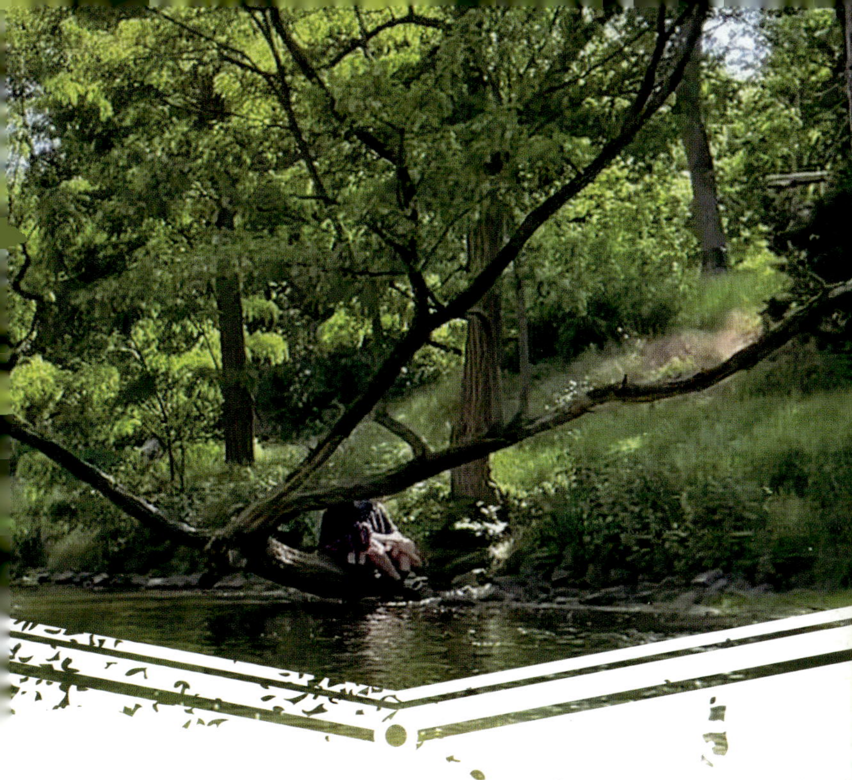

DIE OKER

ANSPRUCH

EINKEHR

Das im Nationalpark Harz entspringende Flüsschen hält in seinem Verlauf einige Superlative für uns bereit. Mit einer facettenreichen Landschaft, vom Sandstrand über verwunschenen Idylle, bis hin zu einer artenreichen Tierwelt und viel Kultur, zeigt die Oker sich auf diesem Abschnitt von ihrer schönsten und abwechslungsreichsten Seite.

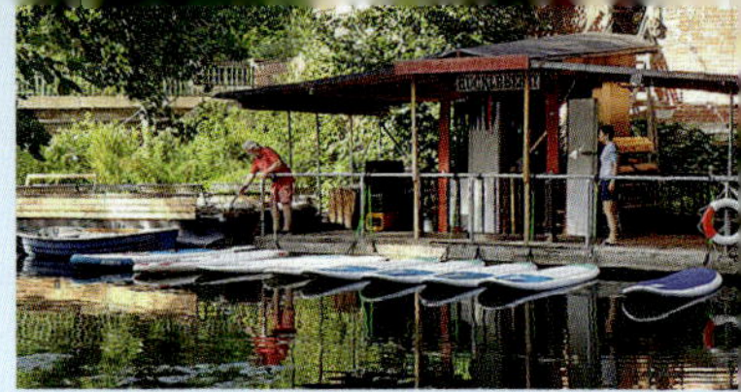

WIND & WETTER

Der Wind kann an den Stellen, wo Bäume keinen Schutz bieten, das Paddeln erschweren.

BEFAHRUNGSREGELN

Es gilt ein **ganzjähriges Uferbetretungsverbot.** Ausnahmen gelten an festgelegten Raststellen, zugelassenen Stegen, Umtragepassagen der Wehre und der Sohlgleite Hillerse.

BADEN

» **Stadtbad Okeraue** in **Wolfenbüttel** mit mehreren Becken, Erlebnisgolfanlage und WoMo-Stellplatz. www.stadtbad-okeraue.de

» **Natur- & Familienbad Fümmelsee** bei **Wolfenbüttel** – parkähnlicher Naturbadesee, weitläufige Liegeflächen, Volleyballfeld. www.fuemmelsee.de

» **Braunschweiger Kennel-Bad:** Naturbad mit 17.000 qm großem See und feinem Sandstrand. www.kennel-bad.de

» Vor Wolfenbüttel und hinter Braunschweig **sandige Flussstellen**, an denen man baden kann.

SEHENSWERTES IN WOLFENBÜTTEL

» Fast 600 wunderhübsche Fachwerkhäuser prägt die Altstadt. Besonders schön ist der **Stadtmarkt** mit dem **Herzog August Denkmal.** Folgt man dort dem Wegweiser nach **„Klein Venedig“,** kommt man an einer kleinen Gracht mit malerischen Fachwerkhäusern raus.

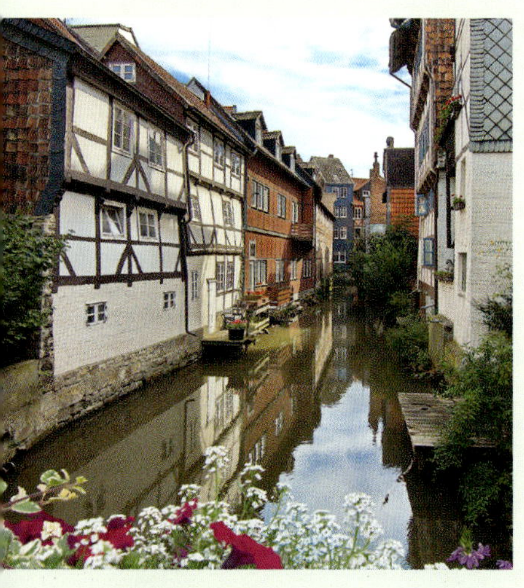

»Absolutes Highlight ist das **Schloss Wolfenbüttel,** nach dem Leineschloss in Hannover das zweitgrößte in Niedersachsen. Die barocke Fachwerkfassade und der Wassergraben sind ein absoluter Blickfang. Das Schlossmuseum schickt einen auf eine Reise in die Vergangenheit. www.schlosswolfenbuettel.de

»Der Besuch der **Herzog August Bibliothek** – eine der schönsten und eine der bedeutendsten Bibliotheken Deutschlands und *bis ins 17. Jahrhundert die größte Bibliothek Europas* – ist unbedingt zu empfehlen. www.hab.de

»**Sehenswertes & Extra-Tipps in Braunschweig** siehe Seite 109.

EXTRA-TIPPS

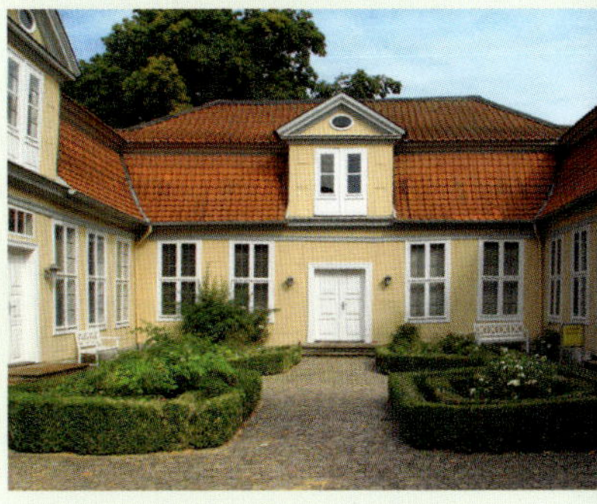

- » Hinter die Kulissen des **Weltunternehmens Jägermeister,** *welches Wilhelm Mast 1878 als kleines Familienunternehmen in* ***Wolfenbüttel*** *gründete,* können Sie bei einer **Betriebsbesichtigung** schauen. www.mast-jaegermeister.de
- » Wollen Sie sich auf die Spuren des Dichters, Kritikers, Dramaturgen & Gelehrten **Ephraim Lessing** begeben, heißt Sie das **Lessinghaus** in **Wolfenbüttel** willkommen und erzählt von seiner Zeit als Bibliothekar in der Herzog August Bibliothek. www.hab.de/lessinghaus
- » Die **Schlangenfarm** in **Schladen** (16 km südl. von Wolfenbüttel) ist mit mehr als 1.000 Schlangen Europas größte private Schlangenfarm. Hier erlebt man Schlangen, Echsen und Spinnen hautnah, denn wer möchte, hat die Gelegenheit, die Schlangen anzufassen. www.schlangenfarm-schladen.de

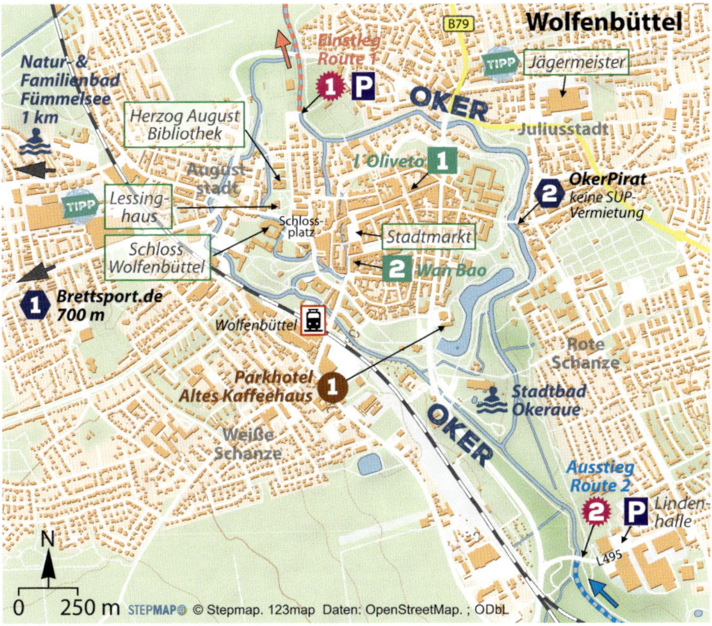

Wolfenbüttel
B79
Einstieg Route 1
TIPP Jägermeister
Natur- & Familienbad Fümmelsee 1 km
OKER
Herzog August Bibliothek
Juliusstadt
August-stadt
l'Oliveto 1
OkerPirat keine SUP-Vermietung
TIPP Lessing-haus
Schloss-platz
Stadtmarkt
Schloss Wolfenbüttel
2 Wan Bao
Brettsport.de 700 m
Wolfenbüttel
Rote Schanze
Parkhotel Altes Kaffeehaus
Stadtbad Okeraue
Weiße Schanze
Ausstieg Route 2
Linden-halle
L495
N
0 250 m
STEPMAP © Stepmap. 123map Daten: OpenStreetMap. ; ODbL

Braunschweig Innenstadt, Karte Seite 111

ROUTE 1

HINDERNISSE, WEHRE

Es gibt **eine Stromschnelle**, die gut im Sitzen zu meistern ist.

Das **Okerwehr Rüningen** kann, wenn der Wasserstand entsprechend ist, über die **Bootsrutsche** durchfahren werden. Ansonsten kann links bequem umtragen werden.

ANFAHRT PKW & PARKEN

A36 Ausfahrt Wolfenbüttel-Nordwest, dann L615 bis zum *Schlossplatz*, dort in die *Lessingstraße* einbiegen. Bis zum Ende durchfahren.

PARKEN EINSTIEG *Parkplatz Lessingstr./Friedrich-Ludwig-Jahn-Platz.*

PARKEN AUSSTIEG *Parkplatz Eisenbütteler Str.,* direkt am Wehr.

ZURÜCK ZUM PKW Von Haltestelle *Messegelände, Braunschweig* Bus 419 bis Hbf *Braunschweig*, Umstieg in Bus 420 Richtung Wolfenbüttel Bf bis *Kornmarkt, Wolfenbüttel,* weiter mit Bus 790 Richtung Steterburg Schäferwiese, Salzgitter bis *Schlossplatz, Wolfenbüttel* (0:50 h, bahn.de).

AN- & ABFAHRT ÖPNV

EINSTIEG Vom Bf *Wolfenbüttel* mit Bus 794 Richtung Halchter bis Haltestelle *Schlossplatz*. Dort ca. 450 m zu Fuß über die *Leibnizstr.* zum Anleger.

AUSSTIEG Vom Eisenbütteler Wehr ca. 650 m der *Eisenbütteler Straße* nach Westen/Nordwesten folgen. An der *Theodor-Heuss-Str.* links und über die Straße zur Bushaltestelle *Messegelände Nordeingang*, dort Bus 419 zum Hbf *Braunschweig*.

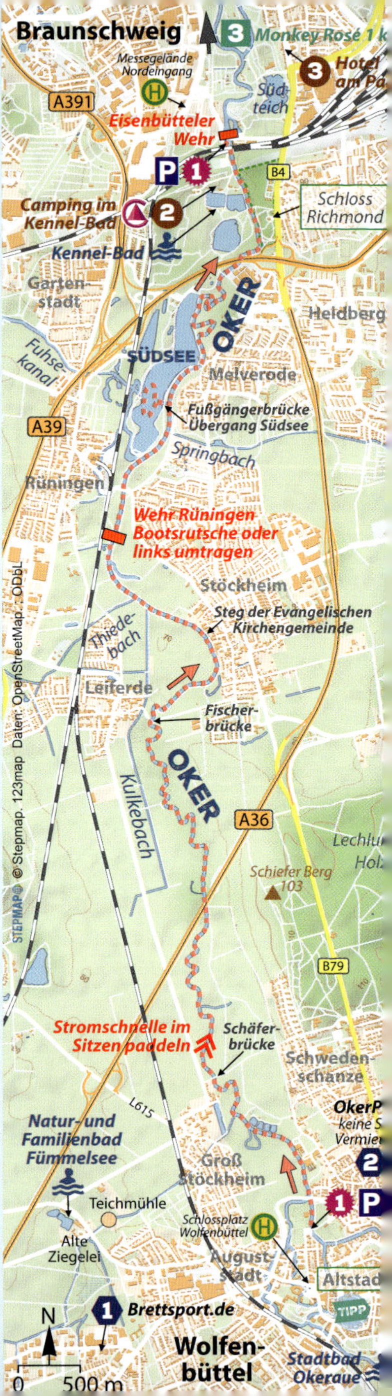

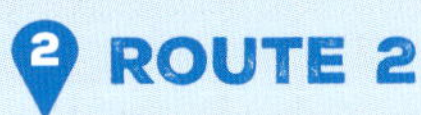

HINDERNISSE, WEHRE

Drei Stromschnellen bei Börßum sind nichts für blutige Anfänger.

Umtragestelle vor dem **Wehr Hedwigsburg** an der linken Seite.

ANFAHRT PKW & PARKEN

A 36 bis Ausfahrt Flöthe, auf der L 512 nach Heiningen. Dort rechts auf die L 615 und nach 400 m wieder links auf die L 512 Richtung Börßum.

Am Einstieg hinter der Okerbrücke rechts gute Parkmöglichkeit *(Agravis Niedersachsen)* mit Anleger.

Am Ausstieg am neuen Anleger Lindenhalle, an der Lindenbrücke *(Halberstädter Straße)* parken.

ZURÜCK ZUM PKW Von *Lindenhalle, Wolfenbüttel* Bus 795 / am Wochenende AST 751 (Anmeldung mind. 60 Min. vor Abfahrt, Tel. 0800-584 28 70) bis *Kornmarkt, Wolfenbüttel.* Fußweg 400 m zum Bahnhof *Wolfenbüttel,* mit RB 42 bis Bf *Börßum* (0:33 h, bahn.de).

Selten auch Direktverbindung (0:22 h) *Lindenhalle* – Bf *Börßum* mit dem Bus 751 oder AST 751 (Anmeld. mind. 60 Min. vor Abfahrt, Tel. 0800-584 28 70).

AN- & ABFAHRT ÖPNV

EINSTIEG Vom Bf *Börßum* 450 m Richtung Ortsmitte laufen, am Ende der Straße nach links wenige Meter auf Straße *Am Wasserwerk* und gleich wieder links auf der L512 zur Okerbrücke.

AUSSTIEG Auf *Halberstädter Str.* rechts zur Bushaltestelle *Lindenhalle.* Bus 795 bis *Kornmarkt, Wolfenbüttel,* dort noch 400 m Fußweg zum Bf *Wolfenbüttel.*

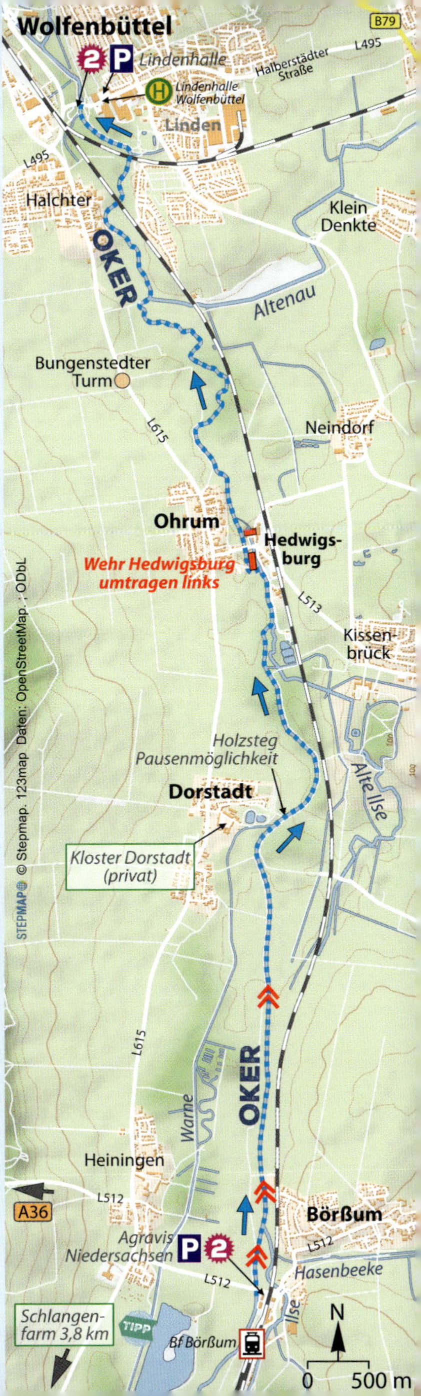

Wolfenbüttel
B79
L495
Lindenhalle
Halberstädter Straße
Lindenhalle Wolfenbüttel
Linden
Halchter
Klein Denkte
OKER
Altenau
Bungenstedter Turm
L615
Neindorf
Ohrum
Hedwigsburg
Wehr Hedwigsburg umtragen links
L513
Kissenbrück
Holzsteg Pausenmöglichkeit
Dorstadt
Alte Ilse
Kloster Dorstadt (privat)
Warne
Heiningen
L512
A36
Börßum
Agravis Niedersachsen
Hasenbeeke
Ilse
Schlangenfarm 3,8 km
TIPP
Bf Börßum
N
0 500 m

ROUTE 3

HINDERNISSE, WEHRE

Die **Sohlgleite Hillerse** ist nicht befahrbar und muss an der linken Seite ca. 100 m umtragen werden.

ANFAHRT PKW & PARKEN

A2 Abfahrt Braunschweig-Watenbüttel, auf der B 214 Richtung Celle. Nach ca. 11 km rechts nach Didderse bis T-Kreuzung, dort links und dem Straßenverlauf bis zur Okerbrücke folgen.

PARKEN EINSTIEG auf dem Seitenstreifen im Bereich der Okerbrücke Didderse.

PARKEN AUSSTIEG einige Parkplätze direkt am Wehr in Meinersen.

ZURÜCK ZUM PKW Von Haltestelle *Meinersen Apotheke* Bus 140 bis Bahnhof *Gifhorn Stadt.* Umstieg in Bus 111 Richtung Stadion, Braunschweig und bis *Denkmal, Didderse* fahren (1:30 h).

AN- & ABFAHRT ÖPNV

EINSTIEG Vom Bf *Gifhorn (Süd)* Südseite ca. 350 m zur Bushaltestelle *Waldriede*, dort Bus 111 Richtung Braunschweig, Stadion bis Haltestelle *Didderse Denkmal.* Dann ortsauswärts zu Fuß ca. 450 m zur Einsetzstelle.

AUSSTIEG Vom Ausstieg ca. 1,3 km Fußweg zur Haltestelle *Meinersen Apotheke,* dort Bus 140 zum Bahnhof *Gifhorn Stadt*.

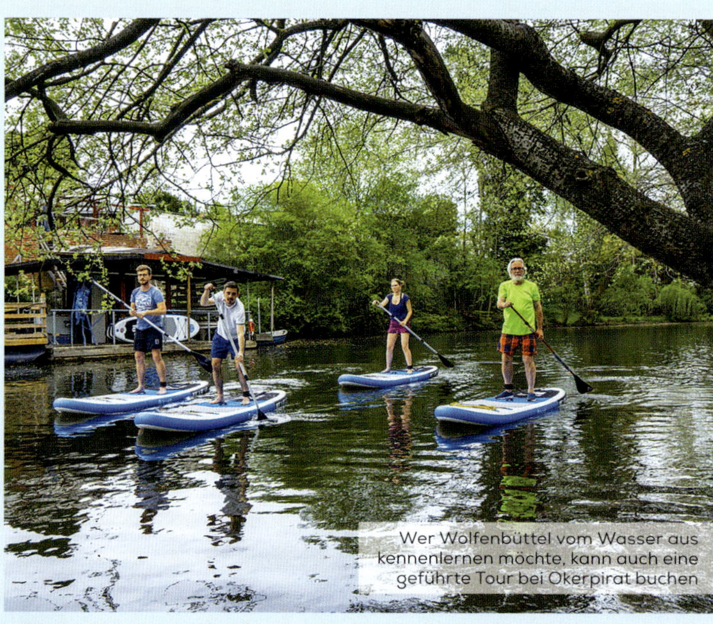
Wer Wolfenbüttel vom Wasser aus kennenlernen möchte, kann auch eine geführte Tour bei Okerpirat buchen

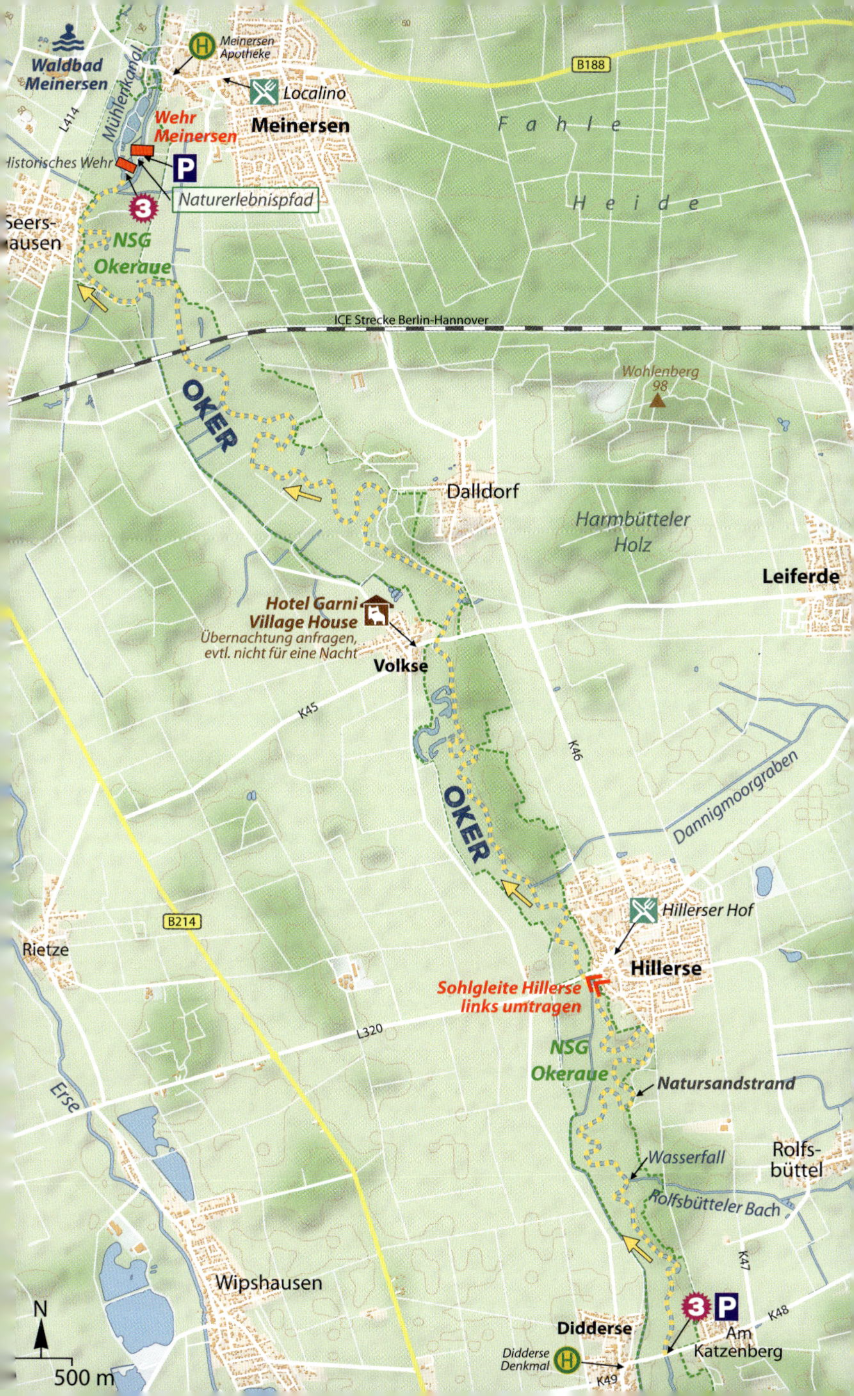

Waldbad Meinersen
Meinersen Apotheke
Localino
B188
Mühlenkanal
L414
Wehr Meinersen
Meinersen
Fahle
Heide
Historisches Wehr
P
Naturerlebnispfad
3
Seershausen
NSG Okeraue
ICE Strecke Berlin-Hannover
OKER
Wohlenberg 98
Dalldorf
Harmbütteler Holz
Leiferde
Hotel Garni Village House
Übernachtung anfragen, evtl. nicht für eine Nacht
Volkse
K45
K46
Dannigmoorgraben
OKER
Hillerser Hof
B214
Rietze
Hillerse
Sohlgleite Hillerse links umtragen
L320
NSG Okeraue
Natursandstrand
Erse
Wasserfall
Rolfsbüttel
Rolfsbütteler Bach
K47
Wipshausen
3
P
Am Katzenberg
K48
Didderse
Didderse Denkmal
K49
N
500 m

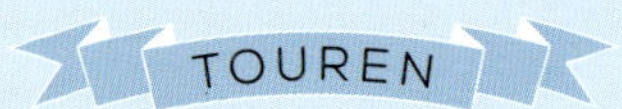

1 AUF DER OKER VON WOLFENBÜTTEL NACH BRAUNSCHWEIG

(mit Tourbeschreibung Seite 123)

Spannende Tour auf einem landschaftlich äußerst reizvollen Teil der Oker, die sich an einigen Stellen munter ihren Weg durch die Wiesen bahnt.

| **LÄNGE** 12 km | **DAUER** 3-4 h

EIN- & AUSSTIEG

EINSTIEG WOLFENBÜTTEL
An der Brücke zwischen *Grüner Platz* und *Friedrich-Ludwig-Jahn Parkplatz* über einen bequemen Holzsteg.

AUSSTIEG BRAUNSCHWEIG
Am Eisenbütteler Wehr *(Navi: Eisenbütteler Str. 26, 38122 Braunschweig)* links mit bequemer Wassertreppe.

2 VON BÖRSSUM NACH WOLFENBÜTTEL

(mit Tourbeschreibung Seite 125)

Flott geht es auf der Oker durch die einsame und naturbelassene Gegend, abseits von Straßen und Wegen, und mit etwas Glück sind auch Eisvögel zu beobachten.
3 Stromschnellen:
Nichts für blutige Anfänger!

| **LÄNGE** 12 km | **DAUER** 3-4 h

EIN- & AUSSTIEG

EINSTIEG BÖRSSUM
Komfortabel an einem Holzsteg direkt vor der Agravis Niedersachsen *(Navi: Hauptstr. 145, 38312 Börßum).*

AUSSTIEG WOLFENBÜTTEL
Links, direkt vor der Brücke am komfortablen Holzsteg *(Navi: Halberstädter Str. 1A, 38300 Wolfenbüttel).*

3 VON DIDDERSE NACH MEINERSEN

(mit Tourbeschreibung Seite 125)

Naturbelassen schlängelt sich der Fluss durch die malerische Wald- und Wiesenlandschaft. Hier macht es richtig Spaß zu paddeln und man hat Zeit, die Landschaft ausgiebig zu betrachten.

| **LÄNGE** 17,5 km | **DAUER** 5 h

EIN- & AUSSTIEG

EINSTIEG DIDDERSE
Direkt unter der Brücke an der Straße Am Katzenberg (K 48).

AUSSTIEG MEINERSEN
Im Mühlenkanal rechts bequemer Holzsteg direkt am Naturerlebnispfad.

SUP-VERMIETUNG

1 BRETTSPORT.DE
Am Rehmanger 9, 38304 Wolfenbüttel
Tel. (05331) 710 83 45
www.brettsport.de

SUP-KURSE & TOUREN

2 OKERPIRAT KEINE VERMIETUNG
SUP-Kurse mittwoch 15 & 18 Uhr,
geführte SUP-Tour Sonntag 11 Uhr
Marktstr. 4, 38300 Wolfenbüttel
Tel. (05331) 35 87 58
www.okerpirat.de

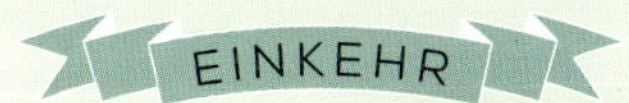

1 L'OLIVETO
Lange Herzogstr. 44
38300 Wolfenbüttel
Tel. (05331) 855 60 55
www.loliveto-wf.de
So-Fr 17-22, Sa ab 12 Uhr

KLASSIKER Knusprige Pizzen und hausgemachte Pasta

2 WAN BAO
Kommißstr. 9a, 38300 Wolfenbüttel
Tel. (05331) 272 54
www.wan-bao-wf.de
Tägl. 11.30-15 und 17.30-23 Uhr

KLASSIKER
Traditionelle chinesische Küche

3 MONKEY ROSÉ
Altstadtmarkt 1
38100 Braunschweig
Tel. (0531) 28 79 33 88
www.monkey-rose.de
Di-Sa ab 18 Uhr

KLASSIKER Leckerer Flammkuchen und passender Wein zum Essen

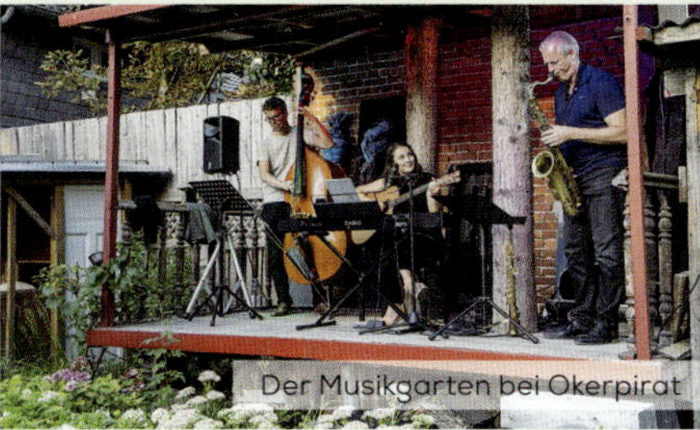
Der Musikgarten bei Okerpirat

ÜBERNACHTUNG

1 PARKHOTEL ALTES KAFFEEHAUS
Harztorwall 18, 38300 Wolfenbüttel
Tel. (05331) 88 80
www.parkhotel-wolfenbuettel.de

2 CAMPING IM KENNEL-BAD
Kennelweg 4, 38122 Braunschweig
Tel. (0531) 886 37 30
www.kennel-bad.de

3 HOTEL AM PARK
Wolfenbütteler Str. 67
38102 Braunschweig
Tel. (0531) 12 86 67 75
www.hotelampark-bs.de

1 VON STADT ZU STADT DURCH DIE VERWUNSCHENE AUENLANDSCHAFT

Am nördlichen Stadtrand von **WOLFENBÜTTEL** scheint der Holzsteg wie geschaffen für unsere SUP-Boards, denn von dort aus sind wir gleich in der Natur. An den Ufern bewundern wir die vielen Zitterpappeln und Stauden, und schon nimmt uns das gut strömende Flüsschen mit auf Fahrt. Hier fließt die **OKER** noch in ihrem ursprünglichen, engen Bett, so dass wir fast Slalom

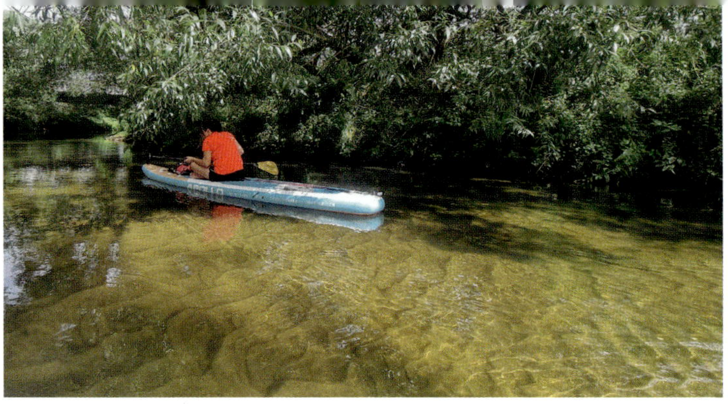

fahren müssen. Hinter dem Wolfenbütteler Stadtteil **GROSS STÖCKHEIM** heißt es ca. 300 m nach der alten **SCHÄFERBRÜCKE** Obacht geben. Hier befindet sich eine **STROMSCHNELLE**, die besser im Sitzen gepaddelt werden sollte.

Wir genießen die herrliche Natur und folgen fast meditierend dem Flusslauf, bis wir einige Paddelschläge später die A36 erreichen. Schlagartig ist es für ein paar Minuten vorbei mit der Ruhe. Was für ein Kontrast: wir paddeln gemütlich unter der **AUTOBAHNBRÜCKE** hindurch, während über uns die Autos rasen. Direkt hinter der Brücke wird es noch einmal verwunschen, bevor wir hinter der **FISCHERBRÜCKE** bei **LEIFERDE** – Braunschweigs südlichster Stadtteil – für einen längeren Streckenabschnitt direkt am Radweg entlangpaddeln. Gleich eine ganze Reihe von guten Anlegemöglichkeiten warten auf uns und so nutzen wir den Steg direkt bei der **EVANGELISCHEN KIRCHENGEMEINDE** des Braunschweiger Stadtteils **STÖCKHEIM** zur Pause und haben dabei einen zauberhaften Blick auf die gegenüberliegenden Felder. Dass „Die Oker rauf und runter, ist der Biber ganz schön munter" nicht nur ein Spruch ist, bekommen wir jetzt direkt vor Augen geführt. Er war fleißig und hat zwei Bäume mit geschätztem Durchmesser von einem halben Meter zu Fall gebracht. Begegnen tun wir dem Burschen nicht, da er doch eher nachtaktiv ist.

Nach der kurzen Stärkung geht es weiter und schon sehen wir ein Highlight dieser Tour vor uns: Die **BOOTSRUTSCHE** linker Hand am **WEHR RÜNINGEN**. Wer mutig ist, kann hier auf die Knie gehen und mit viel Spaß hinunterrutschen. Nun kommt die Strömung fast zum Erliegen. Wir stechen unsere Paddel kräftiger ins ruhige Wasser und kommen nach kurzer Zeit am **ÜBERGANG ZUM SÜDSEE** an. Je nach Wasserstand muss man aufpassen, dass man nicht mit der Finne hängenbleibt. Die malerische Brücke (Kopf einziehen) weist uns den Weg in den 22 ha großen See, und schon liegt er vor uns. Wer möchte, kann hier eine kleine Runde drehen. Jedoch ist auf Segler zu achten, die Vorfahrt haben.

Wieder auf der **OKER** entdecken wir auf der rechten Seite ein zauberhaftes Baumhaus mit Blick auf den Südsee – hier hat sich wohl jemand seinen Traum erfüllt. Nun verliert sich die Oker in heftigen Schlingen um dann die A 39 zu unterqueren. So langsam nähern wir uns dem Endpunkt unserer Tour und erhaschen noch einen Blick auf das rechts von uns liegende **SCHLOSS RICHMOND** mit seiner gepflegten Gartenanlage. Nachdem wir unter fünf Brücken durchgepaddelt sind, endet unsere Tour am **EISENBÜTTELER WEHR**.

2 WINDUNGSREICHE TOUR IN REIZVOLLER LANDSCHAFT: VON BÖRSSUM NACH WOLFENBÜTTEL

In **BÖRSSUM** lassen wir an einem komfortablen Holzsteg unsere SUP's ins Wasser. Die im Harz entspringende **OKER** hat hier noch eine hohe Strömungsgeschwindigkeit und schon nach ein paar Paddelschlägen hören wir ein Rauschen, welches auf die erste von drei **STROMSCHNELLEN** hindeutet. Auf der Strecke sollte man auf der Hut sein – für erfahrene Paddler aber kein Problem. Bei **OHRUM**, ältestes urkundlich erwähnte Dorf Niedersachsens, müssen wir vor dem **SOHLABSTURZ** auf der linken Seite am bequemen Gittersteg 100 Meter umtragen. Dann gehts zum Endspurt nach **WOLFENBÜTTEL**.

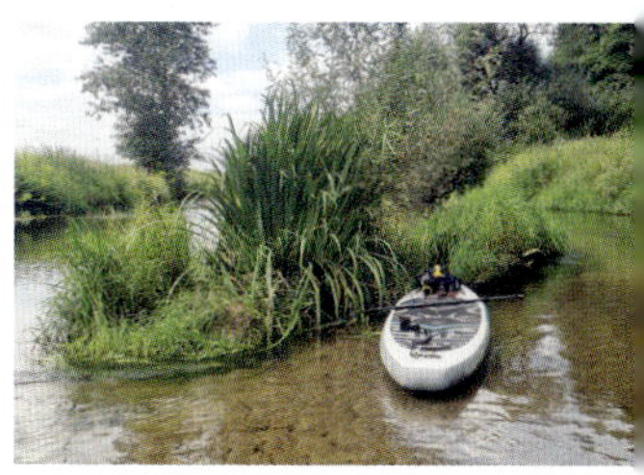

3 NATUR PUR DURCH DIE OKERAUE: VON DIDDERSE NACH MEINERSEN

Kaum begradigt und somit naturbelassen, schlängelt sich die **OKER** durch die malerische **WALD- UND WIESENLANDSCHAFT**. Hier macht es richtig Spaß zu paddeln und wir haben Zeit, die Landschaft zu genießen und zu entspannen. Wir paddeln an Eichen-Mischwäldern, feuchten Hochstaudenfluren und an den für diesen Teil typischen und unbefestigten Steilufern vorbei, wo wir viele Brutplätze der Eisvögel entdecken.

An einigen Stellen hat der Fluss eine **HÖHERE FLIESSGESCHWINDIGKEIT**, jedoch sollte das auch für Anfänger kein Problem sein.

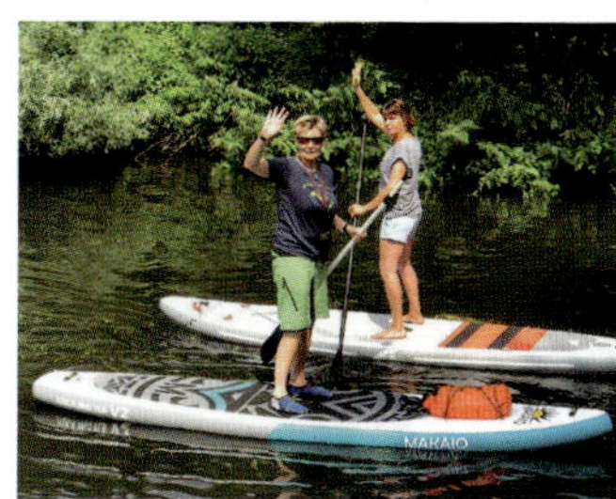

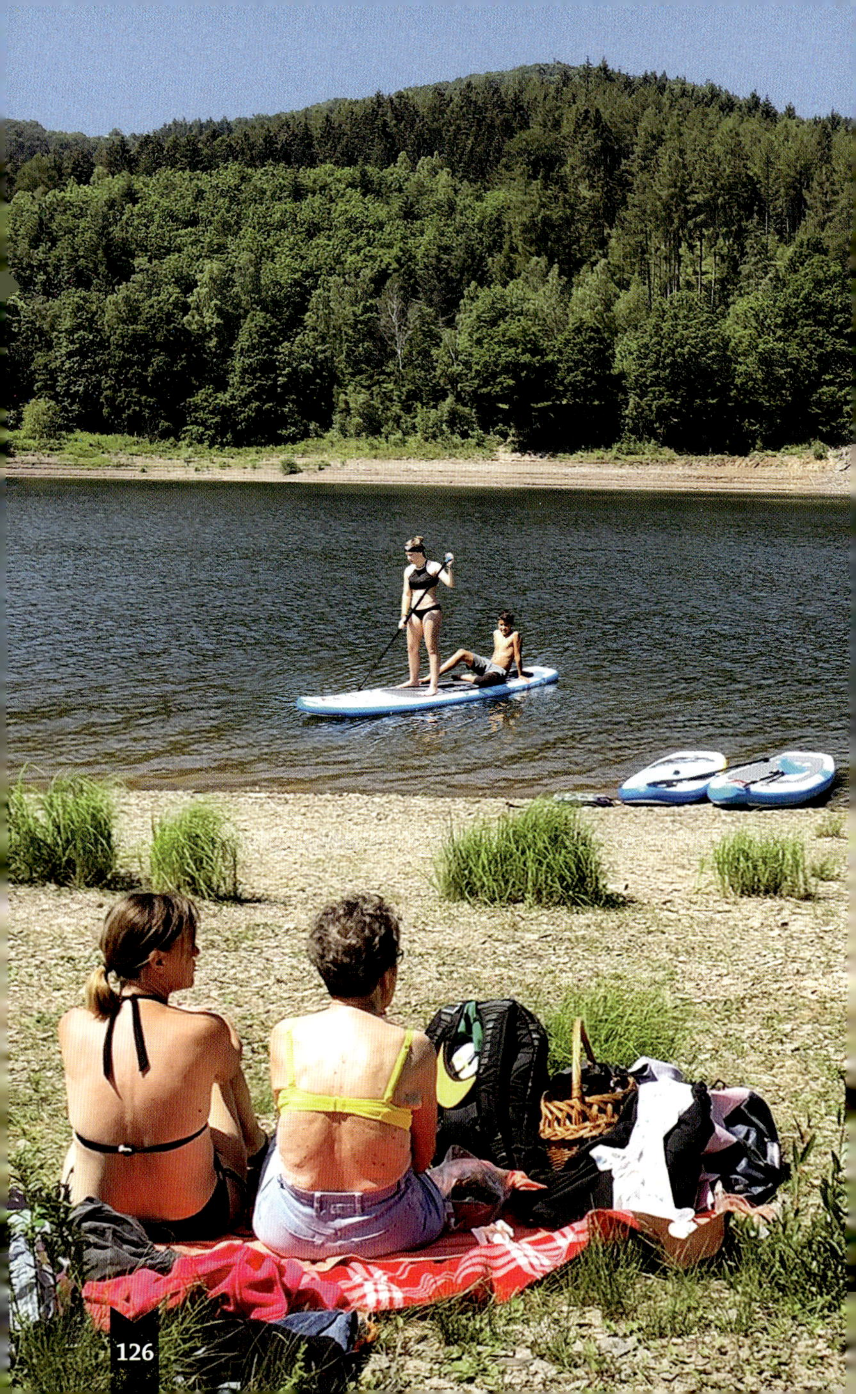

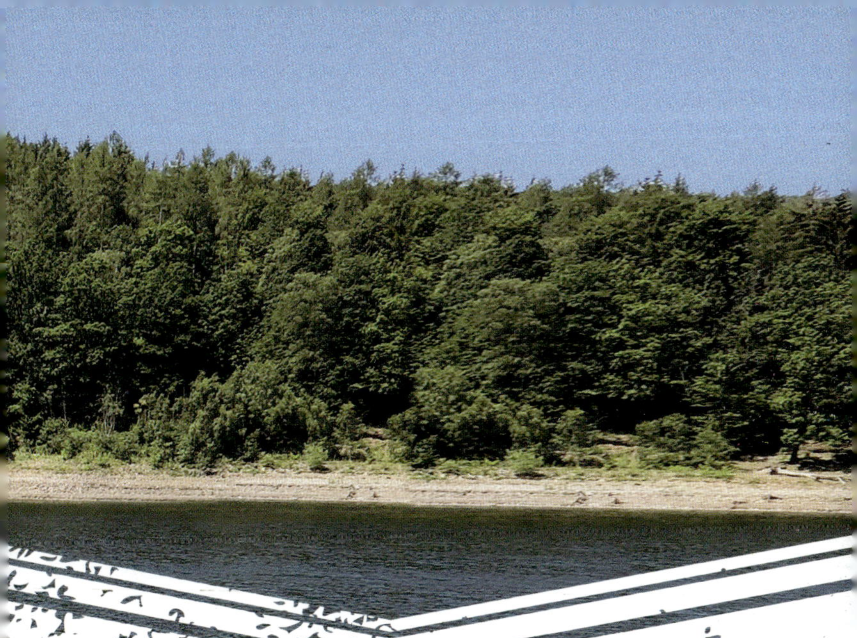

ODER-, OKER- & INNERSTE-TALSPERRE

ANSPRUCH

EINKEHR

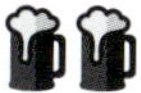

Die Harzer Talsperren dienen der Stromerzeugung, dem Hochwasserschutz und der Trinkwassergewinnung. Als Norddeutschlands größter Trinkwasserspeicher versorgen sie Städte wie Bremen, Hannover und Braunschweig. Deshalb ist Wassersport auch nicht überall erlaubt. Die unberührte Natur, das herrlich klare Wasser und die rauhe Harzluft machen sie zu einem Geheimtipp.

1 ODERTALSPERRE

WIND & WETTER

Auf **Wind** sollte man auf allen Talsperren besonders achten, da es zu **schnellen Wetteränderungen und starken Böen** kommen kann.

BEFAHRUNGSREGELN

Surfer und Segler haben **Vorfahrt.**

ANFAHRT PKW & PARKEN

Aus Richtung Norden kommend geht es über Braunlage, **aus Richtung Süden** über Bad Lauterberg im Harz auf der B 27 zum Staudamm ans südliche Ende der Odertalsperre.

PARKEN Über die Dammkrone/Staudamm fahren und dann nach 50 Metern rechts auf den Parkplatz.

ANFAHRT MIT ÖPNV

Vom Bf *Bad Lauterberg im Harz Barbis* 300 m zur Haltestelle *Barbis Domänenweg*. Dort mit Bus 450 Richtung St. Andreasberg bis Haltestelle *Odertal, Bad Lauterberg im Harz* (www.rbb-bus.de und www.harzbus-goslar.de). Weiter zu Fuß 1,7 km zur Einsetzstelle.

Oder vom Bahnhof *Bad Lauterberg im Harz Barbis* ca. 9 km mit dem Taxi *(Taxi Steffanowski, Tel. (05524) 999 25 25).*

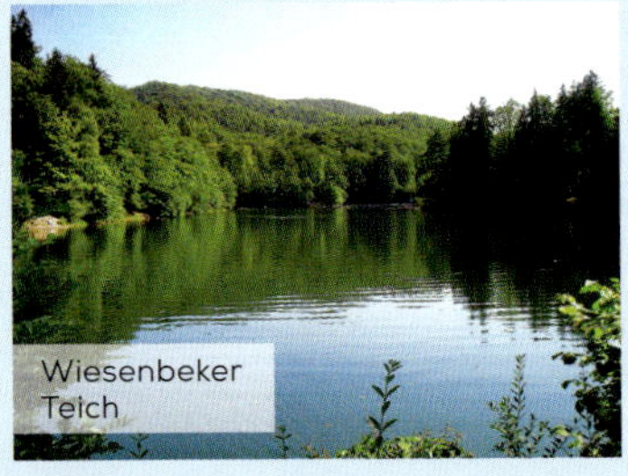

Wiesenbeker Teich

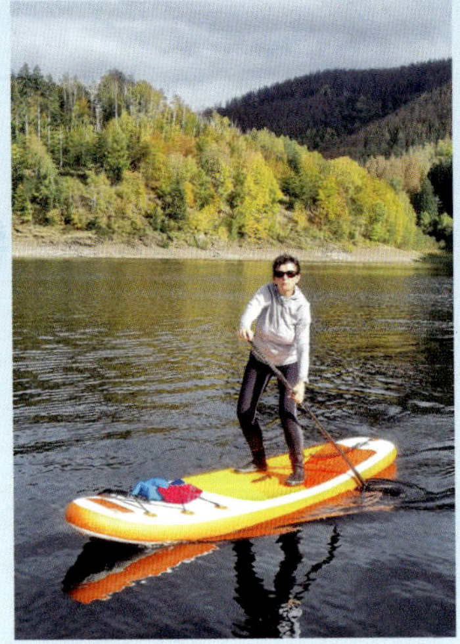

BADEN

» In der **Odertalsperre.**

» **Naturbad Wiesenbeker Teich östlich** von **Bad Lauterberg.** Wunderschöner Bergsee, der vor fast 300 Jahren von Bergleuten angelegt wurde und zum UNESCO-Welterbe „Oberharzer Wasserwirtschaft" gehört. Mit kleinem Sandstrand, Liegewiese, CampingPark und Wasserski-Anlage.

» **VITAMAR Freizeit- & Erlebnisbad** in **Bad Lauterberg** – Badespaß mit Wildwasserkanal, Wellenbecken, 100-Meter Black-Hole-Rutsche und Mega-Breitwasserrutsche, Saunalandschaft, Whirlpools. www.vitamar.de

» **Freibad Sieber** zwischen **St. Andreasberg** und **Herzberg** – wunderschönes kleines Freibad mit tollem Kiosk. www.freibadfreundesieber.jimdofree.com

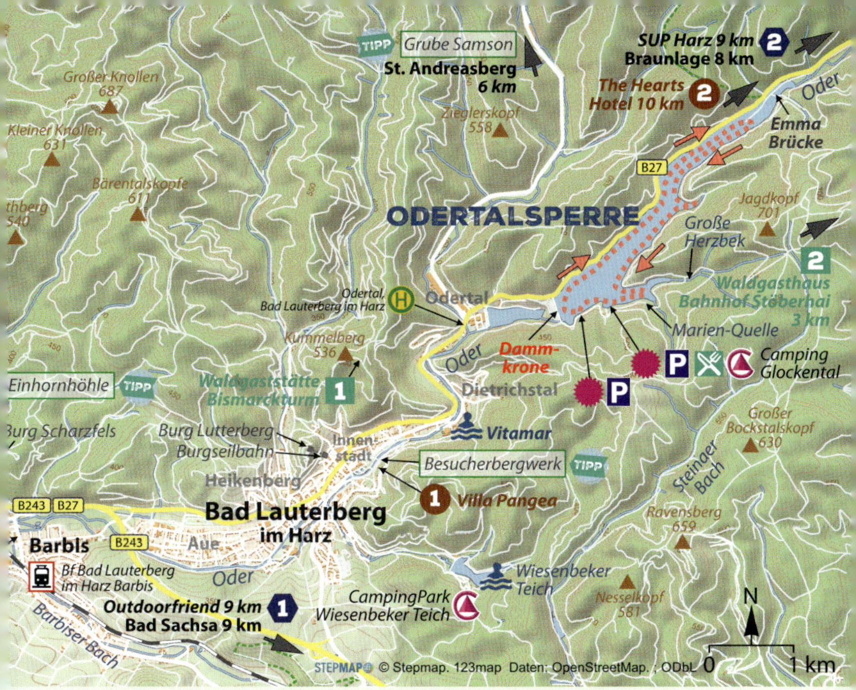

EXTRA-TIPPS RUND UM DIE ODERTALSPERRE

- **Einhornhöhle** bei **Scharzfeld** – größte erschlossene Höhle im **Westharz**. *Viele berühmte Forscher und Geowissenschaftler untersuchten das Höhlensystem mehrmals, unter Ihnen Goethe, Hermann Löns und der Arzt Rudolf Virchow. In den Jahren 1985 bis 1988 fand man schließlich heraus, dass sie bereits vor mehr als 100.000 Jahren von Neandertalern bewohnt war.* www.einhornhoehle.de
- **Historischer Besucherstollen** in **Bad Lauterberg:** Im **Eisenstein-Suchstollen** der **Scholmzeche** und dem befahrbaren Stollen **Aufrichtigkeiter Tiefen Stollen** aus dem 17. Jh. vermitteln fachkundige Stollenführer unvergessliche Eindrücke in den Bergbau der vergangenen Jahrhunderte. www.badlauterberg.de

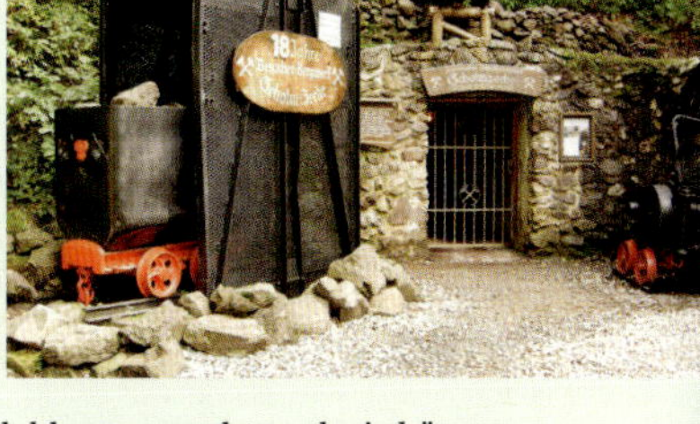

- Die **Grube Samson** in **Sankt Andreasberg** ist immer einen Ausflug wert. Hier wird ein Stück Harzer Bergbaugeschichte erlebbar gemacht und wir können die im Schacht eingebaute Fahrkunst von 1837 bestaunen – die weltweit einzige noch betriebsbereite. www.grube-samson.de

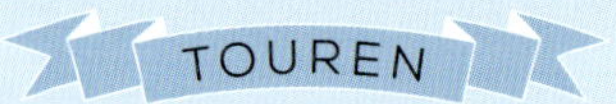

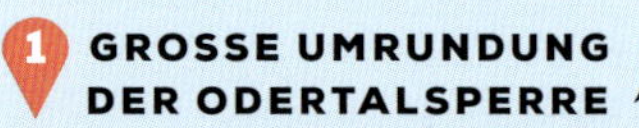

1 GROSSE UMRUNDUNG DER ODERTALSPERRE

(mit Tourbeschreibung Seite 131)

Nach Lust und Laune über den Stausee, vor der Kulisse der malerischen Harzberge.

| **LÄNGE** 10,5 km | **DAUER** 2:30-3 h

EIN- & AUSSTIEG

Vom Parkplatz etwa 50 m Richtung Campingplatz hinter der Straßenbegrenzung die Naturtreppe hinunter.

WEITERER EINSTIEG

Am Campingplatz Glockental gegen eine Gebühr *(Navi: Glockental 1, 37431 Bad Lauterberg im Harz)*.

SUP-VERMIETUNG

1 OUTDOORFRIEND
Schachtbergstr. 19
37441 Bad Sachsa
Tel. 0174-605 61 58
www.outdoorfriend.de

2 SUP HARZ
Birkenweg 45, 38700 Braunlage
Tel. 01511-277 35 06
www.supharz.de

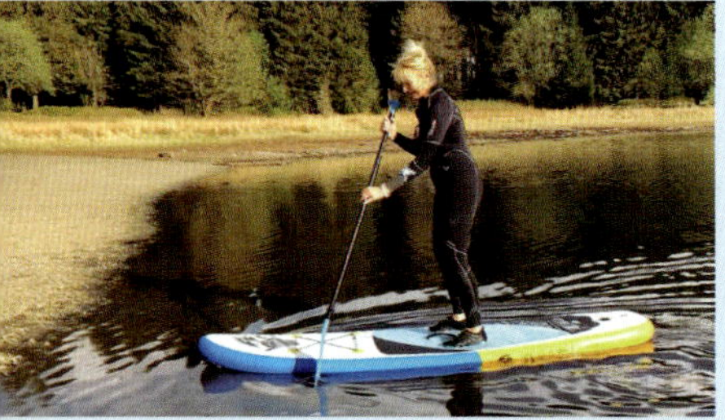

EINKEHR

1 ODERTALSPERRE

1 WALDGASTSTÄTTE BISMARCKTURM

Bismarckturm 1
37431 Bad Lauterberg im Harz
Tel. 0176-22 89 68 66
www.bismarckturmbadlauterberg.de
Tägl. 9-20 Uhr

KLASSIKER
Die legendäre Gewittertorte

2 WALDGASTHAUS BAHNHOF STÖBERHAI

Waldhaus 1, 37447 Walkenried
Tel. 01511-497 22 65
Mi-So ab 16 Uhr

KLASSIKER Haxe „Stöberhai" auf Sauerkraut mit Bratkartoffeln

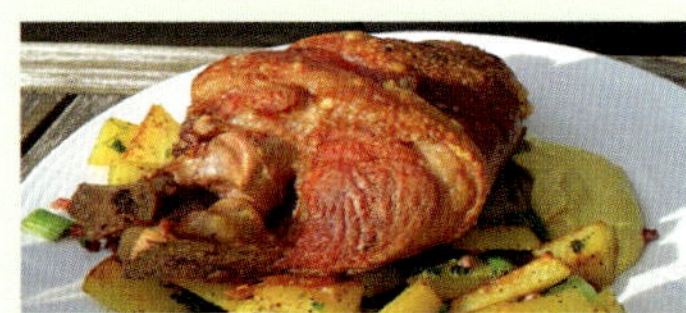

ÜBERNACHTUNG

1 VILLA PANGEA
Am Scholben 12
37431 Bad Lauterberg im Harz
Tel. (05524) 999 39 19
www.villapangea.de

2 THE HEARTS HOTEL
Am Jermerstein 15, 38700 Braunlage
Tel. (05520) 998 99 97
www.theheartshotel.com

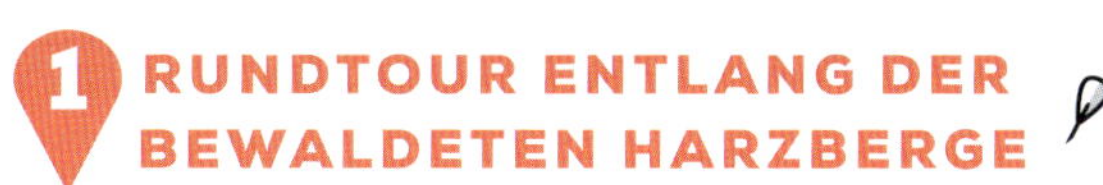

1 RUNDTOUR ENTLANG DER BEWALDETEN HARZBERGE

Die **ODERTALSPERRE** *bei* **BAD LAUTERBERG** *ist beliebtes Ausflugsziel im Harz. Sie staut die ca. 55 Kilometer lange Oder zum sehr klaren, bis zu 60 Meter tiefen See auf, der rege von Seglern, Surfern oder Stand Up Paddlern genutzt wird.*

Unser Boards sind bereit, vom **SÜDLICHSTEN PUNKT** der Talsperre gleiten wir sachte aufs Wasser hinaus und atmen sofort die herrliche Luft ein, für die der **HARZ** bekannt ist. Unser Blick gleitet erst einmal über die Wasserfläche und wir spähen neugierig nach rechts in die Seitentäler mit ihren ausgeprägten Buchten. Von der gegenüberliegenden Seeseite, unterhalb der Bundesstraße, haben wir einen schönen Blick auf die sich vor uns auftuenden **HARZBERGE** und den gesamten **STAUSEE.** Auch sehen wir hier noch schöne Buchenmischwälder, denn damit war der Harz einst bewaldet. Die Fichte kam erst später dazu, als im Bergbau schnell wachsender Rohstoff benötigt wurde.

Am Ende des Hauptarms können wir wegen des niedrigen Wasserstandes eine der **„VERSUNKENEN SCHWESTERN“** sehen: *Die 1923 erbaute* **EMMA BRÜCKE**, *die auf dem Grund des Odertalstausees steht. Bei niedrigem Wasserstand ist sie zu sehen und auch zu benutzen. Ihre Schwester Anna zeigt sich nur äußerst selten, es kann Jahrzehnte dauern, bis man sie zu Gesicht bekommt. Die beiden Brücken, die nach den Töchtern des Konstrukteurs benannt sind, führten, bevor die Talsperre gebaut wurde, nach Braunlage.*

Wieder Richtung Süden biegen wir an der **SPITZE VON „GIBRALTAR“** nach links. *Den Namen hat die Landzunge wegen ihrer Ähnlichkeit in der Form, als auch der Felsen mit der spanischen schmalen Halbinsel.* Weiter geht es in den Seitenarm **GROSSE HERZBEK** hinein. Bevor es aus ihm wieder hinaus und zurück zum Startpunkt geht, kann man am Südufer aussteigen und sich aus der **MARIENQUELLE** reines Quellwasser in die Trinkflasche abfüllen.

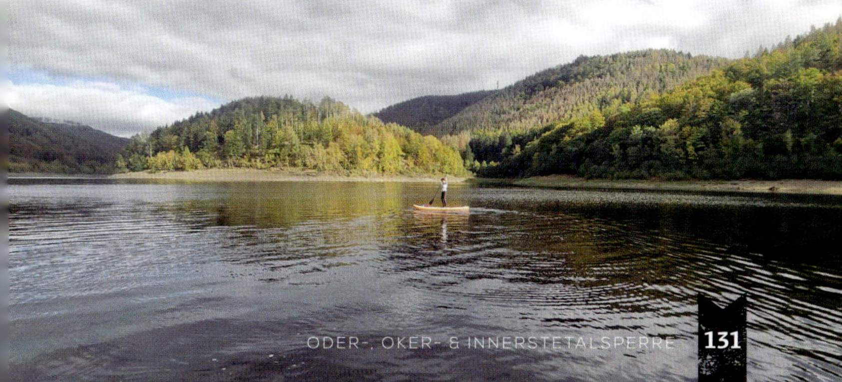

2 OKERTALSPERRE

WIND & WETTER

Besonders auf **Wind** achten, da es zu **schnellen Wetteränderungen und starken Windböen** kommen kann.

BEFAHRUNGSREGELN

Die **Fahrgastschifffahrt** hat Vorfahrt.

An der **Anlegestelle der Personenschifffahrt** ist **Baden** und **zu Wasser lassen von Booten verboten** – um die Schifffahrt nicht zu behindern.

ANFAHRT PKW & PARKEN

Von Norden über Goslar, dort auf die B 498 und 11,5 km bis zur Okersee-Schifffahrt an der Weißwasserbrücke.

Aus Südwesten von Osterode am Harz der B 241 folgen bis zur *Altenauer Str. (K 38)* in Clausthal-Zellerfeld. Auf diese rechts abbiegen und bis zur B 498 fahren. Hier links und 3,5 km bis zur Okersee-Schifffahrt an der Weißwasserbrücke.

Aus Südosten von Braunlage auf der B 242/B 4 bis kurz vor Torfhaus, dort links abbiegen auf die L 504 nach Altenau, geradeaus weiter auf die B 498 und 5 km bis zur Okersee-Schifffahrt an der Weißwasserbrücke.

PARKEN Parkplätze an der Okersee-Schiffahrt.

ANFAHRT MIT ÖPNV

Vom Bf *Goslar* mit Bus 861 Richtung Altenau Therme Heißer Brocken bis Haltestelle *Okertalsperre Weißwasserbrücke* (Infos: www.harzbus-goslar.de).

BADEN

» In der **Okertalsperre.**

» **Waldschwimmbad Okerteich** an der **Kleinen Oker** in **Altenau**, im Wald mit großzügiger Liegewiese, Außendusche, Spielplatz.

» **Kristall Therme „Heißer Brocken" Altenau**, Thermalbad mit 1,5%, 3% & 12%iger Sole, Innen- & Außenbecken, Wasserfall, Whirlpool, 5 verschiedene Saunen. www.kristalltherme-altenau.de

» **Badestellen** am **Ost- und Westufer** des herrlichen **Oderteichs**, Teil des UNESCO Weltkulturerbes „Oberharzer Wasserwirtschaft" – an der B 242 **zwischen Altenau und St. Andreasberg.**

» **Waldseebad Clausthal-Zellerfeld.** Schwimmen und erholen in malerischer Umgebung.

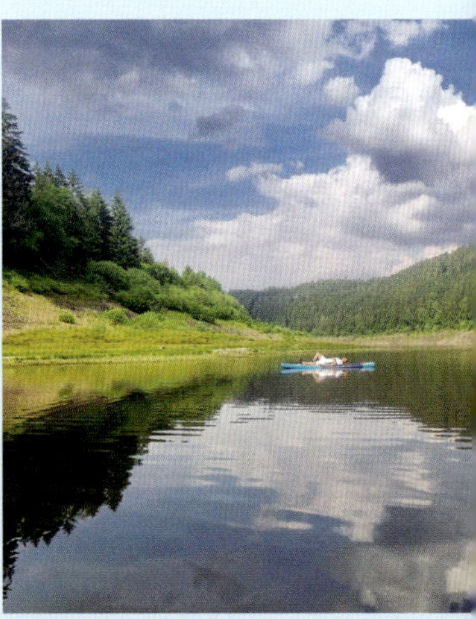

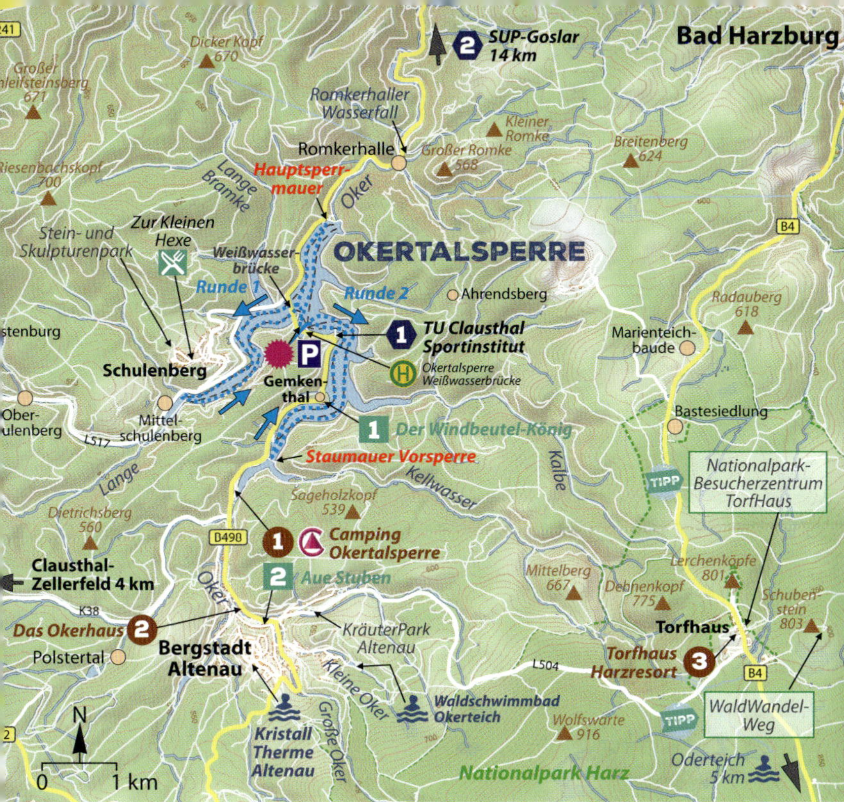

EXTRA-TIPPS RUND UM DIE OKERTALSPERRE

» Der Wald mit Kahlflächen oder toten Bäumen sieht für viele erschreckend aus, ist jedoch Teil der natürlichen Dynamik in Fichtenwäldern. Bei genauerem Hinsehen bemerkt man die unbändige Kraft der Natur. Der **WaldWandelWeg Torfhaus** am **Schubenstein** nimmt einen auf 180 Metern mit auf eine kleine Zeitreise der Entwicklung vom Forst zum Urwald von morgen.

» Der Besuch im **Nationalpark-Besucherzentrum TorfHaus** ist ein „Muss". Man bekommt spannende Ein- und Ausblicke in den Nationalpark Harz und erfährt, wie die Wildnis wieder Wirklichkeit wird. www.torfhaus.info

» Die **Oberharzer Wasserwirtschaft** ist mit 107 historischen Teichen und Gräben eines der weltweit größten vorindustriellen Energieversorgungssysteme und seit 2010 UNESCO-Welterbe. *Zisterziensermönche legten dieses Wasserleitsystem an, um die Wasserkraft für den Bergbau nutzbar zu machen.* www.welterbeimharz.de >Welterbe im Harz >Oberharzer Wasserwirtschaft

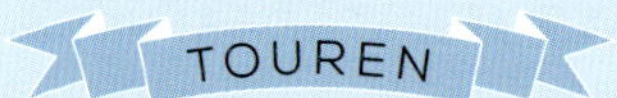

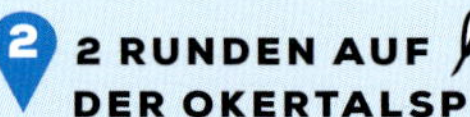

2 RUNDEN AUF DER OKERTALSPERRE

(mit Beschreibungen Seite 135)

Runde 1: Von der Weißwasserbrücke schweben wir über das versunkene Dorf Schulenberg bis ans Ende des „Schulenberger Arms“ und zurück.

| **LÄNGE** 8 km | **DAUER** 2-2:30 h

Runde 2: Von der Weißwasserbrücke geht es in den stillen„Altenauer Arm“ und wieder zurück. Hinter jeder Verzweigung gibt es Neues zu entdecken!

| **LÄNGE** 6 km | **DAUER** 1:30-2 h

EIN- & AUSSTIEG

Unter der Autobrücke (Weißwasserbrücke) auf der Seite des Anlegers „Okersee-Schiffahrt“.

Achtung: An der Anlegestelle der Personenschifffahrt ist das **zu Wasser lassen von SUPs verboten.**

SUP-VERMIETUNG

1 TU CLAUSTHAL SPORTINSTITUT
Ausleihzeit Mi-Fr 15-20, Sa+So 13-19 Uhr
Bootshaus *(kurz vor der Weißwasserbrücke)*, Tel. (05329) 381
www.sport.tu-clausthal.de >Hochschulsport >Bootshaus

2 SUP-GOSLAR
Am Sportplatz 11
38644 Goslar-Jerstedt
Tel. 0171-275 92 61
www.sup-goslar.de

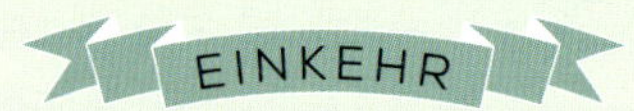

2 OKERTALSPERRE

1 DER WINDBEUTEL-KÖNIG
Gemkenthal 1
38707 Altenau / OT Gemkenthal
Tel. (05328) 17 13
www.windbeutel.de
Mi-So 11.30-17.30 Uhr

KLASSIKER Windbeutel aller Art – süß oder herzhaft

2 AUE STUBEN IM LANDHOTEL ALTE AUE
Marktstr. 17, 38707 Altenau
Tel. (05328) 980 10
www.landhotel-alteaue.de
Mo-Do 14-20, Fr-So 12-21 Uhr

KLASSIKER Wildspezialitäten von heimischem Wild

ÜBERNACHTUNG

1 CAMPING OKERTALSPERRE
Kornhardtweg 2, 38707 Altenau
Tel. (05328) 702
www.camping-okertalsperre.de

2 DAS OKERHAUS
Hüttenstr. 13, 38707 Altenau
Tel. 0162-374 57 14
www.dasokerhaus.com

3 TORFHAUS HARZRESORT
Torfhaus 2
38667 Torfhaus/Harz
Tel. (05320) 229 00
www.torfhaus-harzresort.de

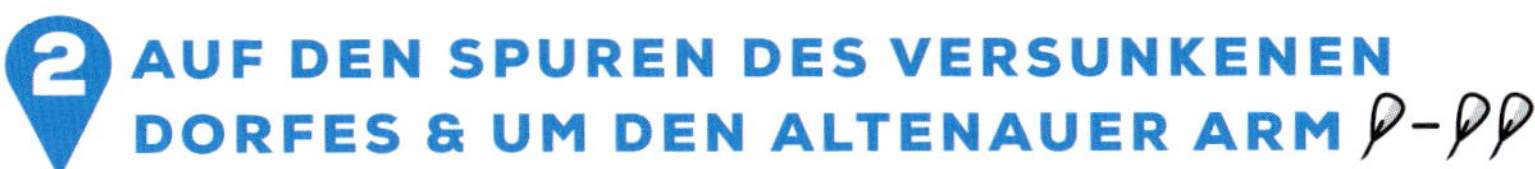

2 AUF DEN SPUREN DES VERSUNKENEN DORFES & UM DEN ALTENAUER ARM

Die bekannteste unter den Talsperren im Harz, auf der Wassersport ausgeübt werden darf, ist die **OKERTALSPERRE.** *Mit der* **MS AQUAMARIN** *verfügt sie, als einzige Talsperre im Harz, über die höchstgelegene Linienschiffverbindung Niedersachsens. Das Besondere ist außerdem, dass im Jahre 1954 das idyllische Dörfchen* **SCHULENBERG** *mit seinen 300 Bewohnern weichen musste, als das Tal geflutet wurde. Rund 60 Meter über dem Stausee schaut man heute vom neu gebauten Dorf Schulenberg auf die Talsperre. Durch ihre Größe ergibt sich eine Uferlinie von über 20 Kilometern Länge. Mit den weit verzweigten Seitenarmen und 2,25 qkm Wasserfläche bietet sie somit ideale Voraussetzungen für ein ganzes SUP-Wochenende, sowohl für „Genusspaddler" die Ruhe suchen, als auch sportliche SUPer.*

RUNDE 1: Wir starten unsere SUP-Tour rechts der **WEISSWASSERBRÜCKE** ●, paddeln unter der imposanten Brücke hindurch in den **SCHULENBERGER ARM** und gleich vorbei an der nächsten Brücke und den ersten kleinen Seitenarm. Bald befinden wir uns über den früheren Häusern des versunkenen **SCHULENBERGS.** *Mit Sack und Pack verließen die Dörfler am 29. August 1954 ihre Häuser bevor das Tal geflutet wurde.* Nach der nächsten Biegung und ein paar Paddelschlägen sind wir schon am Ende des Schulenberger Arms, drehen um und paddeln wieder zur **WEISSWASSERBRÜCKE**. Unter ihr hindurch geht es geradeaus Richtung **HAUPTSPERRMAUER** – unser nächstes Ziel. Mit 260 Metern Länge und 67 Metern Höhe ist sie sehr eindrucksvoll und wir kommen uns wie kleine Spielzeugfiguren vor, als wir direkt davor einen Stopp einlegen. Hier machen wir kehrt und SUPen zurück zu unserem **EINSTIEG** ●.

RUNDE 2: Wieder starten wir unterhalb der **WEISSWASSERBRÜCKE** ●. Zunächst geht es an der Anlegestelle der **OKERSEE-SCHIFFFAHRT** vorbei, wo wir auf die **MS AQUAMARIN** achten – das einzige Linienschiff im gesamten Harz –, dann an Stegen, wo vertäute Segelboote heute bei „Flaute" dümpeln.

Nun wird es sehr ruhig, denn kaum ein Paddler verirrt sich in diesen Arm der Talsperre. Hinter der nächsten Landzunge haben wir einen tollen Blick auf die **HARZER BERGE.** Die Ufer sind aufgrund des Niedrigwassers sehr flach und wir nutzen die komfortable Anlegemöglichkeit für ein kleines Sonnenbad. Dabei blicken wir schon mit Vorfreude nach **GEMKENTHAL** zum legendären **„WINDBEUTEL-KÖNIG"** 1, mit seinen unfassbaren Kreationen.

Schnell gehts noch zur **VORSPERRE** für einen Fotostopp, bevor wir zurückpaddeln und die Berge noch mal aus einer ganz anderen Perspektive genießen.

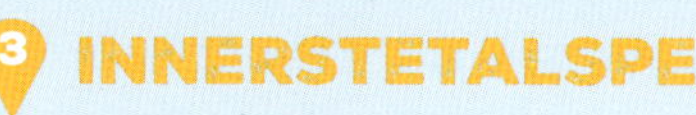

3 INNERSTETALSPERRE

WIND & WETTER

Besonders auf **Wind** achten, da es zu **schnellen Wetteränderungen und starken Windböen** kommen kann.

BEFAHRUNGSREGELN

Surfer und Segler haben **Vorfahrt**.

Stege der Segler nicht benutzen.

ANFAHRT PKW & PARKEN

A7 bis Ausfahrt 66 (Rhüden/Harz), weiter auf der B 82 bis Langelsheim. Dort runter von der Schnellstraße und rechts ab auf die L 515 in Richtung Lautenthal/Wildemann bis zur Staumauer / zum Stausee fahren.

PARKEN Auf dem Seitenstreifen der L515 im Bereich der Staumauer.

ANFAHRT MIT ÖPNV

Vom Bf *Langelsheim* mit Bus 832 (oder 1 km zu Fuß) zur Haltest. *Harzstraße* oder *Langelsheim Schulzentrum*, dort Bus 831 bis *Innerstetalsperre Staudamm.* Varianten mögl. (Wochenende RufBus 831, mind. 60 Min. vor Fahrt anmelden, Tel. (05321) 518 27 88. Info: www.harzbus.de www.bahn.de).

BADEN

» In der **Innerstetalsperre.**

» **Bürgerbad Bergstadt Lautenthal** idyllische Lage, Rutsche, Kiosk. www.buergerbad-lautenthal.de

» **Freibad Langelsheim,** www.langelsheim.de/Leben/Sport/Freibäder

» **Wölfi-Bad Wolfshagen,** idyllisches Waldfreibad, www.woelfi-bad.

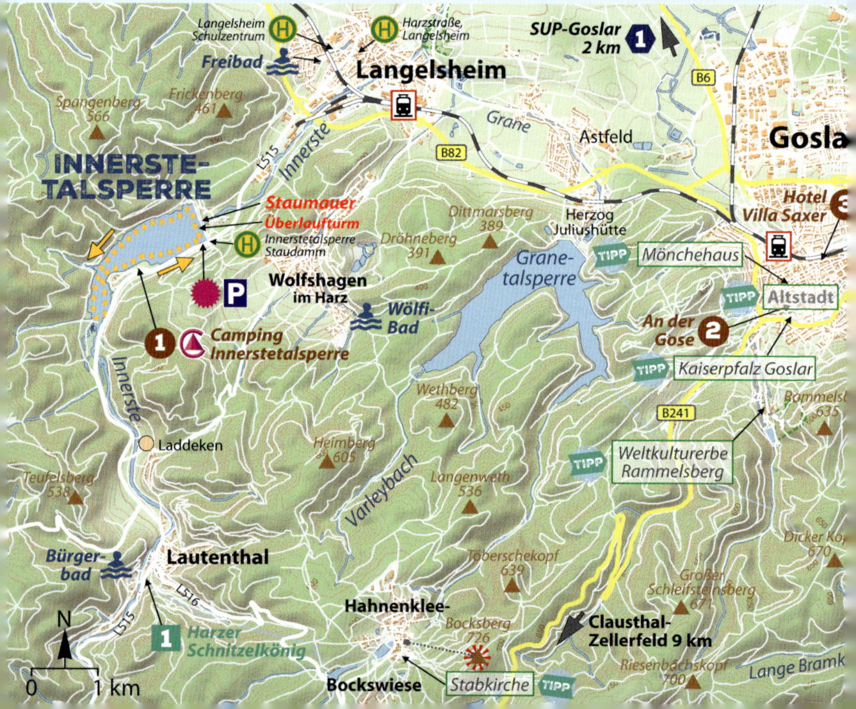

EXTRA-TIPPS IN GOSLAR

Zum UNESCO-Weltkulturerbe zählen die Altstadt von Goslar, das am Stadtrand liegende ehemalige Erzbergwerk Rammelsberg und die Oberharzer Wasserwirtschaft.

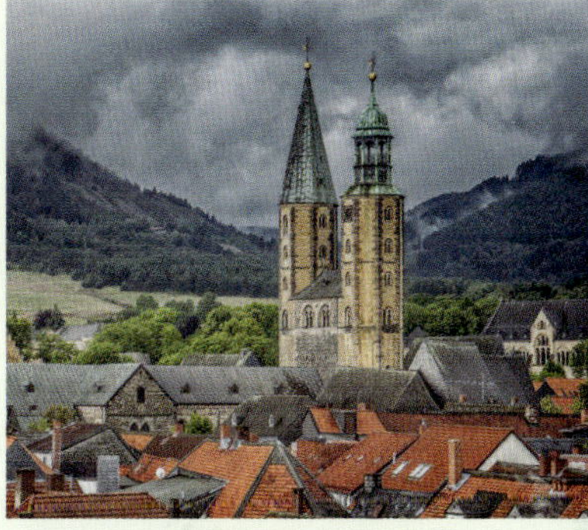

» Die **Goslarer Altstadt** mit ihren engen Gassen und den über 1.500 Fachwerkhäusern gehört natürlich zum „Pflichtprogramm“ im Harz. Besonders sehenswert sind der **Schuhhof,** Goslars ältester Platz, das **Bäckergildehaus,** das **Große Heilige Kreuz** oder das **Siemenshaus** – Stammsitz der Industriellenfamilie. Von vielen bedeutenden Bauwerken umgeben ist der hübsche **Marktplatz** mit dem **Marktbrunnen** im Mittelpunkt, gekrönt mit dem Wahrzeichen Goslars – dem Adler (www.goslar.de/tourismus).

» Das **Mönchehaus** (www.moenchehaus.de), **Museum für Moderne und Zeitgenössische Kunst** zeigt Werke der Preisträger des Kaiserrings. *Der weltweit renommierte Kunstpreis wird jedes Jahr von der Stadt an einen herausragenden Gegenwartskünstler vergeben. Dazu gehören u. a. Joseph Beuys, Henry Moore, Anselm Kiefer, Richard Serra.*

» Der „berühmteste Wohnsitz“ der Könige und Kaiser, die **Kaiserpfalz Goslar,** ist einzigartiges Denkmal weltlicher Baukunst (www.kaiserpfalz.goslar.de). *Über 200 Jahre lang wurde hier auf Hoftagen und Reichsversammlungen deutsche Geschichte geschrieben.* Sehenswert sind die Wandflächen der „aula regis“, die die Geschichte des „Heiligen Römischen Reiches“ erzählen.

» Im **Weltkulturerbe Rammelsberg** – Besucherbergwerk und Museum von internationalem Rang – bekommt man Einblick in die erhaltenen technischen Anlagen über und unter Tage. *Das Erzbergwerk ist als einziges Bergwerk der Welt kontinuierlich über 1.000 Jahre in Betrieb gewesen und hat mit seinem Reichtum von fast 30 Millionen Tonnen Erz die Geschichte der Stadt Goslar geprägt.* www.rammelsberg.de

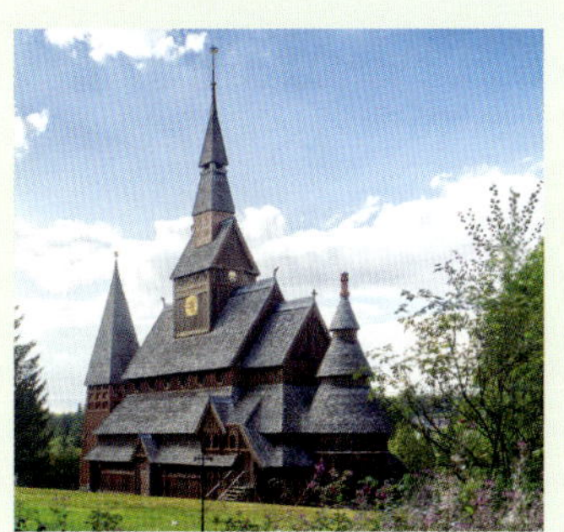

» Norwegen oder Harz? In **Hahnenklee-Bockswiese** steht eine wunderschöne, nach norwegischem Vorbild erbaute **Stabkirche aus Holz**. *Viele Stilformen in und an der Kirche weisen auf die Bauformen der Wikinger Schiffe hin, was sie in ihrer Bauweise und Ausstattung unter den Kirchenbauten Deutschlands einzigartig macht.* www.stabkirche.de

TOURER

3 AM FUSSE DER HARZBERGE

(mit Tourbeschreibung Seite 139)

Einmal um den Stausee.

| **LÄNGE** 5,5 km | **DAUER** 1:30-2 h

EIN- & AUSSTIEG

Direkt hinter der Staumauer einen der kleinen Pfade zum Wasser nutzen.

SUP-VERMIETUNG

1 SUP-GOSLAR
Am Sportplatz 11
38644 Goslar-Jerstedt
Tel. 0171-275 92 61
www.sup-goslar.de

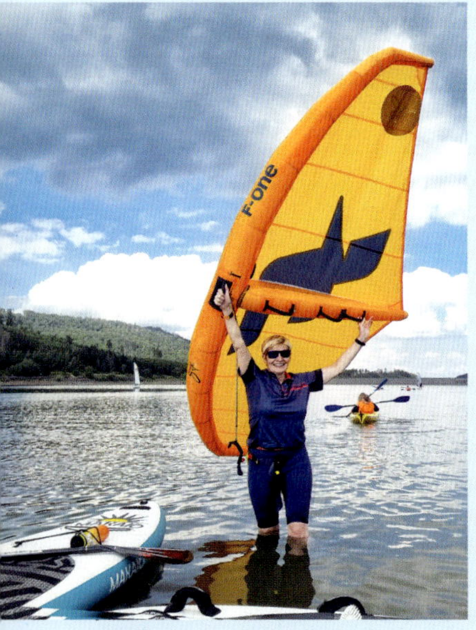

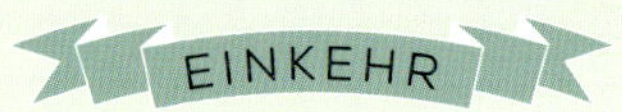

3 INNERSTE-TALSPERRE

1 HARZER SCHNITZELKÖNIG
Wildemanner Str. 9
38685 Lautenthal
Tel. (05325) 588 79 70
www.harzer-schnitzelkoenig.de
Tägl. ab 11.30 Uhr

KLASSIKER Chili-Schnitzel

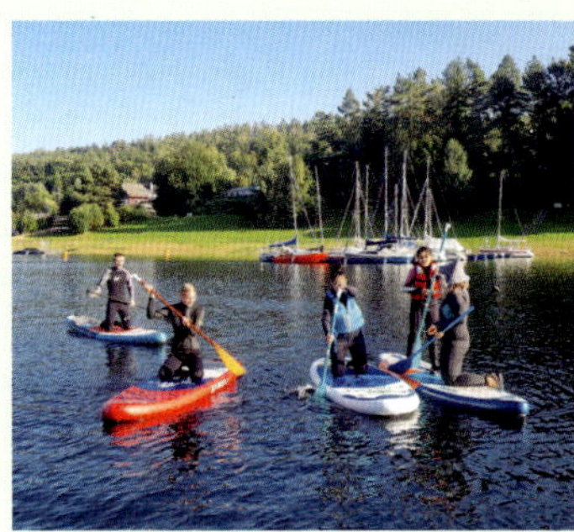

ÜBERNACHTUNG

1 CAMPING INNERSTETALSPERRE
Innerstetalsperre 2
38685 Langelsheim
Tel. (05326) 929 93 54
www.campinginnerstetalsperre.de

2 „AN DER GOSE" – GÄSTEZIMMER
An der Gose 13, 38640 Goslar
Tel. 0160-97 02 20 78
www.an-der-gose.de

3 HOTEL VILLA SAXER
Mauerstraße 24-25, 38640 Goslar
Tel. (05321) 39 89 90 00
www.hotel-villa-saxer.de

3 ENTSPANNTE, ABWECHSLUNGS-REICHE TOUR IN HARZER NATUR

Die **INNERSTETALSPERRE** *wurde zwischen 1963 und 1966 zur Trinkwasserversorgung und zum Hochwasserschutz erbaut. Umgeben von Laub- und Nadelbäumen liegt sie wunderschön in die Natur eingebettet. Ihre Staumauer ist mit 750 Metern die längste im Harz und schützt bisher sehr zuverlässig vor Hochwasser. Trotz Trinkwassergewinnung ist auf der Talsperre schon seit vielen Jahren Wassersport erlaubt.*

Von unserem **EINSTIEG** aus haben wir einen phantastischen Blick auf den markanten **ÜBERLAUFTURM** kurz vor der **STAUMAUER**, den wir jetzt ansteuern. Aber Achtung: Kommt der Wind direkt aus dem Harzvorland, kann es zu einem kleinen Düseneffekt kommen, so dass es nicht ratsam ist, um den Trichter herumzupaddeln. *Dieser im Harz einmalige Betontrichter verhindert das Überlaufen des Stauseewassers über die Staumauer-Krone hinweg.* Wir haben Glück, es ist windstill und wir können eine Runde um den Trichter drehen. Da die Talsperre zurzeit nur zu ca. 50% gefüllt ist, ist es ein imposantes Erlebnis.

Weiter geht es am Nordwestufer an der Bergseite, am DLRG-Häuschen vorbei, Richtung Süden. Eine kleine, wunderschöne Bucht, wo ein Schieferfelsen zum Verweilen einlädt, hat es uns angetan. Hier kommen die Hobby-Geologen unter uns auf ihre Kosten, denn an dieser Stelle reicht in dem vierhundert Millionen Jahre alten Mittelgebirge die **CLAUSTHALER KULMFALTENZONE** bis an den Stausee heran und man kann sehen, wie abwechslungsreich die Geologie des Harzes ist. Am Ende der Talsperre, wo die **INNERSTE** von **LAUTENTHAL** herkommend hineinfließt, ist dann erstmal Schluss für uns, denn an dieser Stelle des Stausees befindet sich ein ökologisch wertvolles **FEUCHTBIOTOP** mit einem Lebensraum für viele einheimische Wasservogelarten. Hier heißt es auch vorsichtig zu sein, wenn man das Gewässer nicht kennt. Sowohl Bäume als auch „Schlammbänke“ können sich bei Niedrigwasser schon kurz unter der Oberfläche befinden. So manch Ahnungsloser ist hier im Wasser gelandet.

Wir nehmen also wieder Kurs auf Norden und paddeln an einer sehr beliebten **BADESTELLE** vorbei, wo sich heute viele Schwimmer im Wasser tummeln. Kurz vor Ende unserer Tour passieren wir die Stege der Segler, Kanuten und Ruderer. Aber weder hier, noch am geteerten Ausstieg zum **CAMPINGPLATZ** 1 ist ein Anlegen erwünscht.

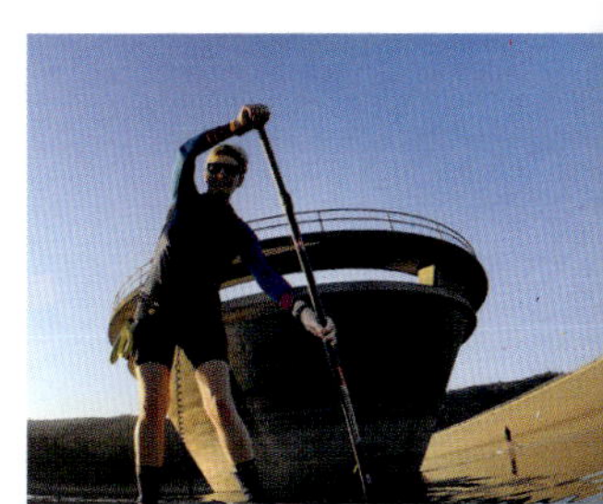

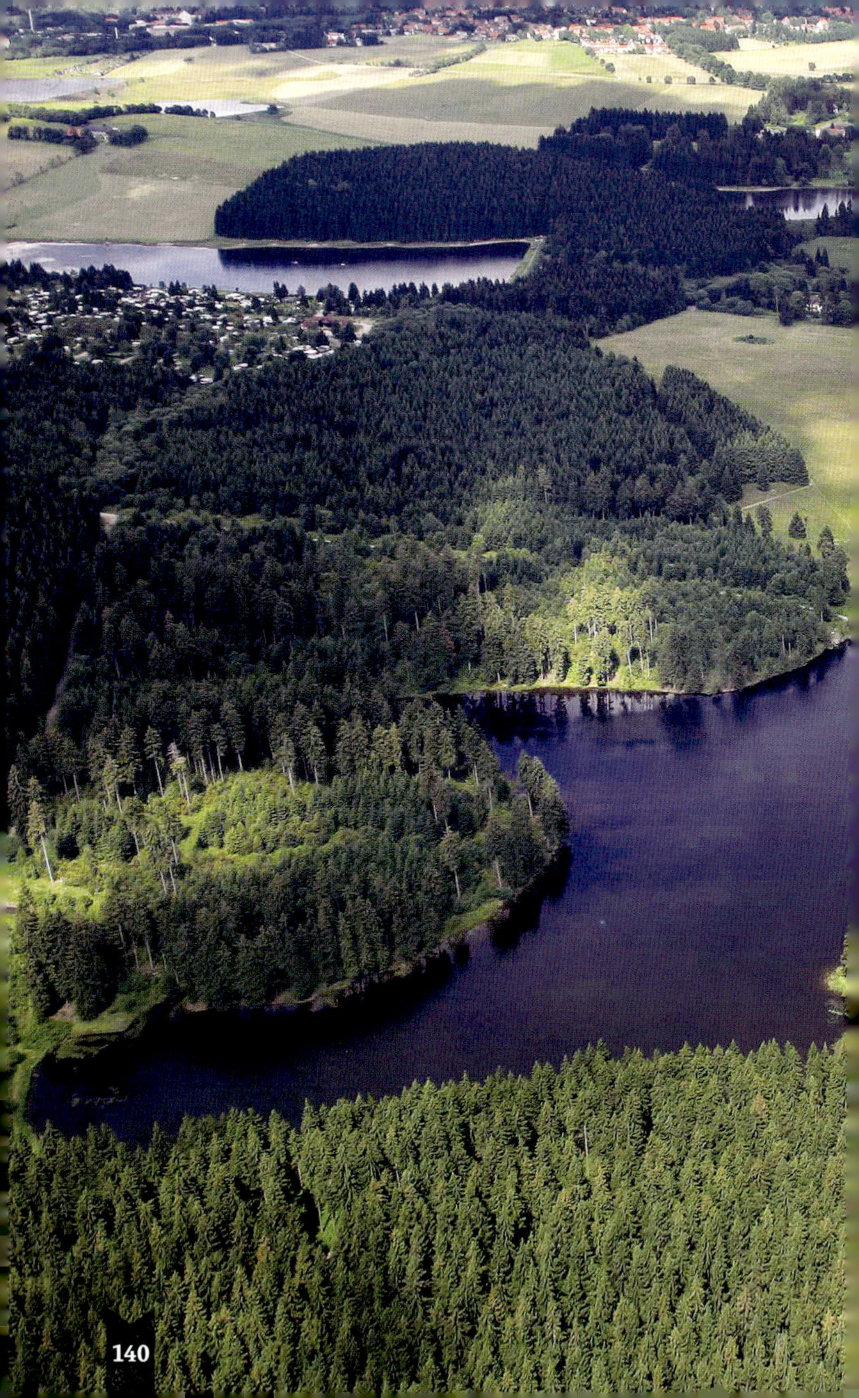

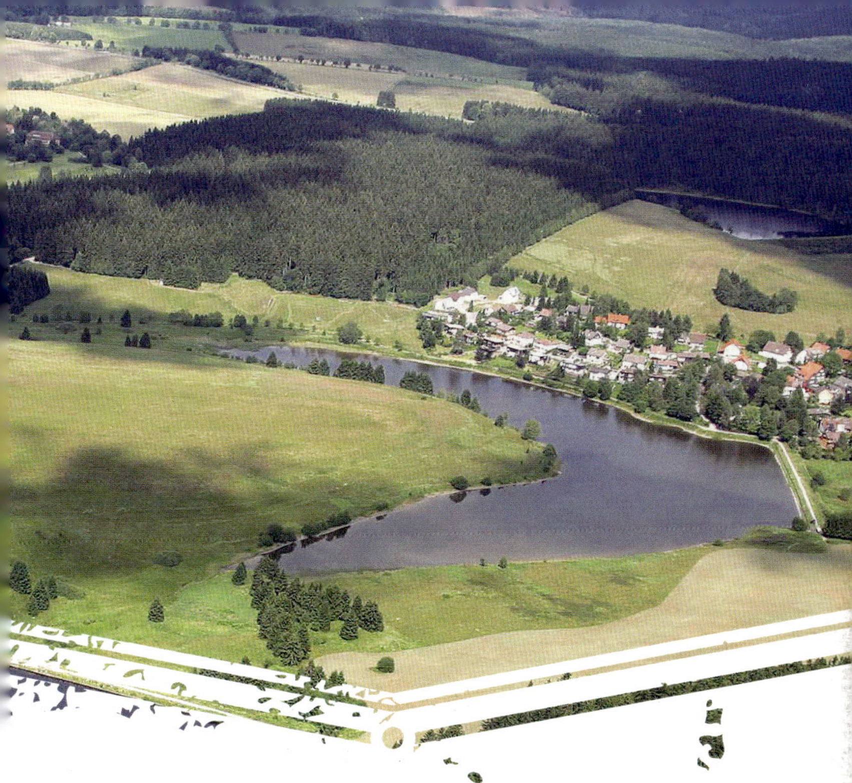

3 TEICHE IM HARZ

ANSPRUCH | EINKEHR

KUTTELBACHER & KIEFHÖLZER TEICH – PRINZENTEICH

Schaut man sich den Harz von oben an, sieht man eine Vielzahl kleiner und großer Seen und Teiche. Meist von Menschenhand angelegt, um Energie für den Bergbau zu gewinnen. Perfekt für uns SUPer! Oder einfach nur für einen chilligen Badetag.

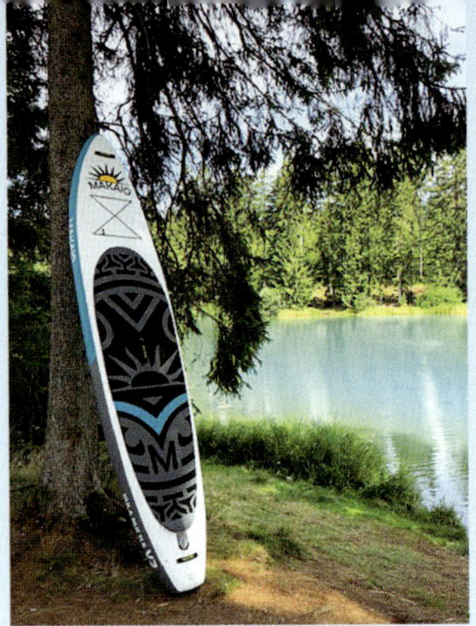

WIND & WETTER

Der Wind spielt auf den Badeseen in der Regel keine Rolle.

BEFAHRUNGSREGELN

Bitte beachtet die **Verhaltensregeln auf den Schildern** an den Teichen.

PARKEN

An allen drei Spots gut möglich.

1 KUTTELBACHER TEICH

ANFAHRT MIT DEM PKW

Aus Richtung Goslar auf der B 241 bis zur Kreuzung Kreuzeck, dann rechts auf die L 516. Der Teich befindet sich nach ca. 2,5 km rechts.

ANFAHRT MIT ÖPNV

Aus Goslar mit Bus 830 Richtung Clausthal-Zellerfeld ZOB bis Haltestelle *Hahnenklee Abzw. Lautenthal* (harzbus.de www.harzbus-goslar.de). Dann ca. 1 km zu Fuß über die L 516 und einen Waldweg zur Badestelle.

2 KIEFHÖLZER TEICH

ANFAHRT MIT DEM PKW

Aus Richtung Goslar B 241 bis zum Abzweig *Schulenberger Str.* (Aral Tankstelle). Dort links ab auf die L 517 und nach ca. 2 km links den Schildern zum Kiefhölzer Teich folgen.

ANFAHRT MIT ÖPNV

Aus Goslar mit Bus 830 Richtung Clausthal-Zellerfeld Ostbahnhof bis Haltestelle *Erbprinzentanne*. Zu Fuß ca. 1,2 km bis zum Kiefhölzer Teich.

3 PRINZENTEICH

ANFAHRT MIT DEM PKW

Aus Richtung Goslar B 241 bis Parkplatz *Untere Innerste*. Dort rechts ab durch den Wald und bis zum Parkplatz *Prinzenteich*.

ANFAHRT MIT ÖPNV

Von *Goslar ZOB* mit Bus 830/840 bis *Adolph-Roemer-Straße, Clausthal-Zellerfeld* oder *Cl.-Zellerfeld ZOB*, Umstieg in Bus 440 bis Haltestelle *Buntenbock Im Oberfeld* (www.vsninfo.de & bahn.de). Zu Fuß 1,4 km zum westlichen Ende des Teichs.

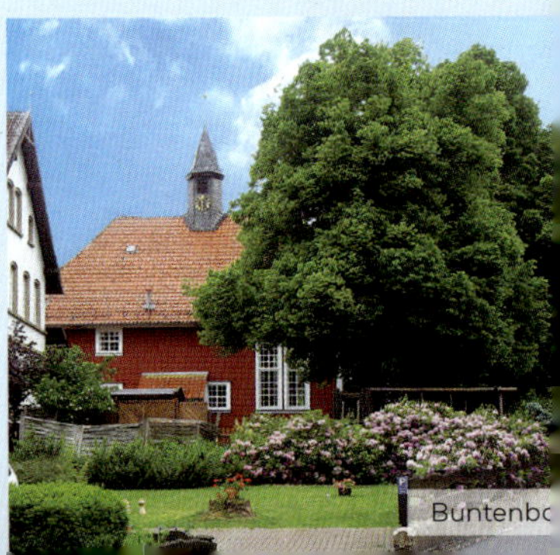
Buntenbc

SEHENSWERT

- Neben der bergbau- und kulturkundlichen Sammlung des **Oberharzer Bergbaumuseums** in **Clausthal-Zellerfeld,** bildet der Gang durch das Schaubergwerk mit den über- und untertägigen Anlagen zweifellos den Höhepunkt. www.oberharzerbergwerksmuseum.de
- Vorbild für die **Holzstabkirche** in **Hahnenklee-Bockswiese** waren die Stabkirchen Norwegens. *Der Baustil, der auf die Bauformen der Wikingerschiffe hinweist, macht die Kirche unter den Kirchenbauten Deutschlands einzigartig. Besonders die Gestaltung des Altars und auch der Kronleuchter, der einem Schiffssteuerrad nachempfunden ist, sind der Hingucker.* www.stabkirche.de
- Der **6,5 km** lange **Liebesbankweg** bei **Hahnenklee** ist einer der schönsten **Wanderwege** im Harz. Seine Bedeutung trägt er bereits im Namen – unterwegs begegnen einem zahlreiche „Liebesbänke" und andere liebevolle Kunstobjekte. www.liebesbankweg.de
- Die Millionen Jahre alte **Iberger Tropfsteinhöhle** bei **Bad Grund** – meistbesuchte Schauhöhle und Sehenswürdigkeit im Harz. Ihre seltene Entstehungsgeschichte und die Verknüpfung mit dem historischen Bergbau machen sie europaweit einzigartig. www.hoehlen-erlebnis-zentrum.de
- Er war eine der wichtigsten Anlagen des alten Oberharzer Silberbergbaus, der **19-Lachter-Stollen** in **Wildemann.** Er diente dazu, aus höher gelegenen Gruben das Wasser abzuleiten. Ein Besuch gibt einzigartigen Eindruck über drei Bergbauepochen des Oberharzer Bergbaus. www.19-lachter-stollen.de

---

EXTRA-TIPPS IN CLAUSTHAL-ZELLERFELD

- Im **Bogenpfad Harz** am **OutdoorCenter** führt der 3D Bogen-Parcours durch urwüchsiges Gelände voller Spuren der Geschichte. Auf 3,5 km findet man 22 Stationen mit über 50 3D-Zielen. Hier hat man eine gute Gelegenheit, sich im traditionellen Bogenschießen auszuprobieren. www.harzagentur.de
- 1.200 Besucher finden Platz in der **Marktkirche zum Heiligen Geist**. Als größte **Holzkirche** Deutschlands, gehört sie auch durch ihre Architektur & Ausstattung zu den bedeutendsten Baudenkmälern des norddeutschen Barocks.

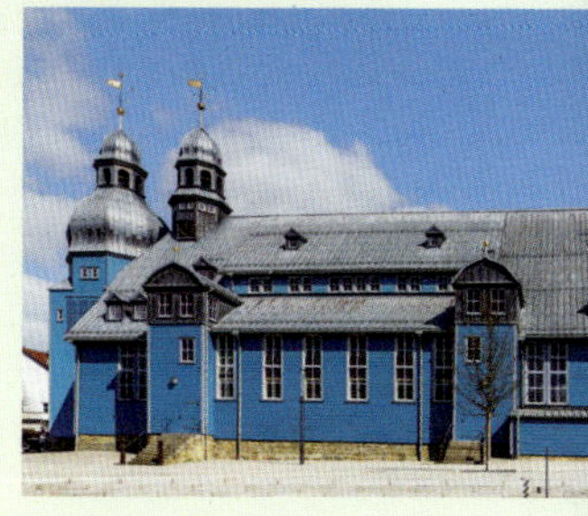

- Einblick in das über 2.000 Jahre alte Kunsthandwerk bekommt man in der einladenden Atmosphäre der **Glashütte Clausthal-Zellerfeld** *(Di-Sa 10-17, So 11-17)*. Aufregend, wenn Glasmacher aus 1.200°C heißer Glasmasse Unikate von außergewöhnlicher Schönheit fertigen. Auch die **Brauakademie** hat im **Kunsthandwerkerhof Alte Münze** ihr Zuhause.
- **Oberharzer Bergbauernmarkt** in **Zellerfeld:** Jun-Sep Do 17-21 Uhr.

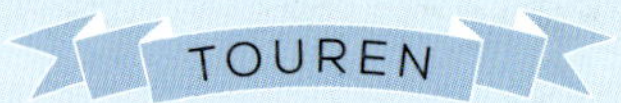

TOUREN

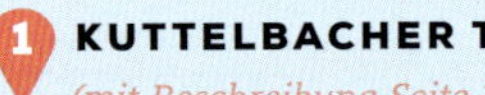

1 KUTTELBACHER TEICH

(mit Beschreibung Seite 147)

Schöne, kleine Runde mit abschließendem Grillen an der Grillhütte.

| **LÄNGE** 1,5 km | **DAUER** 0:30 h

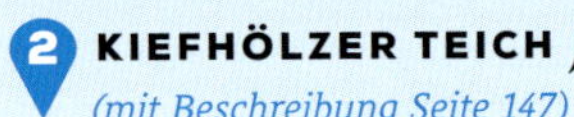

2 KIEFHÖLZER TEICH

(mit Beschreibung Seite 147)

Kleine Teichumrundung und chillen bei Sonnenuntergang.

| **LÄNGE** 1 km | **DAUER** 0:20 h

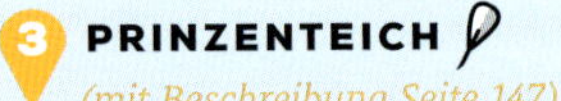

3 PRINZENTEICH

(mit Beschreibung Seite 147)

Ein Runde um den größten der Bergbauteiche im Oberharz.

| **LÄNGE** 2,4 km | **DAUER** 2:45 h

EIN- & AUSSTIEG

Überall an den Teichen möglich.

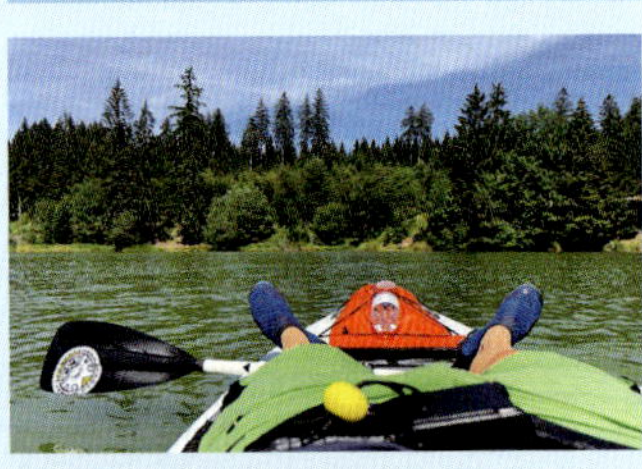

SUP-VERMIETUNG

1 SUP-GOSLAR
Am Sportplatz 11
38644 Goslar-Jerstedt
Tel. 0171-275 92 61
www.sup-goslar.de

EINKEHR

1 WALDNER'S

Kronenplatz 3
38678 Clausthal-Zellerfeld
Tel. (05323) 93 00
www.waldners-restaurant.de
Mi, So Ruhetag, sonst ab 17.30 Uhr

KLASSIKER
Wildgulasch mit Gnocchi

2 RESTAURANT GLÜCK-AUF

eigene Metzgerei im Ort
An der Marktkirche 7
38678 Clausthal-Zellerfeld
Tel. (05323) 16 16
www.eine.harz.de
Tägl. 12-14.30 & 17.30-21 Uhr

KLASSIKER Grubenteller – Geraspelter Hausspeck, Gebirgssalami mit Steinpilzen & frisch geriebener Meerrettich

3 HARZER SPEISEKAMMER

Mittelweg 13, 38678 Buntenbock
Tel. (05323) 21 43
www.harzerspeisekammer.de
Mo-Mi & Fr-Sa ab 17, So 11-19 Uhr

KLASSIKER Slow Food Genießerküche – regional & saisonal

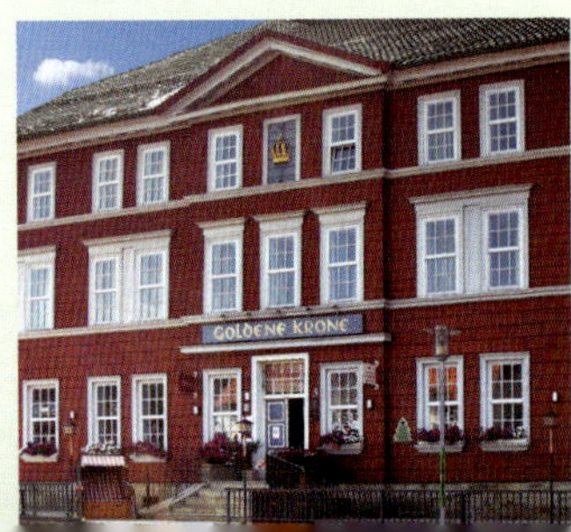

ÜBERNACHTUNG

1 DIE FELLEREI
An der Trift 19, 38678 Clausthal-Zellerfeld (OT Buntenbock)
Tel. (05323) 17 74
www.diefellerei.de

2 DIE HARZ-URLAUBS-ALM
SUP-Board in jedem Ferienhaus
Am Brink 11, 38678 Clausthal-Zellerfeld (OT Buntenbock)
Tel. (05323) 99 49 10
www.harz-urlaubs-alm.de

3 CAMPINGPLATZ WALDWEBEN
Spiegelthalerstr. 31
38678 Clausthal-Zellerfeld
Tel. (05323) 817 12
www.campingplatz-waldweben.de

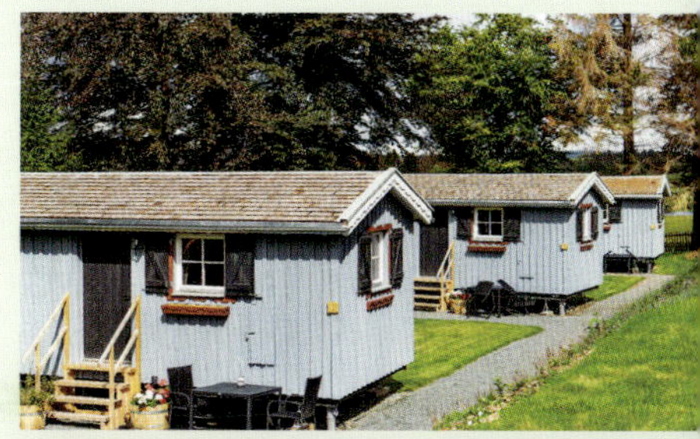

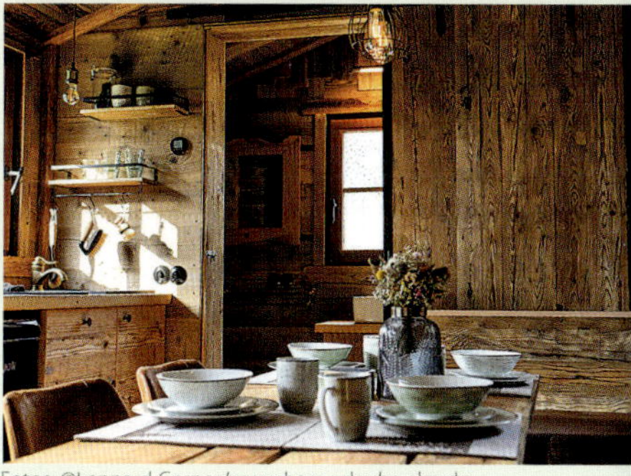

Fotos: ©Lennard Gerner/www.harz-urlaubs-alm.de

DREI REIZVOLLE TEICHE

Im Harz gibt es Dutzende von Seen – vom kleinen Tümpel bis zur riesigen Talsperre. Was aber alle gemeinsam haben, ist die Einbettung in eine wunderschöne Harzlandschaft mit weiten Wäldern. So sind sie nicht nur für Wassersportler eine große Freude, auch auf den umliegenden Wanderwegen und Trails kommen Wanderer und Mountainbiker auf ihre Kosten.

Besonders im Hochsommer sind die Teiche mit ihrem klaren, aber auch sehr kalten Bergwasser immer für eine Abkühlung gut. Die meisten Gewässer sind die sichtbaren Bestandteile des **KULTURDENKMALS OBERHARZER WASSERWIRTSCHAFT**, *welches zum* **UNESCO-WELTKULTURERBE** *zählt. Dazu gehören heute noch ca. 65 Teiche.*

So findet hier auch jeder, der nicht nur SUPen möchte, einen Teich, an dem er ungestört abseits der großen Wanderwege in den vielen kleinen Badebuchten baden kann. Jedoch sollte man die Badeverbote beachten, auf die Schilder an den Seen informieren.

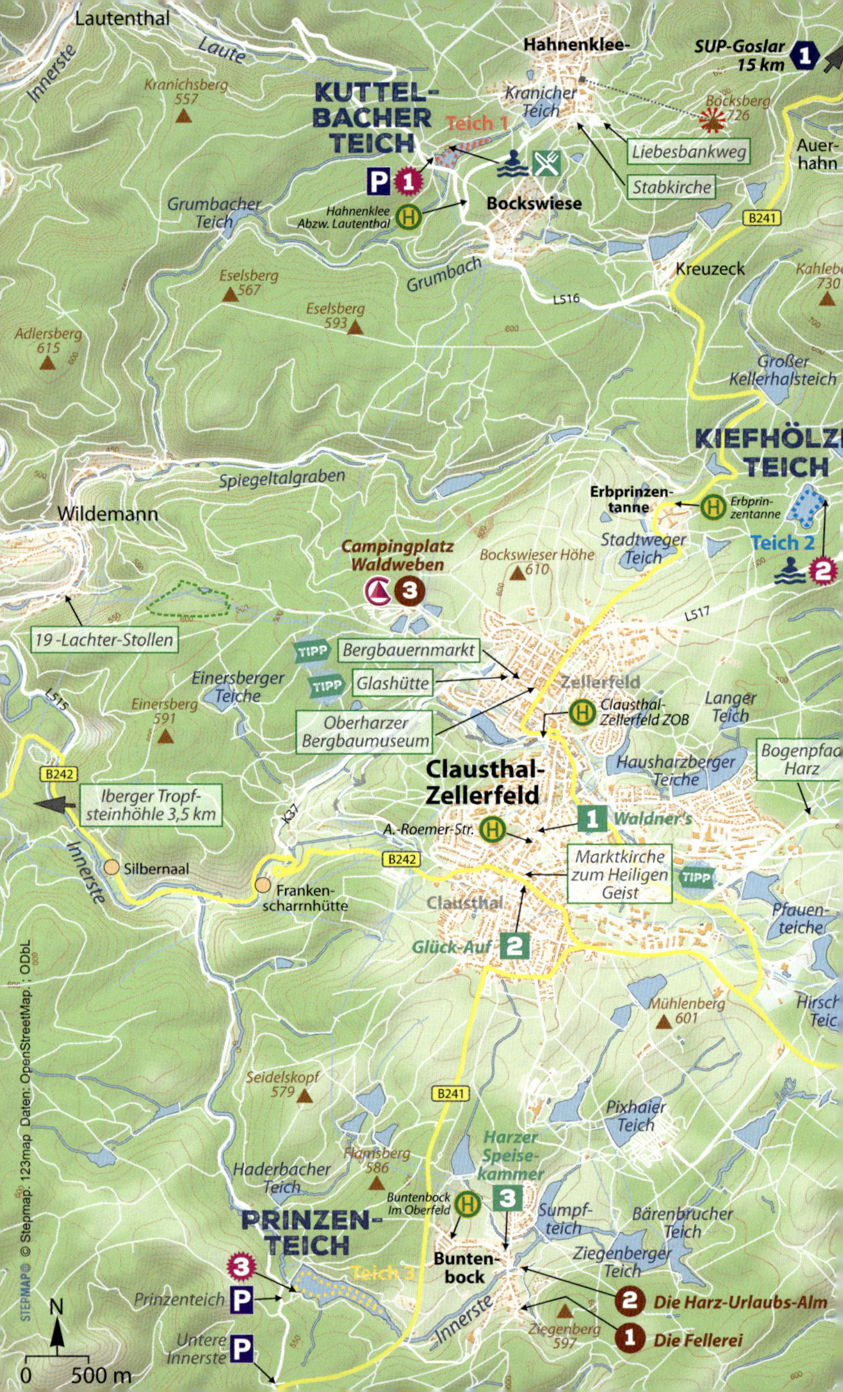

Lautenthal
Laute
Innerste
Kranichsberg 557
KUTTEL-BACHER TEICH
Teich 1
Hahnenklee-
Kranicher Teich
SUP-Goslar 15 km
Bocksberg 726
Liebesbankweg
Stabkirche
Auer-hahn
Bockswiese
Hahnenklee Abzw. Lautenthal
Grumbacher Teich
Grumbach
B241
Kreuzeck
Kahleberg 730
Eselsberg 567
Eselsberg 593
L516
Adlersberg 615
Großer Kellerhalsteich
KIEFHÖLZ TEICH
Spiegeltalgraben
Erbprinzen-tanne
Erbprin-zentanne
Wildemann
Campingplatz Waldweben
Bockswieser Höhe 610
Stadtweger Teich
Teich 2
L517
19-Lachter-Stollen
TIPP
Bergbauernmarkt
TIPP
Glashütte
Zellerfeld
Einersberger Teiche
Einersberg 591
L515
Oberharzer Bergbaumuseum
Clausthal-Zellerfeld ZOB
Langer Teich
Bogenpfad Harz
B242
Iberger Tropf-steinhöhle 3,5 km
Clausthal-Zellerfeld
Hausharzberger Teiche
A.-Roemer-Str.
Waldner's
K37
Marktkirche zum Heiligen Geist
Innerste
Silbernaal
B242
Franken-scharrnhütte
TIPP
Clausthal
Pfauen-teiche
Glück-Auf
Hirsch Teic
Mühlenberg 601
Seidelskopf 579
B241
Pixhaier Teich
Harzer Speise-kammer
Haderbacher Teich
Flamsberg 586
Buntenbock Im Oberfeld
Sumpf-teich
Bärenbrucher Teich
PRINZEN-TEICH
Bunten-bock
Ziegenberger Teich
Teich 3
Prinzenteich
Die Harz-Urlaubs-Alm
Innerste
Ziegenberg 597
Die Fellerei
Untere Innerste
N
0 500 m
© Stepmap: 123map Daten: OpenStreetMap ; ODbL

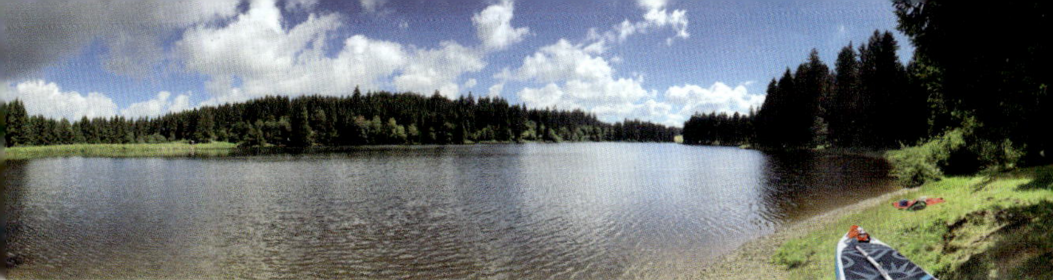

1 KUTTELBACHER TEICH

Der **KUTTELBACHER TEICH** bei **HAHNENKLEE-BOCKSWIESE** hat Trinkwasserqualität und ist mit dem kostenlosen **WALDSEEBAD**, Spielplatz, Tretbootvermietung und seinem Nichtschwimmerbereich perfekt geeignet, um mit der ganzen Familie einen Tag zu verbringen. Neben dem **CAFÉ HARZ AM SEE** stehen auch Umkleidekabinen und Toiletten zur Verfügung.

Den Tag können wir hier wunderbar an der gemütlichen **GRILLHÜTTE** ausklingen lassen. Reservierung nötig (im Café anfragen, cafe-harz-am-see.de).

2 KIEFHÖLZER TEICH

Der **KIEFHÖLZER TEICH** nördlich von **CLAUSTHAL-ZELLERFELD** gehört aufgrund seiner Fläche von 4,5 Hektar eher zu den größeren Harzer Bergbauteichen. Ebenso wie der Prinzenteich verfügt er über keine sanitären Anlagen. Es stehen allerdings am Nordostufer am weitläufigen Strand große **TISCHE UND BÄNKE** zum gemütlichen Picknick zur Verfügung. Besonders an einem lauen Sommerabend bei Sonnenuntergang lässt es sich hier in der herrlichen Umgebung aushalten.

3 PRINZENTEICH

Als einer der größten Bergbauteiche im Oberharz ist der **PRINZENTEICH** bei **BUNTENBOCK** touristisch stark frequentiert. Dennoch ist es immer möglich, sein eigenes kleines schattiges Plätzchen unter Bäumen zu finden. Den Teich teilen wir uns mit den Anglern, da das Gewässer wegen des **FISCHREICHTUMS** sehr beliebt ist. Eine Besonderheit dieses Kleinods ist die Vielfalt von **SCHMETTERLINGEN**. Beachten Sie bitte, dass der Prinzenteich **KEIN OFFIZIELLES BADEGEWÄSSER** und somit Baden eigentlich nicht erlaubt ist.

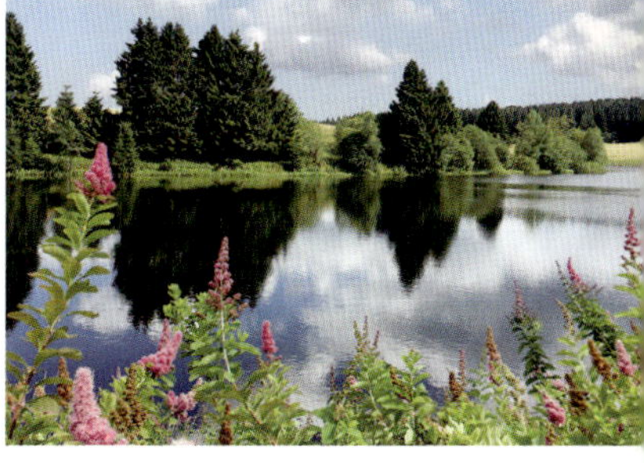

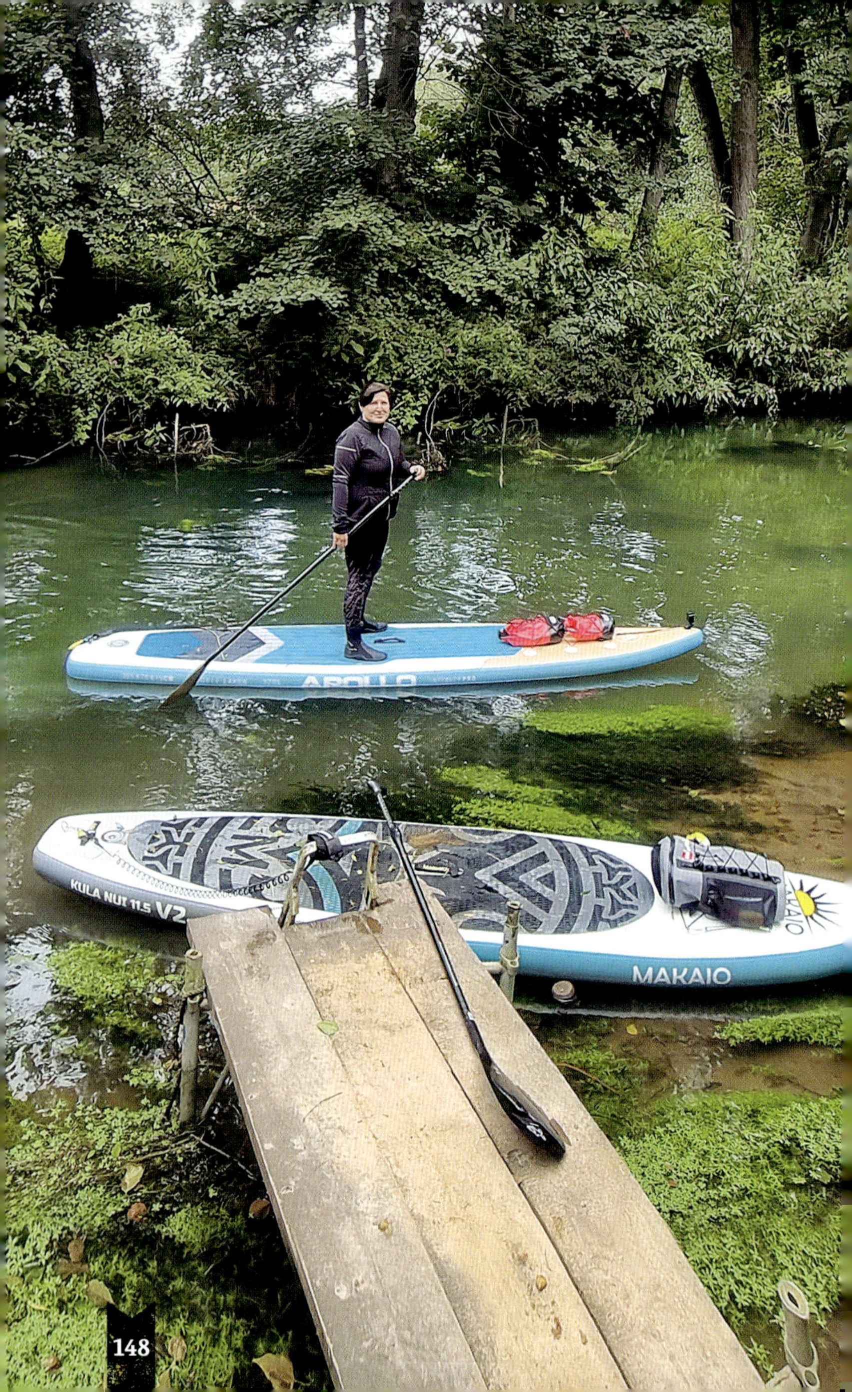
APOLLO
KULA NUI 11.5 V2
MAKAIO

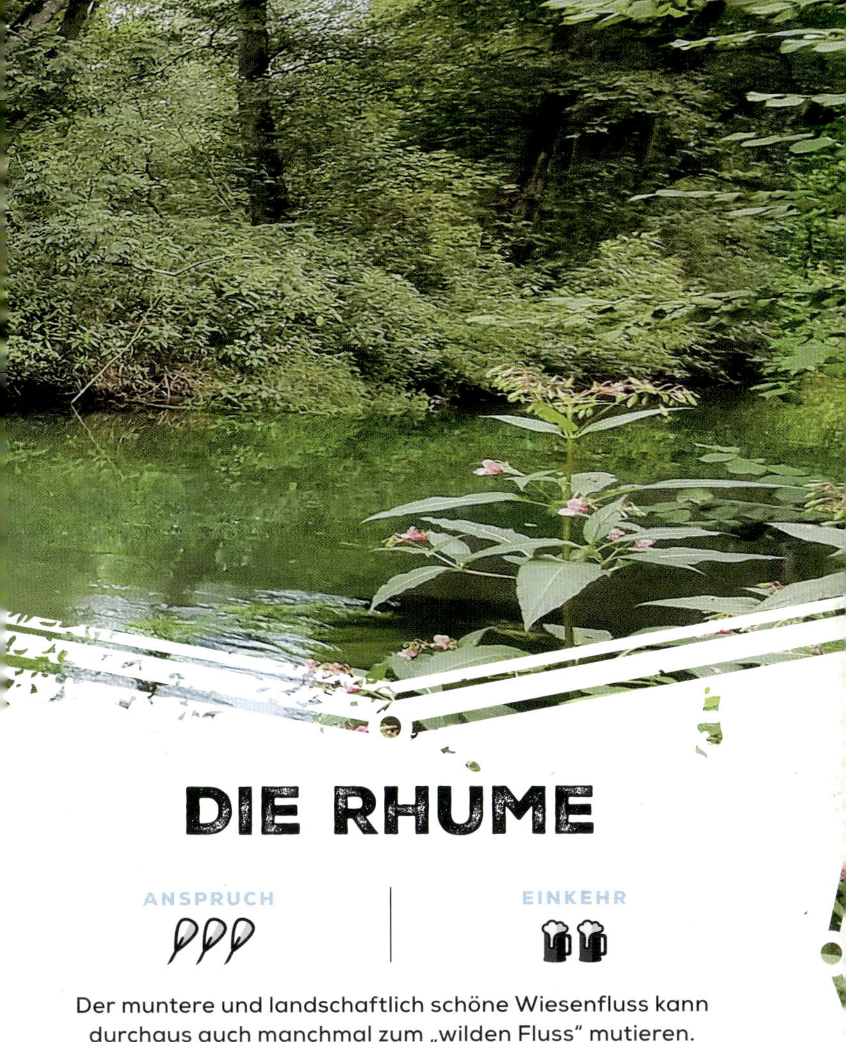

DIE RHUME

ANSPRUCH

EINKEHR

Der muntere und landschaftlich schöne Wiesenfluss kann durchaus auch manchmal zum „wilden Fluss" mutieren. Sattgrüne Uferauen wechseln sich mit einer hügeligen Landschaft ab, so dass es unterwegs immer wieder neue landschaftliche Schönheiten zu entdecken gibt.

WIND & WETTER

Der Wind spielt auf dieser Tour kaum eine Rolle, da Bäume einen hervorragenden Schutz bieten.

BEFAHRUNGSREGELN

Das **Raugerinne** am Ortseingang von **Lindau** muss unter Berücksichtigung von Flora & Fauna **umtragen** werden.

Auf der gesamten Strecke gilt **Uferbetretungsverbot** (Naturschutz).

SCHWIERIGKEITEN

Einige **anspruchsvolle Schwälle,** die nur für erfahrene SUPer paddelbar sind.

ANFAHRT PKW & PARKEN

Aus Norden A7 bis Ausfahrt 67 Seesen und auf der B 248/243 nach Osterode. Dort auf die L 523 bis Bilshausen. Am Ortsanfang hinter der Rhumebrücke rechts in die *Mühlenstraße*. Auf der rechten Seite befindet sich der Parkplatz.

Aus Süden A7 bis Ausfahrt 72 Göttingen-Nord Richtung Göttingen-Holtensen/Braunlage/Duderstadt/B27. Der B 27 bis zum Abzweig L 523 folgen. Von dort nach Bilshausen. Der Hauptstraße folgen und links vor der Rhumebrücke in die Mühlenstraße. Rechter Hand ist der Parkplatz.

PARKEN EINSTIEG Einige Parkplätze in der Mühlenstraße vorhanden.

PARKEN AUSSTIEG Auf dem Seitenstreifen direkt am Ausstieg möglich.

ZURÜCK ZUM PKW Von *Wachenhausen Hauptstraße* verschiedene Möglichkeiten mit 1-3x Umsteigen nach *Bilshausen An der Rhume,* siehe bahn.de

ANFAHRT MIT ÖPNV

EINSTIEG Vom Hbf *Göttingen* mit RB 80 Richtung Nordhausen bis Bf *Katlenburg*. 300 m zur Haltestelle *Katlenburg Northeimer Straße* dort Bus 240 Richtung Bilshausen. *Bilshausen An der Rhume* aussteigen und zu Fuß ca. 100 m bis zur Mühlenstraße.

AUSSTIEG Ca. 200 m zur Haltestelle *Wachenhausen Hauptstraße,* dort Bus 241 bis *Katlenburg Northeimer Straße* und 300 m zu Fuß zum Bf *Katlenburg* (manchmal fährt der Bus auch bis *Katlenburg Bahnhof Südseite).* Weiter mit RB 80 bis zum Hbf *Göttingen*.

BADEN

- Freibad **Naturbad Juessee** *(Di-Fr 13-19.30, Sa+So ab 11, Ferien Di-So 11-19.30)* in **Herzberg am Harz**. Ausgangspunkt vielfältiger Aktivitäten wie Schwimmen, Tauchen, Angeln. www.herzberg.de
- Freizeit- und Erlebnisbad **ALOHA Aqualand Osterode** mit Wildwasserkanal und 85-Meter Superrutsche. www.aqualand-osterode.de
- **Freibad Hattorf** Beheiztes Freibad Sprungturm, Rutsche und weiteren Freizeitangeboten und Basketball-Anlage. www.freibad-hattorf.de

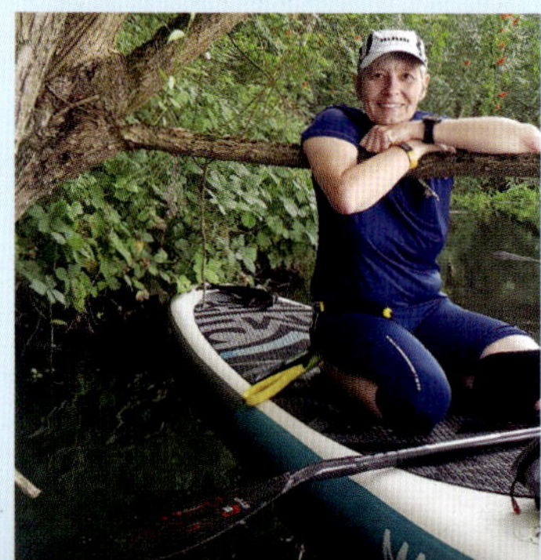

 EXTRA-TIPPS

» Die **Rhumequelle,** Europas drittgrößte Quelle und eines der bedeutendsten Naturdenkmäler Norddeutschlands, liegt an einem etwa 30 m langen und 20 m breiten Teich, der sich durch seine besonders intensive grüne Farbe auszeichnet. Das tief aus dem Erdinneren hervorquellende Wasser hat zu jeder Jahreszeit die gleichbleibende Temperatur von 8-9 °C. Daher friert die Rhumequelle niemals zu. Das saubere Quellwasser wird zu geringem Teil auch als Trinkwasser für umliegende Orte verwendet. www.rhumspringe.de

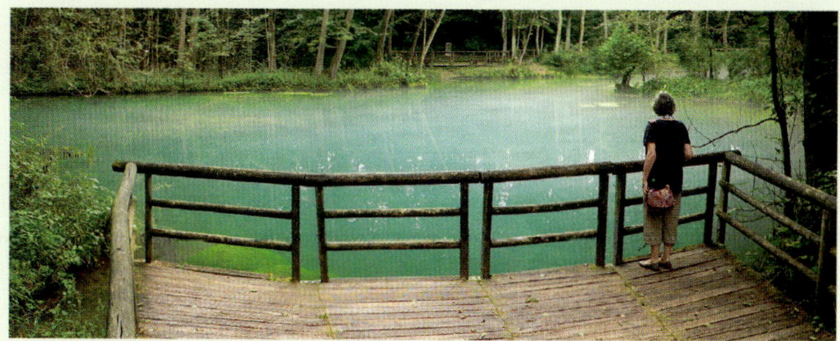

» Als größte erschlossene Höhle im **Westharz** gilt die **Einhornhöhle** bei **Scharzfeld.** *Berühmte Forscher und Geowissenschaftler untersuchten das Höhlensystem, unter Ihnen Goethe, Hermann Löns und der Arzt Rudolf Virchow. In den Jahren 1985 bis 1988 fand man schließlich heraus, dass sie bereits vor mehr als 100.000 Jahren von Neandertalern bewohnt war.* www.einhornhoehle.de

» Hoch über der Stadt **Herzberg** thront eines der wenigen erhaltenen Renaissancefachwerkschlösser in Niedersachsen: **Schloss Herzberg** mit **Museum.** *Das Schloss gilt als Wiege des Hannoverschen und Englischen Königshauses im 18. Jahrhundert, daher wird der Dynastie in ihren regionalen, europäischen und kulturellen Dimensionen ein Schwerpunkt in der Dauerausstellung gewidmet.*

» Die **Iberger Tropfsteinhöhle** ist durch ihre weltweit äußerst seltene Entstehungsart und ihre Verknüpfung zum historischen Bergbau berühmt. Spektakuläre Knochenfunde aus der Lichtensteinhöhle am Südharzrand werden im **HöhlenErlebnisZentrum** bei **Bad Grund** gezeigt. Verbunden mit der Schauhöhle eines der besonderen niedersächsischen Ausflugsziele von internationaler Bedeutung. www.hoehlen-erlebnis-zentrum.de

» In **Duderstadt** lebt das Mittelalter. Zu sehen sind mehr als 600 schöne **Fachwerkhäuser** und kleine **Gassen**. Mittelpunkt der **Altstadt** ist der **Obermarkt** mit dem von drei Türmchen gekrönten **Rathaus** und die **St.-Cyriakus-Kirche,** im Volksmund auch „Eichsfelder Dom“ genannt. *Das Gotteshaus mit reichhaltigem Inventar und zwei imposanten Türmen wurde von 1240 bis 1490 erbaut und zählt so zu den ältesten Gebäuden der Stadt.* www.duderstadt.de

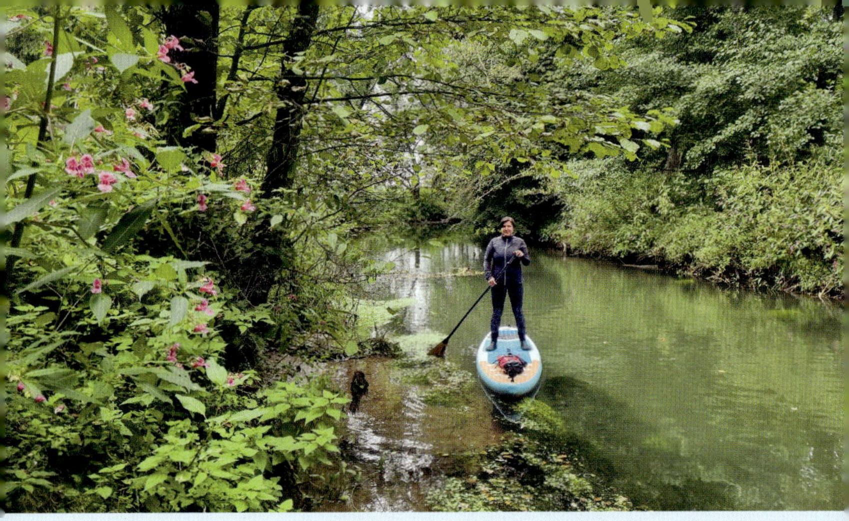

TOUREN

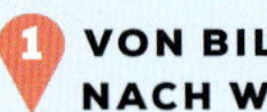

1 VON BILSHAUSEN NACH WACHENHAUSEN

(mit Tourbeschreibung Seite 154)

Herausfordernde und abwechslungsreiche Tour durch eine facettenreiche Natur mit viel altem Baumbestand und Wiesenflächen.

➔ | **LÄNGE** 7,5 km | **DAUER** 2-2:30 h

EIN- & AUSSTIEG

EINSTIEG An einem Holzsteg 50 m vom Parkplatz in der Mühlenstraße.

AUSSTIEG In Wachenhausen an einem nicht ganz so komfortablen, aber zweckmäßigen kleinen Betonsteg hinter der Straßenbrücke der Oberdorfstraße.

SUP-VERMIETUNG

Keine

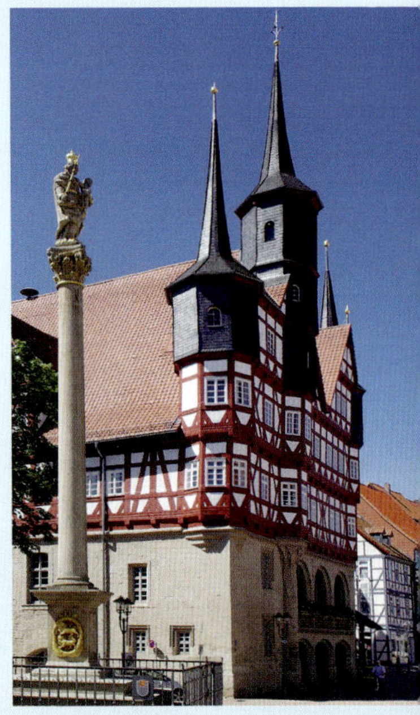

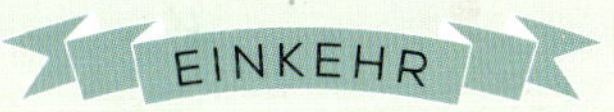

1 RHUME-MÜHLENCAFÉ

Mühlenstr. 2, 37434 Bilshausen
Tel. 0171-205 68 60
www.rhumemuehlencafe.wordpress.com
Mi-So 14-18 Uhr

KLASSIKER Eichsfelder Mettwurstbrot

2 ZIA MARIA

Herzberger Str. 12
37191 Katlenburg-Lindau
Tel. (05552) 88 37
www.ziamaria.de
Mi-So 12-14.30 & 17.30-21 Uhr
Sa 17.30-21 Uhr, Mo+Di Ruhetag

KLASSIKER
Die Pizzen sind sehr beliebt

3 HOF-CAFÉ AM PFARRHAUS

Mittelstr. 3, 37434 Gieboldehausen
Tel. (05528) 99 99 05
https://hof-cafe-pfarrhaus.9gg.de
Do-So 14-18 Uhr

KLASSIKER Leckere Torten

4 LANDCAFÉ ERLENHOF

An der Molkerei 6
37434 Gieboldehausen
Tel. (05528) 18 10
Sa-So 14-18 Uhr

KLASSIKER Leckere Torten

ÜBERNACHTUNG

1 WASSER-SPORT CLUB GIEBOLDEHAUSEN

(Zelt oder Bootshaus/Luftmatratze)
B 27, 37434 Gieboldehausen
Tel. (05528) 87 31
www.wsc-gieboldehausen.de

2 AMTSRICHTER IM EICHSFELD

Amtsstr. 8, 37434 Gieboldehausen
Tel. (05528) 14 99
www.amtsrichter-im-eichsfeld.de

3 LANDHAUS SCHULZE

Osteroder Str. 7
37412 Herzberg am Harz
Tel. (05521) 899 40
www.landhaus-schulze.de

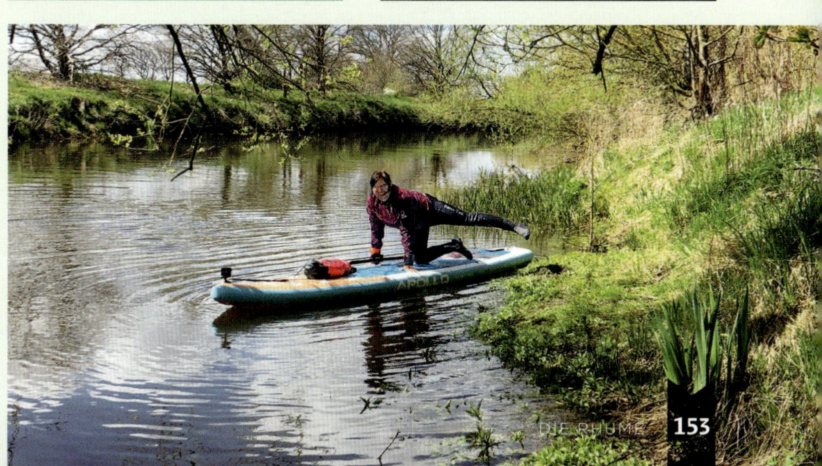

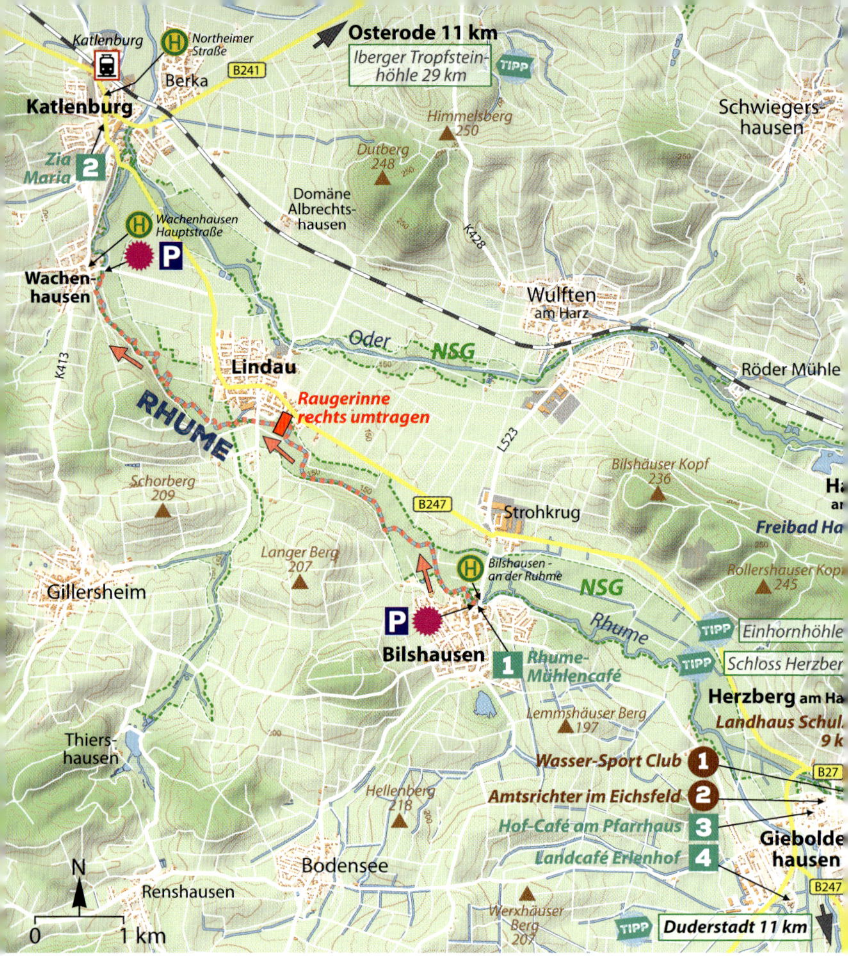

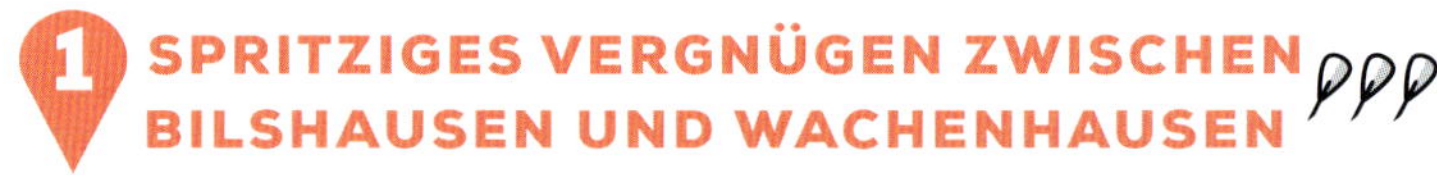

1 SPRITZIGES VERGNÜGEN ZWISCHEN BILSHAUSEN UND WACHENHAUSEN

Ein paar Kilometer vor unserem Einstieg entspringt der muntere und landschaftlich wirklich schöne Wiesenfluss Rhume bei ***Rhumspringe*** *am Harzrand.*

Diese Quelle gilt als eine der ergiebigsten Karstquellen Mitteleuropas und ist zugleich die größte Quelle im gesamten europäischen Raum. Um das mal mit Zahlen zu verdeutlichen: Theoretisch könnte jeder Einwohner Deutschlands über zwei Liter pro Tag aus der Quelle erhalten.

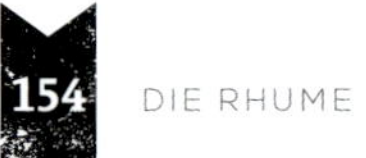

Die **RHUMEMÜHLE** an unserem **STARTPUNKT** in **BILSHAUSEN**, in der auch das **RHUME-MÜHLENCAFÉ** 1 untergebracht ist, ist ein echtes kleines Schmuckstück mit urigem Ambiente. *Nur am Rande soll erwähnt werden, dass sie vom Nobelpreisträger Erwin Neher erworben wurde und dieser nun Langzeitmessungen des Pegelverlaufs durchführt.*

Direkt flott geht es auf der **RHUME** durch die ersten **SCHNELLEREN KURVEN.** Auf den ersten Kilometern sind wir alleine unterwegs, bevor wir kurz vor **LINDAU** von einigen Kanuten überholt werden. Sie tragen alle einen Helm, weil die Rhume an manchen Stellen auch **WILDWASSERCHARAKTER** hat. Ein paar Paddelschläge weiter treffen wir die Kanuten wieder, wie sie ihre Kanus verbotenerweise, aber gekonnt, durch die „Slalomstrecke" manövrieren. Bei dieser handelt es sich um ein angelegtes Bauwerk zur Renaturierung und Herstellung der Durchgängigkeit der Rhume am **WEHR** in **LINDAU.** Insgesamt gibt es ca. 14 Steinriegel, die treppenartig angelegt worden sind. In den zwischen den Riegeln entstandenen Becken bilden sich strömungsberuhigte Bereiche und diese dienen u. a. den aufsteigenden Fischen als Ruhezonen. Wir nutzen die **UMTRAGUNG** (ca. 70 m) für ein kleines Picknick an dieser besonderen Stelle. Die herrliche Stille, verbunden mit dem Plätschern des Wassers, lässt den Alltag vergessen.

Schon nach wenigen Metern erreichen wir den nächsten **SPRITZIGEN SCHWALL.** Mit Konzentration und jeder Menge Spaß meistern wir dieses Hindernis und befinden uns nun wieder in traumhafter Natur auf einer etwas ruhigeren Strecke. Auf der einen Seite die sanften Hügel und auf der anderen Seite weite Felder lassen auf diesem abwechslungsreichen Abschnitt keine Langeweile aufkommen. Mitten in dieser Idylle treffen wir auf einige Angler. Von ihnen erfahren wir, dass es in der Rhume Barsche, Bachforellen, Hechte und Barben gibt. Begegnen tun wir allerdings keiner der beschriebenen Arten und bei den Petrijüngern hatte an diesem Morgen auch noch kein Fisch angebissen. Unsere landschaftlich reizvolle Tour neigt sich dem Ende zu. Wir blicken noch ein letztes Mal auf das mit Holzpalisaden befestigte Ufer, welches uns an holländische Grachten erinnert und schon sind wir an unserem **ENDPUNKT**

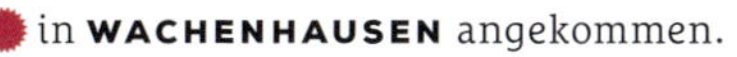

in **WACHENHAUSEN** angekommen.

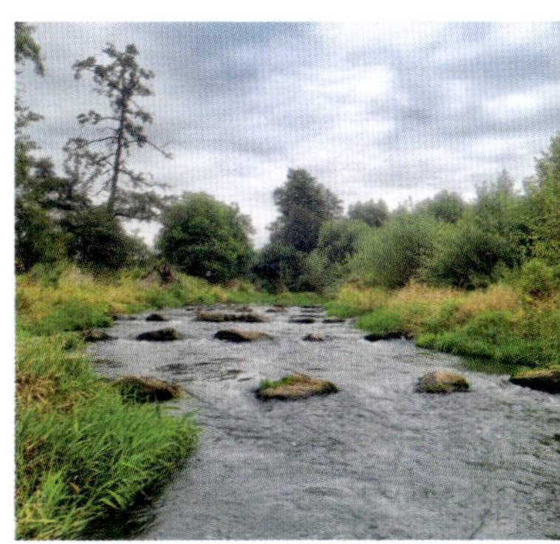

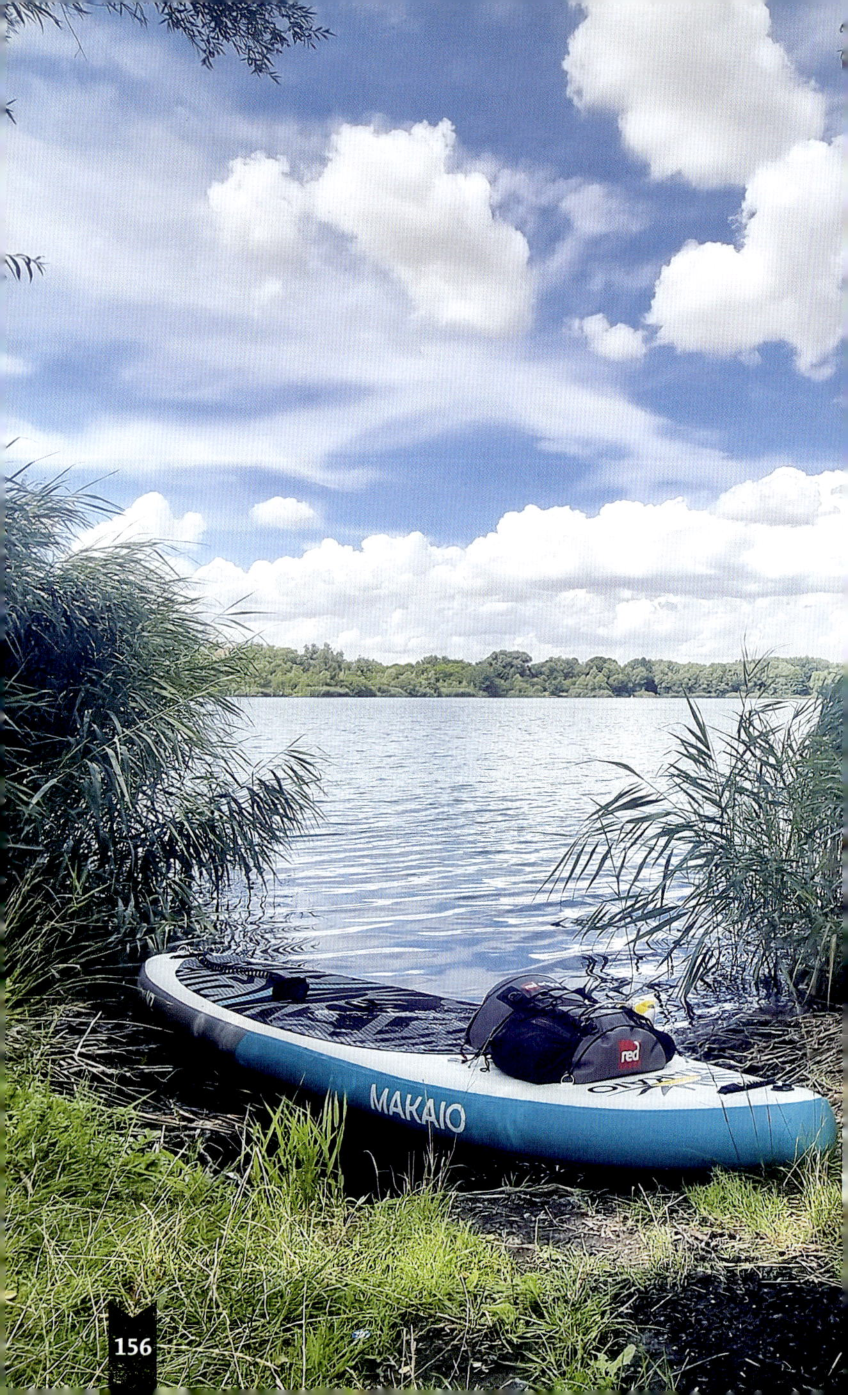
MAKAIO
red

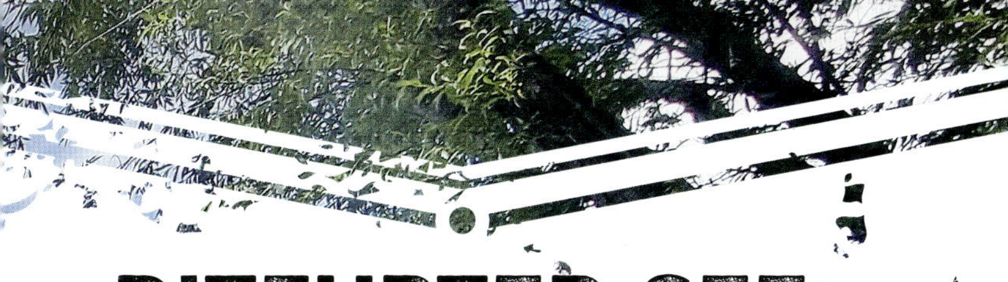

DITFURTER SEE

ANSPRUCH | EINKEHR

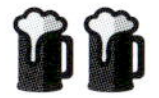

| **LÄNGE** 3 km | **DAUER** 1 h | **EIN- & AUSSTIEG** ca. 100 m vom Parkplatz

Klein aber fein, so kann man diesen SUP-Spot wohl zu Recht nennen. In diesem wunderschönen **NATURSEE**, der ca. 30 ha groß und durchschnittlich 8 Meter tief ist, wurde bis zur Jahrtausendwende noch Kies abgebaut.

Vom weichen Sandstrand paddeln wir aus der **BADEZONE** heraus und spüren sofort so etwas wie Entschleunigung. Hier ist die Natur wirklich noch in Ordnung. Auf unserer Runde kommen wir alle paar Meter zu kleinen, idyllischen Buchten, an denen wir natürlich anlegen. Aber nur da, wo Angler nicht ihre Rute ausgeworfen haben, denn der mit Hecht, Barsch, Wels, Aal und Karpfen besetzte See gilt unter Petrijüngern als Top-Angelrevier.

Um uns herum nur Bäume, Schilf und Seerosen. Wir legen uns aufs Board und genießen die Stille, das Zwitschern der Vögel und schauen den Schwänen hinterher, die uns durchweg freundlich begegnen, obwohl sie ihren grau-flauschigen Nachwuchs im Schlepptau haben.

Nun geht es in Richtung der **KLEINEN INSEL**, die mitten im See liegt, allerdings **NICHT BETRETEN** werden darf. Hier fühlen wir uns in vergangene Zeiten zurückversetzt und lassen unsere Phantasie spielen bei dem Gedanken, dass zu Zeiten des Kiesabbaus im See Stoß- und Backenzähne eines Mammuts gefunden wurden. Wieder am **STARTPUNKT**, herrscht hier munteres Treiben – Kinder tollen auf ihrer Luftmatratze im Wasser, Jugendliche spielen Volleyball, andere genießen ihr Softeis oder einen Cocktail im Liegestuhl beim **EISWAGEN „GIL-LATO“**. Ein herrliches Fleckchen!

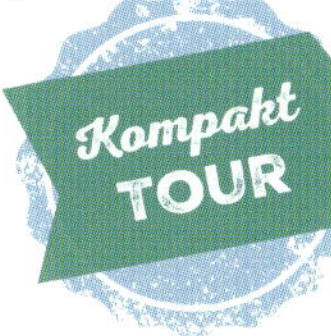

EXTRA-TIPPS

» Das **Heimatmuseum Ditfurt** zeigt viel Interessantes: von der Bodenbearbeitung mit Pferden bis hin zu Backutensilien und prähistorischen Bodenfunden. www.heimatmuseum-ditfurt.de

» **Quedlinburg** ist UNESCO-Weltkulturerbe und mit über 1.300 gut erhaltenen **Fachwerkhäusern** aus sechs Jahrhunderten außergewöhnliches Beispiel für eine mittelalterliche Stadt. Der **Schlossberg,** die **Stiftskirche St. Servatius** mit dem **Quedlinburger Domschatz** – einem der bedeutendsten Schätze Deutschlands – und der **historische Stadtteil Münzberg** mit phantastischer Aussicht auf Stadt und Harzer Vorland sowie die **Galerie** des Bauhaus-Künstlers **Lyonel Feininger** gehören zweifelsohne zu den Top-Sehenswürdigkeiten. www.tourismus-quedlinburg.de

» Eine Wanderung von **Thale** durchs **Bodetal** – den Grand Canyon des Nordens – nach **Treseburg** *(8,6 km, ca. 3 h, ↔ 17 km)* ist sehr beeindruckend! Da wo die Bode eine tiefe Schlucht gegraben hat, wähnt man sich in einem alpinen Tal *(Einkehr & Pension: www.koenigsruhe.de).*
Kürzer und weniger schweißtreibend ist die Fahrt mit der **Kabinenbahn** (mit Glasboden) von **Thale** hinauf zum **Hexentanzplatz** (*www.seilbahnen-thale.de*). Durch kühlen Mischwald auf dem **Hirschgrund Steig** in unzähligen Serpentinen hinab ins Bodetal.

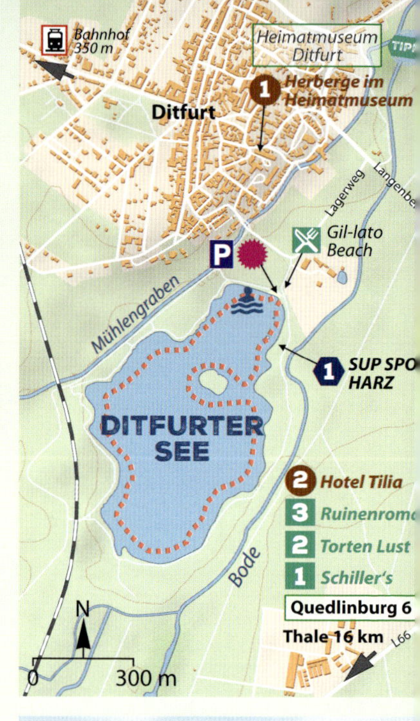

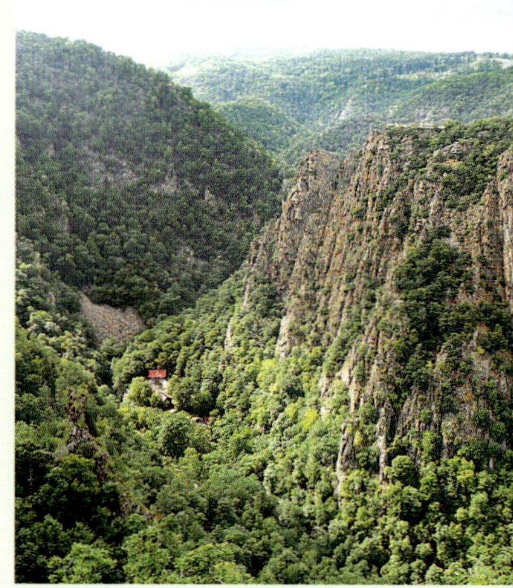

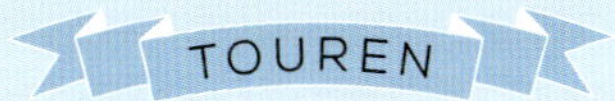

WIND & WETTER

Keine besonderen Verhältnisse.

BEFAHRUNGSREGELN

Die **Schilf- und Seerosengebiete** sind zu umpaddeln.

ANFAHRT PKW & PARKEN

A36 bis Abfahrt Quedlinburg Ost, rechts auf die L 66 und dieser knapp 2 km folgen bis zum Abzweig nach Ditfurt. Dort links abbiegen und bis kurz vor Ditfurt zur Straße *Lagerweg* fahren, die links abgeht. Dieser folgt man bis zum Parkplatz.

PARKEN Begrenzter Parkraum vor Ort. *Lagerweg, 06484 Ditfurt.*

ANFAHRT MIT ÖPNV

Vom Bf *Halberstadt* mit RE 11 Richtung Thale Hbf bis Bahnhof *Ditfurt*. Dann zu Fuß ca. 1,5 km zum See.

BADEN

» Am **Ditfurter See** direkt am schönen feinen Sandstrand.

» **Hallenbad Quedlinburg** von 1903 – nostalgisch, klein, sauber.

» **Sea Land** in **Halberstadt:** Erlebnisbecken, beheiztes Außenbecken, Black-Hole-Rutsche, Sauna, www.fsz-halberstadt.de

SUP-VERMIETUNG

1 SUP SPOT HARZ
Ringstr. 13, 06484 Ditfurt
Tel. 01514-311 93 44
www.supspotharz.de

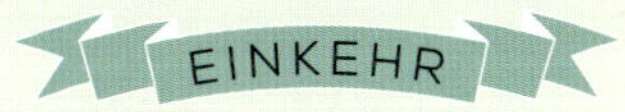

1 SCHILLER'S

Lange Gasse 32
06484 Quedlinburg
Tel. (03946) 52 80 52
www.schillers-quedlinburg.de
Mo-Sa 9-22 Uhr

KLASSIKER Hausgemachte Tapas

2 TORTEN LUST

Pölkenstr. 1
06484 Quedlinburg
Tel. 0170-348 30 79
www.tortenlust.com
Mi-So 11-17 Uhr

KLASSIKER Richtig leckere Torten

3 RUINENROMANTIK

Kornmarkt 3
06484 Quedlinburg
www.ruinenromantik.de
Tägl. 11-21, Do-Sa bis 23 Uhr

KLASSIKER Harzer Brotzeitteller mit Deftigem von Hirsch, Wildschwein, Reh in urigem Ambiente

ÜBERNACHTUNG

1 HERBERGE IM HEIMATMUSEUM DITFURT
Hauptstr. 19, 06484 Ditfurt
Tel. (03946) 81 05 21
www.heimatmuseum-ditfurt.de

2 HOTEL TILIA
Pölkenstr. 50, 06484 Quedlinburg
Tel. (03946) 811 60 43
www.hotel-tilia.de

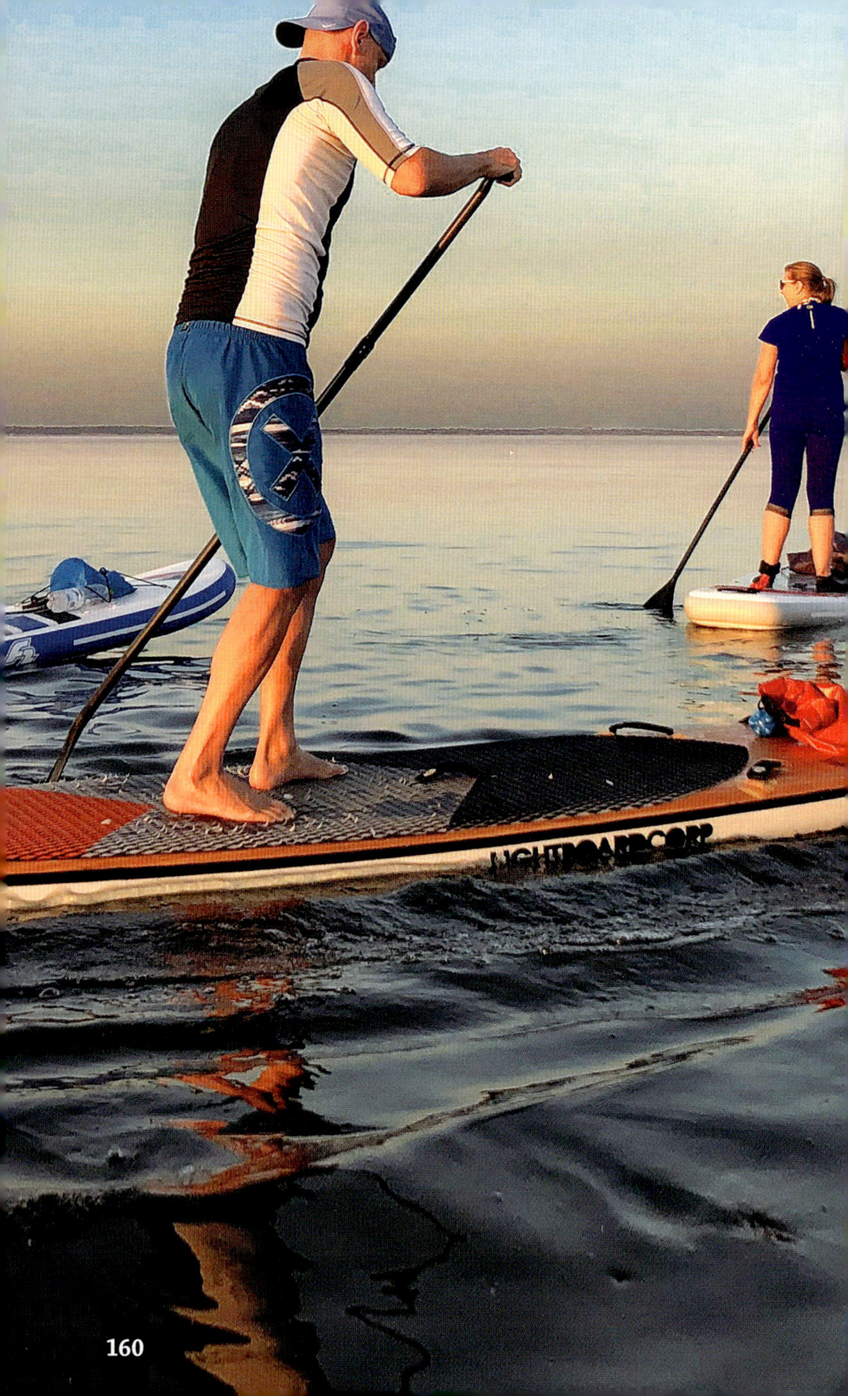
LIGHTBOARDCORP

CONCORDIASEE

ANSPRUCH

EINKEHR

| **LÄNGE** 6 km | **DAUER** 2-2:30 h | **EIN- & AUSSTIEG** Nur am Hafen des Wassersportverein Seeland, da die Ufer ansonsten nicht betreten werden dürfen.

Bis 1991 wurde hier Braunkohle abgebaut, aber mit Ende der DDR war auch das Schicksal des Tagebaus besiegelt. Nachdem die ehemalige **BRAUNKOHLEGRUBE CONCORDIA** 1996 geflutet wurde, entstand der vielseitig genutzte, größte künstliche See im Harzvorland im Herzen der Freizeitlandschaft **HARZER SEELAND.** Eine Bereicherung für alle Wassersportbegeisterten.

Im Jahre 2009 stürzte dann ein breiter Landstreifen mitsamt Häusern und Straße in die Tiefe und riss drei Menschen mit sich. Erst nach 10-jähriger Sperrung wurde der **CONCORDIA SEE** 2019 wieder für touristische Nutzung zum großen Teil freigegeben. In den nächsten Jahren wird die „nutzbare" Wasserfläche noch wachsen, denn um das Jahr 2030 soll der See seinen maximalen Wasserstand erreicht haben und bis 2035 sich zu einem auch überregional bekannten Erlebnis-, Sport- und Freizeitzentrum entwickeln.

Der weitläufige **SANDSTRAND** bei **SCHADELEBEN** (ein Ortsteil der Stadt **SEELAND**) lädt zum Baden ein und am benachbarten **YACHTHAFEN** gibt es eine Segel-, Tret-, Ruderboot- und SUP-Vermietung sowie die Möglichkeit zum Surfen. Somit können hier alle eine abwechslungsreiche Zeit verbringen und vielleicht auch mal eine Sportart ausprobieren, die man bisher noch nicht ausgeübt hat. Auf über 200 Hektar tummeln sich unterschiedlichste Wassersportler. Jeder ist hier gern gesehen und kann die wunderschöne Natur vom Wasser aus genießen.

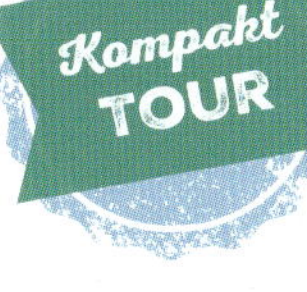

WIND & WETTER

Der Wind ist auf dem See immer eine Nummer stärker als an Land und das Wasser kann sich innerhalb von Minuten in tosende Gischt verwandeln.

BEFAHRUNGSREGELN

Eine **Auftriebsweste** sowie eine **Leash sind Pflicht** für SUPer.

Die **Ufer** des Sees **dürfen nicht betreten werden.**

ANFAHRT PKW & PARKEN

Aus Richtung Westen über die A36 bis zur Ausfahrt Quedlinburg-Ost und rechts ab auf die L 66. Am nächsten Abzweig rechts Richtung Gatersleben. Hinter Gatersleben rechts ab auf die L 73 und dem Wegweiser zum Aussichtspunkt Schadeleben folgen.

Aus Richtung Osten über die A 36 und die B 180 bis Winningen. Oder über die L 73 nach Winningen. Von dort der Ausschilderung Aussichtspunkt Schadeleben folgen. *(Navi: Seepromenade 1, 06449 Seeland).*

PARKEN An den Parkplätzen oberhalb des Sees. Zum Be- & Entladen kann man auch kurz bis zum Wassersportverein Seeland fahren.

ANFAHRT MIT ÖPNV

Nicht praktikabel.

BADEN

Schöner Sandstrand direkt neben dem SUP-Einstieg.

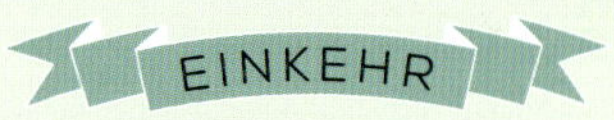

1 AM BÄRENSTEIN

Friedhofsweg 6
06449 Seeland/OT Schadeleben
Tel. (034741) 81 86
www.gaststaette-am-baerenstein.de
Mi-Sa 16-22, Sa 12-14, So 10-14 Uhr

KLASSIKER Leckere Schnitzel

2 IM KREUZGANG

Klosterstr. 1
06458 Hedersleben
Tel. (039481) 890 32
www.kloster-hedersleben.de
Fr, Sa 18-21, So 12-14 Uhr

KLASSIKER
Schwäbische Maultaschen

ÜBERNACHTUNG

1 PENSION ROBINIENHOF
Bauernstr. 11
06449 Seeland/OT Schadeleben
Tel. (034741) 82 59
www.pension-robinienhof.de

2 KLOSTER HEDERSLEBEN
Klosterstr. 1
06458 Hedersleben
Tel. (039481) 890 32
www.kloster-hedersleben.de

SUP-VERMIETUNG

1 HARZER SEELAND
Seepromenade 1
06449 Seeland/OT Schadeleben
Tel. (034741) 913 42
www.harzerseeland.de

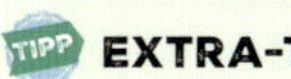

EXTRA-TIPPS

» Die **Ruine der Domburg** auf dem bis zu 245 Meter hohen **Höhenzug Hakel,** einst eine germanische Kultstätte, ist nur rund eineinhalb Fußstunden vom Concordiasee entfernt. Die lichten Eichen-Hainbuchenwälder des Hakel, Brutgebiet von über 70 Vogelarten, u. a. des sehr seltenen Schreiadlers und des Wespenbussards, können auf einem rustikalen **Wegenetz** erkundet werden.

» Die **Teufelsmauer** ist ohne Zweifel ein grandioses Wandergebiet im Harz. Beeindruckende Sandstein-Felsformationen ragen auf mehreren Kilometern bei **Blankenburg, Weddersleben** und **Ballenstedt** in die Landschaft. Von **Blankenburg** aus können Sie auch rund 2 km direkt auf dem **Natur-Klettersteig** kraxeln – ein Geheimtipp für alle sportlichen Wanderer. www.blankenburg.de/tourismus/natur/teufelsmauer

» Wer Gaunergeschichten an einem historischen Ort erleben möchte, ist im **Kriminalpanoptikum Aschersleben** genau richtig. In dem sanierten **Stadtgefängnis** werden Tatwerkzeuge, eine Fesselsammlung mit Hand- und Fußfesseln und Folterinstrumente aus dem Mittelalter, aber auch Uniformen und Ausrüstungsgegenstände der nationalen und internationalen Polizei ausgestellt. www.kriminalpanoptikum.de

» Der **Zoo Aschersleben** mit seinen 83 Tierarten befindet sich inmitten des **Naherholungsgebietes „Alte Burg“.** Der zehn Hektar große, hügelige Waldpark bietet mit einem umfangreichen Laubbaumbestand und den weiträumigen Anlagen Naturgenuss und Erholung. Der Zoo hat sich seit seiner Eröffnung 1973 zu einem der attraktivsten Tiergärten Sachsen-Anhalts entwickelt. www.aschersleben-zoo.de

» **„Abenteuerland Harzer SeeLand“** – größter Outdoor-Spielplatz Sachsen-Anhalts (tägl. 9-19, www.harzerseeland.de/Abenteuerland).

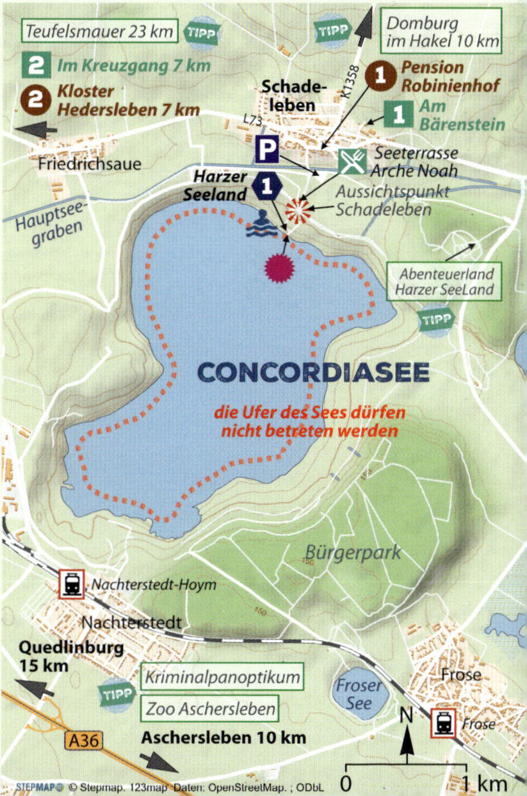

Teufelsmauer 23 km
Domburg im Hakel 10 km
2 Im Kreuzgang 7 km
2 Kloster Hedersleben 7 km
1 Pension Robinienhof
1 Am Bärenstein
Schadeleben
Friedrichsaue
Seeterrasse Arche Noah
Harzer Seeland
Aussichtspunkt Schadeleben
Hauptseegraben
Abenteuerland Harzer SeeLand
CONCORDIASEE
die Ufer des Sees dürfen nicht betreten werden
Bürgerpark
Nachterstedt-Hoym
Nachterstedt
Quedlinburg 15 km
Kriminalpanoptikum
Zoo Aschersleben
Froser See
Frose
A36
Aschersleben 10 km
0 1 km
STEPMAP © Stepmap. 123map Daten: OpenStreetMap. ; ODbL

DIE AUTORIN

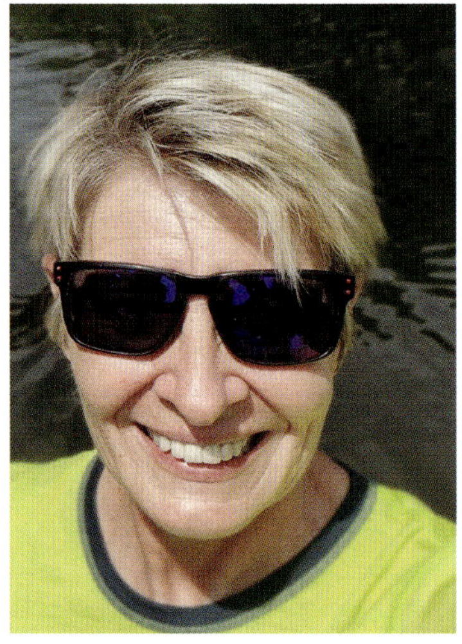

SABINE KOHL ist von Kindestagen an eng mit der Natur im Harz und der Heide verbunden. Ob auf dem Wasser oder in den Bergen, jede freie Minute ist sie an ihrem „Place to be“: Der Natur.

Die Ruhe und Freiheit, die sie dort findet, schätzt und genießt sie sehr – gerne auch im Winter. Wenn der Harzwind mal wieder aufbraust und ihr kräfig um die Nase weht, zieht sie das Mountainbike dem SUP-Board vor. Eins darf jedoch bei keinem der Ausflüge fehlen: Der Fotoapparat, mit dem sie die kleinen Wunder des Alltags festhält.

REGISTER